텍스트, 이미지, 오디오, 비디오 생성 AI 활용 가이드북

생성 AI를 활용한 나만의 콘텐츠 만들기

저자 김민후

YoungJin.com Y.
영진닷컴

생성 AI를 활용한 나만의 콘텐츠 만들기

ISBN 978-89-314-6957-8

독자님의 의견을 받습니다.

이 책을 구입한 독자님은 영진닷컴의 가장 중요한 비평가이자 조언가입니다. 저희 책의 장점과 문제점이 무엇인지, 어떤 책이 출판되기를 바라는지, 책을 더욱 알차게 꾸밀 수 있는 아이디어가 있으면 팩스나 이메일, 또는 우편으로 연락주시기 바랍니다. 의견을 주실 때에는 책 제목 및 독자님의 성함과 연락처(전화번호나 이메일)를 꼭 남겨 주시기 바랍니다. 독자님의 의견에 대해 바로 답변을 드리고, 또 독자님의 의견을 다음 책에 충분히 반영하도록 늘 노력하겠습니다.

파본이나 잘못된 도서는 구입처에서 교환 및 환불해 드립니다.

이메일 : support@youngjin.com
주 소 : (우)08507 서울특별시 금천구 가산디지털1로 128 STX-V타워 4층 401호
등 록 : 2007. 4. 27. 제16-4189호

STAFF
저자 김민후 | **총괄** 김태경 | **기획** 김용기 | **내지/표지 디자인** 박지은
영업 박준용, 임용수, 김도현, 이윤철 | **마케팅** 이승희, 김근주, 조민영, 김도연, 김민지, 김진희, 이현아
제작 황장협 | **인쇄** 예림인쇄

지은이의 글

우리는 이미 AI가 글도 쓰고 그림도 그리며 작곡도 하는 시대에 살고 있습니다. 물론, AI가 만들어 내는 '출력물'이 정말 예술적 가치가 있는지에 대한 논쟁은 여전히 진행 중이지만, 이미 겉보기에는 인간이 창작한 작품과 구분하기 어려운 수준으로 발달하였습니다. 심지어 인간이 AI가 생성한 작품에 영감을 얻는 경우마저 생겨나고 있습니다.

이러한 흐름의 중심에 있는 건 바로 학습된 데이터를 바탕으로 세상에 존재하지 않았던 새로운 무언가를 만들어 내는 AI, 즉 생성 AI입니다. 생성 AI는 2014년에 두 가지 모델이 경쟁하며 정교한 데이터를 만들어 내는 GAN(Generative Adversarial Networks, 생성적 적대 신경망) 알고리즘이 고안되면서 연구되기 시작하였는데 2020년대 초반에 달리2와 ChatGPT를 필두로 수많은 서비스가 쏟아져 나오면서 본격적으로 대중의 관심과 지지를 얻게 되었습니다.

필자는 수개월 동안 제주융합과학연구원, 탐라교육원, 제주공공정책연수원 등 수많은 연수 기관과 각급 학교에서 다양한 연령대의 교육생을 대상으로 생성 AI 활용 교육을 진행하면서 수많은 사람들이 생성 AI에 관심을 가지고는 있으나 이를 어떤 식으로 활용하면 좋을지 고민하는 모습과 언어의 장벽에 가로막혀 전전긍긍하는 모습을 수도 없이 많이 보았습니다. 다양한 교육생을 상대한 경험을 바탕으로 성심성의껏 집필한 만큼 이 책이 많은 분들께 도움이 되었으면 좋겠고 또 그럴 거라 확신합니다.

이 책은 일반 독자에서부터 블로거, 디자이너, 프로그래머까지 모든 사람이 생성 AI의 도움을 받아 자신만의 개성 있고 매력적인 콘텐츠를 만들 수 있도록 다양한 생성 AI의 사용법을 쉽고 자세히 풀어 설명합니다. 특정한 생성 AI를 소개하는 책은 이미 시중에서 쉽게 찾아볼 수 있지만 여러 가지 종류의 생성 AI를 두루두루 다루는 책은 여태껏 없었습니다. 이 책은 이러한 부분에서 기존 책과 큰 차별점을 갖습니다.

아이디어는 많은데 그것을 현실로 실현할 힘이 부족하다면, 심지어 아이디어 자체가 떠오르지 않을지라도 다양한 생성 AI의 도움을 받아 더 높은 곳으로 도약할 수 있습니다. 이 책이 부디 독자 여러분께서 꿈을 이루는 데 일조하고, AI가 우리 일상과 업무에 어떻게 큰 도움을 줄 수 있는지 새로운 관점을 제공하는 계기가 되길 기원합니다.

저자 **김민후**

이 책의 구성

이 책은 크게 7장으로 구성되어 있습니다. 1장에서는 AI를 활용하기에 앞서 흥미를 느낄 수 있도록 AI의 기본 개념과 역사에 관해 알아봅니다. 2장부터 5장까지는 주제별로 다양한 생성 AI의 사용법을 배웁니다. 그리고 6장에서는 다양한 분야에서의 AI 활용법을 제시하며, 7장에서는 생성 AI에 관한 현재 진행 중인 각종 논쟁과 미래 전망에 관해 다룹니다. 마지막 에필로그에서는 대표적인 텍스트 생성 AI인 ChatGPT와의 가상 인터뷰 내용을 소개합니다. 이 책의 장별 내용은 이어지는 것이 아니라 별개이므로 꼭 순서대로 읽을 필요는 없으며, 관심이 가는 부분부터 읽어도 좋습니다.

숙지해야 할 내용

AI 이용에 필요한 모든 절차를 최대한 자세하게 설명하고자 노력하였으나 구글과 네이버 아이디가 있다고 가정하고 구글과 네이버 회원 가입 절차는 생략하였으므로 혹시 구글, 네이버 아이디가 없다면 사전에 가입이 필요합니다.

그리고 이 책에 소개된 모든 생성 AI는 2023년 9월 3일을 기준으로 집필한 내용과 동일하게 동작하는 것을 최종 확인하였고, 집필에 사용한 컴퓨터 환경은 PC(윈도우), 크롬 브라우저(빙 AI는 엣지)입니다.

대상 독자

이 책은 생성 AI 활용법이 궁금한 모든 독자를 대상으로 합니다. 단순히 사용법을 다루는 것을 넘어 프로그래머, 디자이너, 작곡가 등 특정 직업군에 종사하는 사람들이 AI를 통해 생산성을 높일 수 있도록 구체적인 AI의 활용 방안까지도 제시합니다.

독자 여러분께

통상적으로 실용서 집필에는 짧게는 6개월~길게는 2년이 걸립니다. 하지만 이 서적은 빠르게 변화하는 생성 AI를 다루는 책이기에 조금이라도 빠르게 독자 여러분을 만나야 한다고 생각하고 집필에 걸리는 기간을 4개월로 최소화하였습니다.

하지만 4개월 사이에도 구글 바드(Bard)의 공개, 빙 AI의 공개, GPT-4의 출시, 아마존의 생성 AI 시장 진출 등 셀 수 없을 정도로 수많은 변화와 마주하였으며, 독자 여러분께서 이 책을 보시는 시점에는 어쩌면 더욱 많은 변화가 이루어졌을지 모릅니다.

이에 책이라는 물리적인 한계를 극복하기 위해 필자와 직접 소통할 수 있는 블로그와 이메일 주소를 공개합니다. 언제든 궁금한 점이 있으시다면 필자에게 문의하시기 바랍니다.

블로그 주소: blog.naver.com/1strider
이메일 주소: 1strider@naver.com
(네이버에 저자명 '김민후' 또는 블로그 이름 '상공: 상상하는 공간' 검색)

영진닷컴
유튜브 채널
QR코드

동영상 강의

이 책에 대한 온라인 동영상 강의는 영진닷컴 유튜브 채널(https://bit.ly/3k0igwa)을 통해 동영상 강의가 제공되고 있습니다.

목차

1장

AI 빠르게 훑어보기

· · · · ·

AI에 대한 기초적인 지식은 기술의 혜택을 누리며 이 시대를 살아가는 모든 사람들에게 요구되는 기본적인 소양입니다. 이 장에서는 AI의 정의 및 기호주의와 연결주의라는 두 가지 패러다임으로 대표되는 역사, 그리고 AI의 흐름과 미래 모습, 우리 주변에서 쉽게 찾아볼 수 있는 AI와 AI에 대한 흥미로운 개념들에 대해 알아보겠습니다.

01 AI의 정의

독자 여러분께서는 AI가 무엇이라고 생각하시나요? AI는 우리가 일상적으로 사용하는 용어이지만 이러한 질문을 받으면 정의를 내리기보다는 시리(Siri)와 빅스비(Bixby), 구글 어시스턴트(Google Assistance) 같이 우리 생활 속에서 쉽게 찾을 수 있는 AI를 예로 드시는 분들이 더 많습니다.

AI의 본딧말인 Artificial Intelligence를 단어 그대로 해석하면 사람의 힘으로 만들어진, 즉 사람이 만든 지능이므로 AI를 논하기 위해서는 지능에 관해 정의를 내리는 것이 선행되어야 합니다. 그렇다면 지능이란 무엇일까요? 우리말샘(opendict.korean.go.kr)의 정의에 따르면 지능은 "새로운 대상이나 상황을 마주했을 때, 그 대상이나 상황의 의미를 이해하고 적응할 수 있는 합리적인 방법을 알아내는 지적 활동의 능력"입니다.

AI를 정의하는 데에 꼭 필요한 핵심 키워드는 바로 **이해**와 **적응**입니다. 학습 능력을 갖추고 새로운 상황에 잘 적응할 수 있어야지만 우리는 어떤 대상이 지능을 가졌다고 말할 수 있는 셈입니다.

그렇다면 지능은 자연계에서 오직 인간만이 가지고 있을까요? 인간뿐만 아니라 인간을 제외한 수많은 동식물들도 각기 나름의 방법으로 삶을 영위해 나가므로 지능을 가졌다고 간주할 수 있습니다. 물론 지능의 수준이 얼마나 높으냐를 따지는 건 다른 이야기겠지만요.

지능에 대해 알고 나니 이제는 AI를 정의하는 게 조금은 더 자연스러워졌습니다. 한마디로 AI는 인간이 스스로의 힘으로 만들어 낸, **이해력과 적응력을 갖춘 인공물**입니다. 학자마다 조금씩 다르게 정의하지만, 결국 모든 정의는 여기에서 출발합니다.

02 AI의 역사

2.1. 다트머스 회의

[그림 1-1] 다트머스 회의의 참가자

그렇다면 AI라는 용어는 언제 어디서 처음 사용되었을까요? 첫 용례는 바로 1956년 여름 미국 북동부 뉴햄프셔주에 위치한 다트머스 대학교에서 2개월 동안 이뤄졌던 다트머스 회의(Dartmouth Conference)를 알리는 공고문이었습니다. 〈AI에 관한 다트머스 여름 연구 프로젝트 제안서[1]〉라는 이름의 이 회의는 캘리포니아 공과대학교(Caltech)를 거쳐 프린스턴 대학교에서 수학을 연구하던 존 매카시(John McCarthy) 교수가 주관하였는데 마빈 민스키(Marvin Minsky), 클로드 섀넌(Claude Shannon) 등의 세계적인 석학들이 한자리에 모여 기계가 지능을 가질 가능성에 관해 논의하였습니다.

회의에 참여한 학자들은 **개념화**(Conceptualization)와 **추상화**(Abstraction)를 할 수 있는 인공물을 AI로 정의하였고 둘에 대한 자세한 설명은 다음과 같습니다.

개념화	어떤 대상을 구체적으로 정교화하는 것.(예: 빨간 사과, 초록색 사과, 벌레 먹은 사과를 모두 사과로 정의)
추상화	어떤 대상에서 중요한 부분만 추출하는 것.(예: 여러 가지 종류의 사과로부터 '동그랗다', '시큼하다' 등 공통적인 특징을 추출)

[그림 1-2] 개념화와 추상화

---

1   A Proposal for the Dartmouth Summer Research Project on Artificial Intelligence.

2.2. 기호주의와 연결주의

■ 기호주의

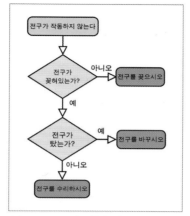

[그림 1-3] 기호주의: 규칙 정의

[그림 1-4] 마빈 민스키

이렇게 세상에 등장한 AI는 크게 두 가지 패러다임으로 나누어졌습니다. 먼저 첫 번째는 기호주의(Symbolism)입니다. 기호주의는 1956년 다트머스 회의의 참가자 중 한 명이었던 마빈 민스키 교수가 고안했으며 세상에 존재하는 수많은 상식과 지식을 기호로 표현한 뒤 컴퓨터에 입력하면 컴퓨터가 사람처럼 생각할 수 있을 것이라는 믿음에서 출발했습니다. 기호주의 방식으로 개발된 AI는 규칙을 기반으로 작동한다는 점에서 **규칙 기반 AI**(Rule-based AI)라고도 합니다.

```
Welcome to
                EEEEEE  LL     IIII   ZZZZZZ   AAAAA
                EE      LL      II       ZZ   AA  AA
                EEEEE   LL      II      ZZZ   AAAAAAA
                EE      LL      II     ZZ     AA  AA
                EEEEEE  LLLLLL IIII  ZZZZZZ   AA  AA

    Eliza is a mock Rogerian psychotherapist.
    The original program was described by Joseph Weizenbaum in 1966.
    This implementation by Norbert Landsteiner 2005.

ELIZA: Is something troubling you ?
YOU:   Men are all alike.
ELIZA: What is the connection, do you suppose ?
YOU:   They're always bugging us about something or other..
ELIZA: Can you think of a specific example ?
YOU:   Well, my boyfriend made me come here.
ELIZA: Is it important to you that your boyfriend made you come here ?
YOU:   He says I'm depressed much of the time.
ELIZA: I am sorry to hear that you are depressed.
YOU:   It's true. I am unhappy.
ELIZA: Can you explain what made you unhappy ?
YOU:
```

© (en.wikipedia.org/wiki/ELIZA#/media/File:ELIZA_conversation.png)

[그림 1-5] 엘리자

1966년, 매사추세츠 공과대학교(MIT)의 조지프 와이젠바움(Joseph Weisenbaum) 교수는 기호주의 방식으로 엘리자(ELIZA)라는 이름의 심리 상담 AI를 개발하였습니다. 엘리자는 사용자가 입력한 문장에서 특정한 단어나 패턴을 발견하면 그에 대한 대답을 하는 **패턴 매칭**(Pattern Matching) 방식으로 구현되었는데 당시 교수 밑에서 일하던 학생들이 엘리자와의 대화에 몰입하여 엘리자와 사랑에 빠지는 웃지 못할 일도 있었다고 합니다. 그리고 그 모습을 누구보다도 가까이서 지켜봤던 와이젠바움은 이후 AI 비관론자가 되었다고 전해집니다.

■ 연결주의

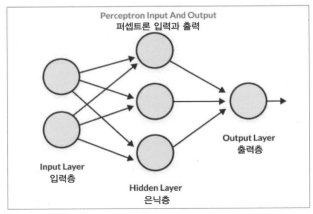

© (indiantechwarrior.com/wp-content/uploads/2021/04/multilayer-perceptron-2.png)

[그림 1-6] 연결주의: 퍼셉트론

[그림 1-7] 프랭크 로젠블래트

두 번째 패러다임은 연결주의(Connectionism)입니다. 연결주의는 기호주의가 탄생한 이듬해인 1957년 코넬 대학교의 인지 심리학자인 프랭크 로젠블래트(Frank Rosenblatt) 교수가 고안했으며 1,000억 개에 달하는 우리 뇌의 뉴런(신경 세포)과 100조 개에 달하는 뉴런의 네트워크인 시냅스를 인공적으로 구현해 낸다면 사람처럼 생각하는 AI가 만들어질 것이라는 믿음에서 출발하였습니다. 우리 뇌에서 영감을 얻은 셈입니다.

연결주의 방식의 AI는 인공 뉴런인 **노드**(Node)와 인경 신경망인 **퍼셉트론**(Perceptron)을 기반으로 합니다. 외부로부터 들어온 입력값과 특정한 가중치(Weight)[2]를 곱한 결과를 모두 더한 값이 임곗값(Threshold)보다 크면 출력값이 다른 노드에 입력값으로 전달[3]됩니다.

로젠블래트는 심리학자로서 인간의 뇌가 작동하는 방식을 모방하여 뇌의 기능을 대신하는 기계를 만드는 것에 관심이 있었고 실제로 1960년대에 사람이 펜으로 쓴 알파벳과 숫자를 컴퓨터가 인식하게 만드는 데에 성공하였습니다. 하지만 컴퓨터 성능의 한계와 효율적인 알고리즘의 부재로 인해 그 이상의 뭔가를 보여주지는 못했습니다.

■ XOR 문제

그런데 기호주의도 연결주의도 결정적인 한 방을 보여주지 못하고 있던 1969년의 어느 날, 기호주의의 창시자인 민스키가 〈퍼셉트론〉이라는 책을 통해 로젠블래트의 연결주의를 혹독하게 비판하는 일이 발생합니다. 이 책을 통해 그는 한 개의 층만을 가진 단층 퍼셉트론에는 모든 대상을

---

2   연결 강도라고도 하며, 입력값과 곱해져 출력값을 결정하게 되는 수치입니다. 학습 과정에서 최적화됩니다.
3   이를 활성화라고 합니다.

효율적으로 분류[4]할 수 없는 일명 XOR 문제가 있으며, 이는 극복할 수 없는 한계라고 주장하였는데 이에 충격을 받은 로젠블래트는 1971년 본인 생일에 보트에서 극단적인 선택을 하고 맙니다. 이렇게 연결주의의 창시자는 안타깝게 생을 마감했는데 자신이 고안한 이론의 근간이 공격당하고 무너지는 모습을 덤덤하게 보고 있기는 불가능한 상황이었을 것입니다.

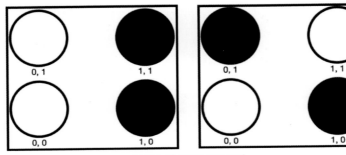

[그림 1-8] 바둑돌 분류 문제

그렇다면 XOR 문제란 무엇일까요? 한번 좌표평면에 놓인 바둑돌을 한 개의 직선만 그어 같은 돌끼리 분류한다고 생각해 보겠습니다. [그림 1-8]에서 바둑돌이 왼쪽과 같이 놓여 있다면 가운데에 직선을 세로로 그었을 때 같은 색 돌끼리 나뉘게 되지만 오른쪽처럼 놓여 있다면 직선 하나만으로는 같은 색의 바둑돌끼리 묶을 수 없습니다.

XOR 문제라는 이름은 바둑돌에 가상의 x, y 좌표를 부여하고 흰 돌은 0, 검은 돌은 1이라고 가정했을 때 진리표가 XOR(eXclusive-OR)이라고 하는 논리 게이트의 형태를 띠는 데에서 유래하였습니다. 이 문제는 이후 은닉층(Hidden Layer)이 추가된 다층 퍼셉트론을 통해 해결되었지만, 당시에는 단층 퍼셉트론밖에는 없었기에 민스키의 저격으로 말미암아 연결주의는 그만 추락하고 말았습니다.

2.3. AI의 과거와 현재: 암흑기와 황금기

이렇게 연결주의의 추락과 함께 AI의 첫 번째 암흑기, **AI 겨울**(AI Winter)이 시작되었습니다. AI가 뭔가 해낼 거라고 확신했던 사람들은 실망했고 AI 연구소로 향하던 연구 지원금 역시 끊기고 말았습니다. 순식간에 AI라는 용어는 학계의 금기가 되었고 다시는 봄을 맞이하지 못할 것만 같았습니다.

4　초기의 AI가 했던 일은 대부분 무언가를 일정한 기준을 가지고 분류하는 것이었습니다.

AI를 말합니다. 우리 주변에서 쉽게 접할 수 있는 시리, 빅스비, 스마트 스피커 등은 모두 이 범주에 속합니다.

시리를 예로 들어 보겠습니다. 시리는 우리의 발화 내용과 그 의미를 이해하고 그에 적절한 반응을 보일 수 있지만 날씨를 확인하거나 음악을 재생하는 것과 같은 극히 제한된 작업만을 수행할 수 있습니다. 언뜻 다양한 기능을 실행할 수 있는 것처럼 보이지만 결국 스마트폰, 혹은 스마트폰과 연결되어 있는 것들을 제어하는 일만 할 수 있으므로 약AI에 해당합니다.

2016년에 세상을 놀라게 했던 알파고 역시 약AI로 볼 수 있습니다. 바둑이라는 제한된 분야에서만큼은 인간을 압도하지만 알파고는 요리를 할 수 없으며 사회 문제에 대한 자신의 주장을 이야기할 수도 없습니다. 이렇게 약AI는 수많은 일을 적당한 수준으로 해낼 수 있는 인간과 달리 매우 좁은 특정한 분야에서는 인간을 능가하지만 다양한 일을 하지는 못합니다. 오늘날 AI 혁명의 중심에 있는 달리2, ChatGPT 역시 약AI에 해당합니다.

3.2. 강AI

강AI(Strong AI)는 AGI(Artificial General Intelligence)라고도 부르며 인간이 할 수 있는 그 어떠한 일도 해낼 수 있는 범용적인 특성을 갖는 AI입니다.

한마디로 강AI는 한 명의 인간과 다를 바가 없습니다. 인간처럼 생각하고 이해하며 새로운 지식을 지속적으로 학습할 수 있습니다. 바둑을 두고 사회 평론을 하기도 하며 인간의 말벗이 되어 주거나 짐을 운반할 수도 있습니다. 그렇기에 대부분의 약AI처럼 소프트웨어의 형태로만 존재하는 것이 아닌 팔과 다리 등 하드웨어를 갖춘 **로봇의 형태**로 세상을 활보하게 될 가능성이 높습니다. 강AI를 만드는 것은 OpenAI를 포함한 전 세계의 수많은 AI 연구 기관의 궁극적인 목표이기도 합니다.

3.3. 초AI

초AI(Super AI)는 인간이 아닌 강AI가 만들 가능성이 높다고 여겨지므로 종종 인공을 뜻하는 A(Artificial)를 뺀 초지능이라고도 불립니다. 한마디로 **모든 인간의 지능 합을 능가**하는 AI를 뜻합니다. 앞서 언급한 기술적 특이점을 바로 초AI가 탄생하는 순간으로 정의할 수 있습니다.

초AI는 인간이 어려워하는, 심지어 생각해 본 적도 없는 문제를 인간이 이해할 수 없는 방법으로 해결할 수 있고 인간과는 비교할 수 없을 정도로 빠르게 학습합니다. 그리고 인간을 뛰어넘는 초월적인 존재이기에 종종 인간에게 위험할 수도 있다고 여겨집니다. 영화 〈2001 스페이스 오디세이〉의 HAL 9000, 〈터미네이터〉의 T-800이 바로 초AI입니다. 만약 초AI가 만들어져서 기술적 특이점에 도달한다면 인류는 불과 전기를 발견했을 때 이상의 커다란 변화와 마주하게 될 것입니다.

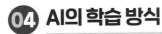
04 AI의 학습 방식

4.1. 지도학습

AI의 학습 방식은 크게 지도학습, 비지도학습, 강화학습으로 나눌 수 있습니다. 먼저 지도학습 (Supervised Learning)이란, 컴퓨터에 입력 데이터와 해당 데이터에 대한 **라벨**(Label, 정답)을 함께 제시하여 컴퓨터가 입력 데이터와 라벨 사이의 관계를 학습하도록 하는 기법입니다. 수많은 데이터에 라벨을 붙이는 것은 사람의 몫이며 이러한 일을 하는 사람을 **데이터 라벨러**라고 합니다.

간단한 예시로, 사진 속 개와 고양이를 분류하는 AI를 지도학습 방식으로 만든다고 가정해 보겠습니다. 수많은 개와 고양이 사진을 준비하고 각 사진에 데이터 라벨러가 일일이 개와 고양이라는 라벨을 붙입니다. 그리고 컴퓨터가 사진과 라벨 사이의 상관관계를 학습하도록 합니다.

이렇게 컴퓨터가 사진과 라벨을 통해 개와 고양이의 특징을 충분히 학습하면 새로운 사진이 주어졌을 때 해당 사진이 개와 고양이 중 어느 쪽에 더욱 가까운지를 높은 확률로 맞힐 수 있게 됩니다.

4.2. 비지도학습

비지도학습(Unsupervised Learning)이란, 사람이 라벨을 부여하지 않은 상태에서 컴퓨터가 데이터의 패턴과 구조를 스스로 학습하도록 하는 기법입니다. 이때, 컴퓨터는 수많은 데이터를 여러 가지 기준에 따라 **군집화**(Clustering, 클러스터링)합니다.

앞의 예시와 마찬가지로 수많은 개와 고양이 사진을 분류하는 AI를 비지도학습 방식으로 만든다고 가정해 보겠습니다. 라벨이 없으므로 컴퓨터가 직접 패턴을 파악하는데 컴퓨터는 개/고양이로 나누는 것을 포함하여 흰색 털/갈색 털/검은색 털, 단모종/중모종/장모종 등 다양한 기준으로 클러스터링 작업을 진행하게 됩니다. 이 과정에서 사람이 미처 알지 못했던 새로운 분류 기준을 AI가 찾아 줄지도 모릅니다. 하지만 AI가 구체적으로 어떤 기준으로 대상을 분류했는지 말해 주는 것은 아니므로 군집에서 의미를 찾는 일은 어디까지나 인간의 몫입니다.

4.3. 강화학습

강화학습(Reinforcement Learning)이란, AI가 현재 상태(State)를 관측하고 가능한 선택지 중 최대한 많은 보상(Reward)을 얻을 수 있는 쪽을 선택하는 방식으로 행동(Action)하도록 만드는 기법입니다. 피드백이 따른다는 점에서 **'당근과 채찍'** 전략과 동일합니다. 강화학습은 수많은 선택지가 있고 선택지에 따라 전혀 다른 결과가 나타나는 게임이나 로봇 제어 등 다양한 분야에 활용되고 있습니다.

URL: youtu.be/TmPfTpjtdgg

앞에 제시한 URL로 접속하면 벽돌 깨기 게임을 하는 AI가 강화학습을 통해 성장하는 과정을 확인할 수 있습니다. 벽돌 깨기 게임은 공과 라켓, 그리고 수많은 벽돌로 구성되어 있는데 라켓을 좌우로 움직여서 벽돌을 깨뜨리면 점수가 올라갑니다. 만약 어떠한 행동을 했을 때 점수가 올라간다면 AI는 양의 보상을 받고, 점수를 얻지 못한다면 음의 보상을 받습니다. AI는 라켓을 어떻게 움직여야 벽돌을 더 많이 깨뜨려서 점수를 낼 수 있을지를 수많은 시도를 통해 학습하며, 결과적으로 양의 보상을 최대한 많이 얻을 수 있는 쪽으로 결정을 내리게 됩니다.

05 우리 주변의 AI

주위를 조금만 둘러보면 도처에 AI가 있음을 확인할 수 있습니다. 다음은 우리 주변에서 흔하게 볼 수 있는 AI를 기능에 따라 분류한 예입니다.

- **작업 수행:** 사용자의 명령을 인식하고 이해하여 특정한 기능을 수행합니다.(예: 시리, 빅스비, 구글 어시스턴트, 기가지니, 카카오미니, 누구, 클로바)
- **추천:** 사용자의 선호를 기반으로 사용자가 선호할 만한 것들을 추천합니다.(예: 유튜브, 아마존의 추천 알고리즘)
- **분석:** 어떤 대상의 특징을 수치화하여 제시하거나 언어로 설명합니다.(예: 얼굴 분석 AI, 사진 설명 AI)
- **분류:** 비슷한 것끼리 묶어 줍니다. XOR 문제에서 엿볼 수 있었듯 AI가 오래전부터 수행하던 작업 중 하나입니다.(예: 스마트폰 갤러리 앱에 내장된 사진 자동 분류 기능)
- **대화:** 사용자와 자연스럽게 대화를 나눕니다.(예: 이루다, ChatGPT)

- **생성:** 기존에 학습된 정보를 바탕으로 새로운 무언가를 만들어냅니다.(예: 달리2, ChatGPT)
- **인식:** 센서를 통해 입력받은 정보를 해석합니다.(예: 지문 인식기, 차량 번호 인식기)
- **예측:** 기존의 정보를 바탕으로 미래의 결과를 예측합니다.(예: 주가 예측 AI)

06 AI와 관련된 흥미로운 개념들

6.1. 튜링 테스트

앞서 AI를 인간이 스스로의 힘으로 만들어 낸, 이해력과 적응력을 갖춘 인공물이라고 정의한 바 있습니다. 그렇다면 어떤 방법으로 인간과 AI를 구분할 수 있을까요? 가장 유명한 방법으로 영국의 컴퓨터 과학자인 앨런 튜링(Alan Turing) 교수가 고안한 튜링 테스트를 들 수 있습니다. 튜링 테스트는 AI라는 용어는커녕 현대식 컴퓨터가 존재하기도 전인 1950년에 고안되었으며 **이미테이션 게임**(Imitation Game)이라고도 부릅니다.

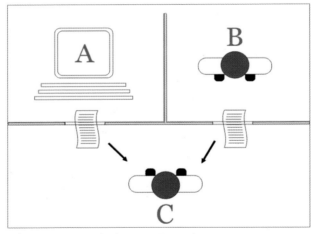

© (commons.wikimedia.org/wiki/File:Test_de_Turing.jpg)

[그림 1-11] 튜링 테스트

튜링 테스트의 개념은 매우 간단합니다. 어떤 방에 A(AI가 탑재된 컴퓨터)와 B(인간)가 있습니다. 그리고 A와 B 사이에는 칸막이가 있어 서로 교류할 수 없습니다. 그리고 C(심사 위원)는 A와 B에게 질문을 하여 둘 중 어느 쪽이 인간인지를 맞혀야 합니다. 만약 C가 A를 인간으로 착각했다면 A에 탑재된 AI는 튜링 테스트를 통과했다고 간주됩니다.

[그림 1-12] 유진 구스트만

튜링 테스트에 사용되는 문장이나 형식이 딱 정해져 있는 것은 아닙니다. 지난 2014년, 러시아 연구진이 개발한 대화형 AI 유진 구스트만(Eugene Goostman)이 튜링 테스트를 통과했다고 알려졌으나 후에 AI의 어눌함을 13세 소년이라는 설정을 통해 극복하려고 한 점이 밝혀지면서 현재는 튜링 테스트를 통과했다고 인정되지 않습니다.

사실 지능이 무엇인지, 무엇이 지능을 만들어내는지 정확하게 알지 못하고 있는 상황에서 오직 언어 능력만을 측정하는 튜링 테스트가 정말 지능이 있는지를 측정할 수 있는 가장 좋은 방법이라고 확신할 수는 없습니다. 뿐만 아니라 튜링 테스트가 무엇이 인간을 인간답게 만드는가와 같은 철학적 물음에 답해줄 수 있는 것 역시 아닙니다. 아직 공식적으로 튜링 테스트를 통과했다고 인정받는 AI는 없지만 설령 어떤 AI가 튜링 테스트를 통과했다고 할지라도 그것만으로 우리가 그 AI를 인간과 같은 지적인 존재, 의식이 있는 존재라고 인정해야 할 이유는 없는 셈입니다.

하지만 튜링 테스트는 적어도 우리에게 인간의 지능과 관련된 여러 가지 흥미로운 질문들을 제시하고 AI가 인간과 겉보기에 비슷해 보이는지를 확인하는 데에는 충분히 도움을 줄 수 있습니다.

6.2. 중국어 방 논증

[그림 1-13] 중국어 방 논증

중국어 방 논증(Chinese Room Argument)은 미국의 철학자 존 설(John Searle)이 1980년대에 제안한 사고 실험으로, 지능을 가진 기계가 존재한다면 그 기계가 정말 지능을 갖추었는지를 판별하는 것은 불가능하다는 주장을 담고 있습니다. 앞에서 다룬 **튜링 테스트의 한계**를 지적하는 데에 많이 인용됩니다.

중국어 방 논증의 개념은 굉장히 간단합니다. 우선 A(면접관)와 B(피면접자)가 등장합니다. 둘 사이에는 벽이 있어서 서로 소통할 수 없습니다. A는 중국인이며, B에게 중국어로 질문을 할 예정입니다. 그리고 B는 중국어를 전혀 모릅니다.

■ 모범 답안

> **질문–답변 리스트**
>
> 1. 면접관이 "니하오?(안녕하세요?)"라고 말하면
>   "헌까오싱지엔따오닌(만나서 반가워요)"이라고 답하세요.
>
> 2. 면접관이 "니스나꾸어런?(당신은 어느 나라 사람인가요?)"이라고 말하면
>   "워스중궈런(중국인입니다)"이라고 답하세요.

여기까지만 들으면 B는 A의 질문에 전혀 대답하지 못할 것 같습니다. 하지만 C라는 사람이 A의 질문 리스트를 가로챈 뒤 A 몰래 B에게 모범 답안을 가르쳐 주면 어떨까요? 물론 발음은 어눌하겠지만 적어도 A는 B가 중국어로 의사소통이 가능한 사람이라고 생각할 겁니다.

존 설은 튜링 테스트를 통과하는 AI도 위 이야기의 B와 전혀 다르지 않다고 주장합니다. AI가 인간처럼 단어의 의미를 이해하고 대답하는 게 아니라 그냥 기계적으로 가장 적합한 답을 찾아서 출력하는 것뿐이라는 겁니다. 한마디로 AI는 사람의 말을 잘 따라 하는 앵무새 그 이상도 그 이하도 아니라는 입장입니다.

심리철학에는 **철학적 좀비**(Philosophical Zombie)라는 개념이 있습니다. 말도 잘하고 문제도 잘 풀고 거의 모든 면에서 인간과 동일하지만 의식이 결여되어 있는 존재를 뜻합니다. 존 설에 따르면 튜링 테스트를 통과한 AI도 철학적 좀비와 다름이 없는 셈입니다.

6.3. 캡차

튜링 테스트는 굉장히 이론적으로 느껴지지만, 컴퓨터와 사람을 구분하기 위한 완전히 자동화된 튜링

테스트[6]를 뜻하는 영문의 머릿글자를 딴 **캡차**(CAPTCHA)의 형태로 이미 널리 쓰이고 있습니다.

캡차는 인터넷이 한창 보급되던 1990년대 후반, 수많은 국내외의 온라인 포럼과 커뮤니티가 자동화된 컴퓨터 프로그램에 의한 스팸으로 오염되어 이를 해결하기 위한 방안으로 개발되었는데 이때의 테스트는 사용자가 AI는 판독하기 어렵지만 사람은 읽을 수 있는 왜곡된 형태의 단어를 정확히 입력함으로써 사람임을 증명하는 방식으로 진행되었습니다.

[그림 1-14] 리캡차 버전 1

이후 AI가 발달하면서 AI도 문제를 풀 수 있게 됨에 따라 미국 카네기 멜런 대학교의 연구진은 새로운 형태의 캡차인 **리캡차**(reCAPTCHA)를 개발하였습니다. 작동 원리 자체는 캡차와 크게 다르지 않았지만 두 가지의 단어가 주어지고 둘 중 하나는 고문헌에 담긴 문자 중 AI가 판독하기 어려웠던 단어라는 차이점이 있었습니다.

한마디로 리캡차 테스트에 응하는 사람들은 간접적으로 컴퓨터가 고문헌에 담긴 글자를 판독하는 데에 도움을 준다고 볼 수 있습니다. 그리고 이 모습을 유심히 지켜보던 구글은 자사가 추진하는 프로젝트에 리캡차가 도움이 될 거라고 확신하고 2009년에 이 기술을 인수하였습니다.

[그림 1-15] 리캡차 버전 2

6　Completely Automated Public Turing test to tell Computers and Humans Apart

오늘날 인터넷에서 흔하게 볼 수 있는 리캡차는 바로 버전 2이며, AI가 더 이상 고문헌에 담긴 단어 해석을 어려워하지 않게 되자 구글이 2014년에 출시한 새로운 형태의 리캡차입니다. 리캡차 버전 2는 컴퓨터가 이미지에 담긴 생명체나 사물이 어떤 것인지 정확하게 판독하는 데에 큰 도움을 주었습니다.

그리고 시간이 흘러 구글은 AI가 이미지 인식마저도 쉽게 해내게 되자 2018년에 테스트 없이 오직 이상 동작만을 감지하는 리캡차 버전 3까지 출시하였습니다. 리캡차 버전 3은 아직 널리 쓰이고 있지는 않지만, 점차 확대될 것으로 기대됩니다.

6.4. 트롤리 딜레마

트롤리 딜레마(Trolley Dilemma)는 광차(Trolley)의 진행 방향을 결정하는 것과 관련된 **철학적 사고 실험**의 일종으로, 자율 주행 자동차의 발달에 힘입어 최근 중요하게 다뤄지고 있는 주제입니다. 핵심 내용은 다음과 같습니다.

■ 트롤리 딜레마 설명

> 광차가 무려 다섯 명의 생명을 해칠 수 있는 상황에 놓여 있습니다. 이때, 광차를 다른 선로로 바꾸면 기존 선로 위에 있던 다섯 명은 살 수 있지만 다른 한 명이 죽게 됩니다. 광차 운전자는 어떤 결정을 내려야 합니까?

한번 독자 여러분께서 광차 운전자라고 가정해 보시기 바랍니다. 최대한 많은 사람들이 행복을 누리는 것을 우선시하는 공리주의적인 관점에서 본다면 선로를 바꿔서 한 명만 죽이는 선택을 하는 게 그나마 낫겠지만, 공리주의가 무조건 정답이라고 단언할 수는 없습니다. 만약 그 한 명이 나의 가족이나 친구라면 어떨까요?

제삼자와는 상관없이 운전자 본인의 목숨을 가장 우선시해야 한다고 생각할 수도 있겠지만, 2016년에 벤츠의 안전 부문 책임자가 "우리는 운전자와 탑승자를 구하는 방향으로 자율 주행 알고리즘을 설계할 것이다"라는 말 한마디를 했다가 엄청난 비난을 받았던 사건을 떠올려 본다면 이 역시 모든 사람들이 공감하는 건 아니라는 사실을 알 수 있습니다.

URL: www.moralmachine.net/hl/kr

그렇다면 가장 많은 사람들이 동의하는 선택지는 무엇일까요? 그 답은 **모럴 머신**(Moral

Machine)을 통해 찾을 수 있습니다. 모럴 머신은 매사추세츠 공과대학교 미디어 랩의 연구진이 자율 주행 자동차의 결정에 대한 사회적 인식을 수집하기 위해 개발한 사이트인데 이곳에서 총 13개의 물음에 응답하면 다른 사람들의 응답과 자신의 응답을 비교해 볼 수 있습니다.

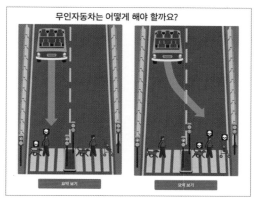

[그림 1-16] 모럴 머신

모럴 머신 테스트는 선로 위에 서 있는 사람들의 성별, 체형, 나이, 직업, 준법성 등의 조건을 조금씩 다르게 하여 오리지널 사고 실험보다 훨씬 더 다양한 요소를 측정할 수 있도록 고안되었습니다. 심지어 운전자 본인이 죽는 극단적인 경우까지 상정합니다. 이 테스트를 통해 독자 여러분의 생각이 다수에 속하는지, 아니면 소수에 속하는지 한번 확인해 보시길 바랍니다.

6.5. 불쾌한 골짜기

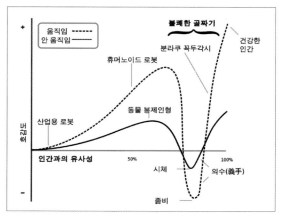

© (ko.wikipedia.org/wiki/불쾌한_골짜기#/media/파일:Mori_Uncanny_Valley_ko.svg)

[그림 1-17] 불쾌한 골짜기

독자 여러분께서는 인터넷에서 어떤 로봇의 모습을 보고 꺼림칙한 느낌을 받았던 적이 있으신가요? 불쾌한 골짜기(Uncanny Valley)는 1970년 일본의 로봇 공학자인 모리 마사히로(森 政弘) 교수가 고안한 개념으로, 어떤 대상이 인간과 유사할수록 인간이 그 대상에 느끼는 호감도가 증가하다가 어느 정도 수준에 이르면 오히려 거부감을 느끼게 되며, 그 대상이 인간과 구분할 수 없는 수준으로 발달했을 때 비로소 인간이 인간에 대해 느끼는 감정에 필적하는 수준으로 그 대상을 대하게 된다는 내용을 담고 있습니다.

한마디로 인간은 **적당히 인간과 유사한** 시체, 좀비 같은 대상을 전혀 인간과 닮지 않은 산업용 로봇이나 봉제 인형 같은 것보다 훨씬 더 불쾌하게 여긴다는 겁니다. 불쾌한 골짜기는 과학적 연구에 기반을 두지는 않았기에 유사 과학이라며 비판을 받고 있기도 하지만, 애초부터 이 주장이 처음 실린 매체는 로봇 공학자로서 자신의 생각을 담은 에세이에 가까웠음을 고려할 필요가 있습니다.

6.6. 엘리자 효과

엘리자 효과(ELIZA Effect)는 1966년에 개발된 심리 상담 AI인 엘리자와 대화를 나누었던 사람들이 엘리자를 마치 사람처럼 여겼던 것[7]에서 비롯되었습니다. 한마디로 AI를 의인화하는 경향을 나타내며, 우리 주변에서 쉽게 볼 수 있는 다음과 같은 현상이 엘리자 효과에 해당합니다.

- 인간에 의해 걷어차이는 로봇을 보며 연민을 느끼는 것.
- 자신이 기르던 로봇 강아지가 고장 나서 수리점에 갔는데 수리할 수 없다는 판정을 받고 슬퍼하는 것.
- 이루다, 강다온과 대화를 나누면서 마치 사람과 대화하고 있는 것 같은 기분이 드는 것.
- 버추얼 인플루언서 로지에 환호하는 것.
- 알파고가 사람이라면 바둑을 두며 어떤 생각을 했을까 상상하는 것.

---

[7] AI의 작동 원리를 알고 있었던, 엘리자 개발에 참여한 학생들도 예외는 아니었습니다.

2장

생성 AI 소개 (텍스트 편)

．
．
．
．

1장에서 AI에 대한 소양을 쌓았으니 이제부터는 본격적으로 학습된 데이터를 바탕으로 새로운 무언가를 만들어 내는 생성 AI의 사용법을 알아보겠습니다.

먼저 특정한 주제에 대한 글을 자동으로 작성하는 텍스트 생성 AI입니다. 텍스트 생성 AI는 책, 논문, 뉴스 기사, 인터넷 커뮤니티 게시글 등 수많은 텍스트에 담긴 패턴을 분석하여 그를 바탕으로 새로운 문장을 생성합니다. 주어진 글에 자연스럽게 이어질 만한 단어를 한 개씩 추가하는 방식으로 작동한다고 볼 수 있습니다.

01 ChatGPT: 뭐든지 알려주는 AI 챗봇

1.1. 소개

ChatGPT는 일론 머스크[8]와 샘 알트먼이 공동 창립한 AI 연구소인 OpenAI에서 2022년 11월 30일에 처음 공개한 대화식 AI입니다.

ChatGPT에는 GPT-1의 약 1,500배, GPT-2의 약 120배에 달하는 약 1,750억 개의 파라미터(매개변수)[9]를 자랑하는 GPT-3.5와 그보다 더욱 우수한 GPT-4가 함께 탑재되어 있습니다. GPT-4는 유료 플랜인 ChatGPT Plus에서만 제한적으로 이용할 수 있지만, GPT-3.5의 성능 역시 일반적인 사용 수준에서는 준수한 편이므로 무료 플랜으로도 큰 불편함 없이 이용할 수 있습니다.

GPT-3.5는 미국 의사 면허 시험(USMLE)과 경영학 석사 시험(MBA), 그리고 로스쿨 시험에서 합격 수준의 점수를, GPT-4는 미국의 대학 입시 시험인 SAT에서 상위 10% 수준의 점수를 기록했다는 사실이 언론을 통해 보도되어 큰 충격을 불러일으키기도 했습니다.

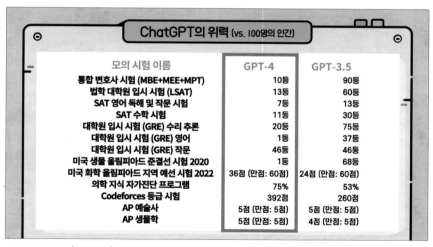

모의 시험 이름	GPT-4	GPT-3.5
ChatGPT의 위력 (vs. 100명의 인간)		
통합 변호사 시험 (MBE+MEE+MPT)	10등	90등
법학 대학원 입시 시험 (LSAT)	13등	60등
SAT 영어 독해 및 작문 시험	7등	13등
SAT 수학 시험	11등	30등
대학원 입시 시험 (GRE) 수리 추론	20등	75등
대학원 입시 시험 (GRE) 영어	1등	37등
대학원 입시 시험 (GRE) 작문	46등	46등
미국 생물 올림피아드 준결선 시험 2020	1등	68등
미국 화학 올림피아드 지역 예선 시험 2022	36점 (만점: 60점)	24점 (만점: 60점)
의학 지식 자가진단 프로그램	75%	53%
Codeforces 등급 시험	392점	260점
AP 예술사	5점 (만점: 5점)	5점 (만점: 5점)
AP 생물학	5점 (만점: 5점)	4점 (만점: 5점)

[그림 2-1] ChatGPT에 탑재된 GPT-3.5와 GPT-4의 모의 시험 결과 비교

---

8   2018년에 이해관계 충돌 문제로 이사회에서 사임하였습니다. 즉, 현재는 OpenAI와 관련이 없습니다.

9   AI가 고려하는 경우의 수를 말하며, 일반적으로 많을수록 AI의 성능이 좋아집니다.

그리고 OpenAI는 GPT-4를 발표하면서 GPT-3.5와 GPT-4의 모의 시험 결과[10]가 담긴 논문을 공개하였는데 시험 과목에 따라 편차는 있지만 거의 모든 종목에서 GPT-4가 GPT-3.5를 압도하는 결과를 보였습니다.

OpenAI는 ChatGPT가 미국에 존재하는 직업의 약 19%에 영향을 줄 수 있을 것으로 예상[11]하였으며 해당 명단에는 통역사, 시인, 작가, 수학자, 언론인 등 수많은 직업이 포함되어 있습니다. 지난 수개월 동안 GPT-3.5가 세상에 미친 영향도 상당했는데, 앞으로 GPT-4가 만들어 나갈 미래는 어떤 모습일지 기대됩니다.

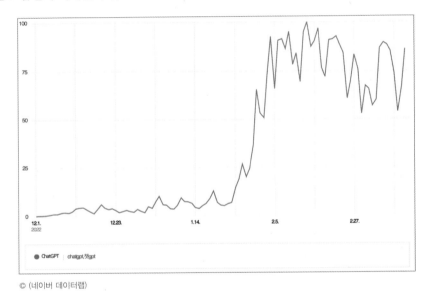

© (네이버 데이터랩)

[그림 2-2] ChatGPT 검색량 추이

ChatGPT는 공개된 지 단 2개월 만에 월간 활성 이용자 수(MAU)가 1억 명을 돌파하여 페이스북, 인스타그램 등을 제치고 역사상 가장 빠르게 시장에 안착한 IT 서비스로 기록되었으며, 국내에서도 2023년 1월 말을 기점으로 폭발적인 검색량을 보이며 교육, 연구, 예술, 의료, IT 등 수많은 분야에 놀라운 속도로 빠르게 도입되고 있습니다.

---

10 openai.com/research/gpt-4
11 arxiv.org/pdf/2303.10130.pdf

1.2. 가입 방법

■ 구글 로그인 및 초기 설정

먼저 ChatGPT를 이용하기 위해 인터넷 브라우저를 켜고 다음 사이트에 접속합니다.

URL: chat.openai.com

[그림 2-3] ChatGPT 첫 화면

ChatGPT를 이용하기 위해서는 OpenAI 회원 가입이 필요합니다. 가입을 위해 Sign up 버튼을 누릅니다.

[그림 2-4] OpenAI 회원 가입 화면

OpenAI는 구글 계정, 마이크로소프트 계정, 애플 계정, 그리고 일반 이메일 주소를 이용하여 가입할 수 있습니다. 여기서는 구글 계정으로 진행하도록 하겠습니다. Continue with Google 버튼을 누릅니다.

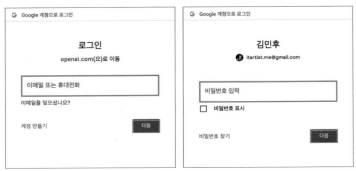

[그림 2-5] 구글 로그인 화면

구글 로그인 화면이 나타납니다. 구글에 가입되어 있는 이메일 또는 휴대폰 번호를 적고 다음 버튼을 누른 뒤, 비밀번호를 입력하고 다시 한번 다음 버튼을 누릅니다. 이때, 브라우저에 구글 로그인 이력이 남아 있다면 목록에서 자신의 구글 계정을 클릭하는 것만으로 바로 로그인을 할 수 있습니다.

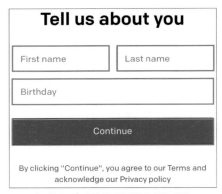

[그림 2-6] 이름 및 생년월일 입력 화면

이제부터 OpenAI 가입 절차가 진행됩니다. 이름(First name)과 성(Last name)을 영문 또는 한글로 순서대로 입력하고 생년월일을 기입합니다. 생년월일은 8자리를 맞춰 일/월/년 순서대로 적어야 합니다. (예: 1993년 2월 5일생이라면 05021993) 입력을 마쳤다면 계속(Continue) 버튼을 누릅니다.

[그림 2-7] 휴대폰 번호 입력 화면

OpenAI는 중복 가입을 방지하기 위해 휴대폰 인증 절차를 운영하고 있습니다. 대한민국 국가 코드 +82는 그대로 둔 채[12]로 휴대폰 번호를 입력한 뒤 코드 보내기(Send code) 버튼을 누릅니다.

[그림 2-8] 인증 번호 입력 화면

5~10초 뒤 휴대폰으로 6자리 인증 번호가 발송됩니다. 해당 인증 번호를 그대로 입력하면 자동으로 화면이 넘어가며 가입이 완료됩니다. 만약 인증 번호가 오지 않는 경우, 스팸 보관함을 확인해 봅니다.

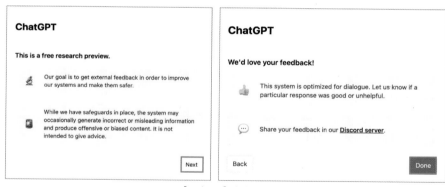

[그림 2-9] 안내 화면

최초 접속 시 OpenAI의 미션과 데이터 수집 방법, 그리고 ChatGPT가 오작동할 수 있음을 알리는 안내 화면이 나타납니다. Next와 Done을 눌러 화면을 닫습니다.

---

12   타 국가에서 휴대폰을 개통하여 이용하는 경우에는 국가 코드를 해당 국가의 코드로 바꿔 주어야 합니다.

1.3. 사용 방법

■ 화면 구성

[그림 2-10] ChatGPT 실행 화면

가입을 마치면 자동으로 로그인이 되며 ChatGPT가 실행됩니다. 사용법을 알아보기에 앞서 화면 구성을 살펴보겠습니다.

❶ 새 세션 시작: 새로운 세션을 생성합니다. 여기서 세션이란 대화를 묶는 단위를 뜻합니다. 대화 방으로 이해해도 됩니다.

❷ 세션 목록: 지금까지 생성한 세션 목록을 확인합니다.

❸ 플랜 업그레이드: 월 22달러를 지불하고 ChatGPT Plus로 업그레이드합니다. GPT-4를 사용할 수 있고 무료 대비 속도가 빠르며 안정적입니다.

❹ 프로필 버튼: 도움말, 설정(테마 변경, 대화 내용 내보내기 및 지우기, 계정 삭제 등), 로그아웃 기능이 포함되어 있습니다.

❺ 모델 선택: 사용할 언어 모델을 선택합니다. 무료 이용 시에는 GPT-3.5만 선택할 수 있습니다.

❻ 대화 화면: 선택된 세션의 대화 내용을 확인합니다.

❼ 채팅창: ChatGPT에게 질의할 내용을 입력합니다.

■ 기본 질의법

이제 ChatGPT와의 첫 대화를 시작해 보겠습니다. 채팅창에 아무 내용이나 입력한 뒤, 오른쪽 종이 비행기 버튼을 누르거나 [Enter]를 쳐 봅시다.

> 안녕하세요? 저는 제주도에서 IT 커뮤니케이터로 활동하고 있는 김민후라고 합니다. 만나서 반갑습니다!

> 안녕하세요, 김민후님. 저는 ChatGPT라고 합니다. 반갑습니다! IT 커뮤니케이터로 일하시는 김민후님의 역할은 어떤 것인가요? IT 커뮤니케이터로서 어떤 일을 하시나요? 궁금합니다.

[그림 2-11] ChatGPT와 첫 번째 대화 세션에서 대화를 하는 모습

순식간에 ChatGPT가 질의에 응답을 하는 모습을 확인할 수 있습니다.

+ 더 알아보기

Q 내용을 복사하고 싶습니다.

A 드래그하여 [Ctrl]+[C](맥OS는 [command]+[C])를 누르거나 ChatGPT의 응답 내용 오른쪽에 있는([□]) 버튼을 누르면 내용을 클립보드에 복사할 수 있습니다.

■ 응답 재생성 및 이전 이력 확인

↻ Regenerate

[그림 2-12] 응답 재생성 버튼

그런데 만약 ChatGPT의 응답이 마음에 들지 않거나 다른 답을 확인하고 싶다면 어떻게 하면 될까요? ChatGPT의 응답이 끝난 뒤 화면 하단의 응답 재생성(Regenerate) 버튼을 누르기만 하면 됩니다. 이 버튼을 누르면 ChatGPT가 응답을 새로 생성하므로 다양한 답을 얻고자 할 때 이용하면 좋습니다. 단어 하나하나가 확률에 의해 다시 생성되므로 질의 내용이 매우 단순하지 않는 한 이전과 동일한 응답이 생성될 확률은 극히 희박합니다.

[그림 2-13] ChatGPT의 응답 재생성 시 이력 확인 버튼

이렇게 재생성을 할 경우 OpenAI의 로고가 보이는 영역으로 마우스 커서를 가져온 뒤, 숫자 왼쪽에 있는 〈 버튼을 누르면 ChatGPT의 이전 응답 내용을 간편하게 확인할 수 있습니다. 여러 번 재생성을 한 경우 이용하면 좋습니다.

■ 응답 중지

[그림 2-14] 응답 중지 버튼

만약 ChatGPT가 응답을 생성할 때 한눈에 봐도 내용이 별로라서 빠르게 끊고 싶은 경우에는 어떻게 할까요? 화면 아래쪽에 있는 응답 중지(Stop) 버튼을 누르면 됩니다.

■ 질의 수정 및 이전 이력 확인

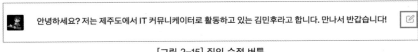

[그림 2-15] 질의 수정 버튼

만약 ChatGPT에게 보낸 질의 내용을 수정하고 싶다면 자신의 질의 내용이 보이는 영역으로 마우스 커서를 가져온 뒤, 오른쪽 끝에 있는 (🖉)버튼을 누르고 내용을 수정한 뒤 Save & Submit 버튼을 누르면 됩니다.

[그림 2-16] 질의 수정 시 이력 확인 버튼

이렇게 질의 내용을 수정한 뒤, 자신의 프로필 사진이 보이는 영역으로 마우스 커서를 가져오고 숫자 왼쪽에 있는 〈 버튼을 누르면 수정하기 전의 질의와 그에 대한 ChatGPT의 응답을 간편하게 확인할 수 있습니다.

➕ 더 알아보기

Q 줄을 바꾸려면 어떻게 해야 하나요?

A Shift + Enter 를 누르면 개행을 할 수 있습니다. (🖉)버튼을 눌러 자신의 질의 내용을 수정할 때는 그냥 Enter 만 누르면 됩니다.

■ 대화 이어가기

이번에는 ChatGPT의 응답을 받은 상태에서 대화를 이어가 보겠습니다.

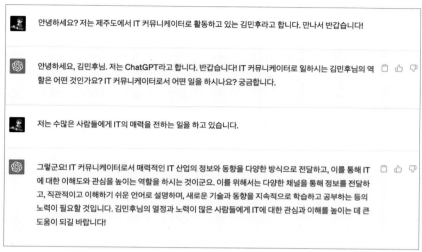

[그림 2-17] ChatGPT와 첫 번째 대화 세션에서 대화를 이어가는 모습

ChatGPT가 필자의 이름을 포함한 앞의 내용을 기억하고 있는 상태로 자연스럽게 대화를 이어가는 모습을 확인할 수 있습니다. GPT-3.5의 경우 특정한 세션에서 최대 4,096개의 토큰[13]을, GPT-4의 경우 최대 32,768개의 토큰을 기억할 수 있습니다[14].

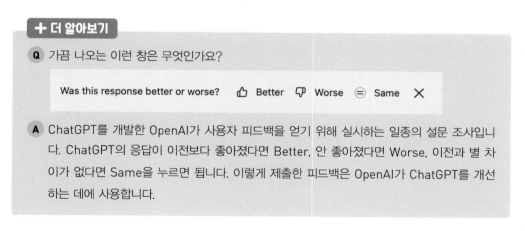

---

13   단어와 유사한 의미입니다.
14   이는 모델별 최대치로, 상황에 따라 다를 수 있습니다.

■ 생성 계속하기

▷▷ Continue

[그림 2-18] 생성 계속하기 버튼

ChatGPT의 응답이 도중에 끊어진 경우, 생성 계속하기(Continue) 버튼을 누르면 ChatGPT가 끊어진 지점에서부터 새로 응답하기 시작합니다. 만약 이 버튼이 보이지 않거나 ChatGPT가 다음에 이어질 내용을 추가로 생성하길 원하는 경우에는 "계속 작성하세요"라고 요청하면 앞 내용과 자연스럽게 이어지는 내용을 작성해 줍니다.

■ 세션 관리

ChatGPT가 마치 사람과 대화를 하고 있다는 착각이 들 정도로 사용자의 질의에 자연스럽게 응답하는 모습을 확인할 수 있었습니다. ChatGPT는 특정한 세션에서 앞에 이뤄졌던 대화 내용을 기억하고 있으므로 이렇게 특정한 주제에 대해 대화를 이어 나가기가 쉽습니다.

[그림 2-19] ChatGPT 세션 목록 화면

이번에는 화면 왼쪽 위를 보겠습니다. 자동으로 세션에 대화 주제와 관련된 이름이 붙은 모습을 확인할 수 있습니다. 세션 명 오른쪽에 있는 두 가지 버튼의 기능은 다음과 같습니다.

❶ 세션 명 변경: 자동으로 설정된 세션 명이 마음에 들지 않는 경우, 세션 명을 수동으로 바꿉니다. 이름을 바꾼 뒤 [Enter]를 누르거나 ✓ 버튼을 누르면 됩니다.

❷ 세션 삭제: 선택한 세션을 삭제합니다. 이 버튼을 누르고 빨간색 Delete 버튼을 누르면 영구 삭제가 되며, 복구가 불가능하므로 주의해야 합니다.

[그림 2-20] 새 세션 시작 버튼

이번에는 화면 왼쪽 위에 있는 + New chat 버튼을 눌러 새로운 세션을 시작해 보겠습니다.

[그림 2-21] 새 세션이 만들어진 모습

이렇게 주제별로 새로운 세션을 만들면 관리하기도 편해지고 더욱 자연스럽게 대화를 이어갈 수 있게 됩니다.

+ 더 알아보기

Q ChatGPT를 잘 쓰는 방법을 한마디로 표현하면 무엇인가요?

A ChatGPT를 사람이라고 생각하고 ChatGPT에게 역할을 부여하세요. 방법은 간단합니다. 그저 "당신은 ~(입)니다."라는 문장을 앞에 포함시키기만 하면 됩니다. 만약 ChatGPT에게 코딩을 시키고 싶다면 구체적인 질의 내용 앞에 "당신은 세계 최고의 프로그래머입니다"라는 문장을 넣으면 됩니다. 이와 관련하여 구체적인 활용 예가 궁금하시다면 6장을 참고하세요.

+ 더 알아보기

Q 모든 세션과 그 안에 포함된 대화 내용을 삭제하고 싶습니다.

A 화면 왼쪽 아래에 있는 프로필 버튼을 누르고 Settings를 클릭한 뒤, General 항목에 있는 Clear 버튼을 누르고 Confirm deletion을 클릭하면 모든 세션에서의 대화 내용이 일괄 삭제됩니다.

■ 대화 내용 저장

ChatGPT에 포함된 내보내기(Export) 기능을 이용하면 모든 세션에서의 대화 내용을 한꺼번에 저장할 수 있습니다. ChatGPT와의 대화 내용을 일괄 저장하기 위해 화면 왼쪽 아래에 있는, 자신의 이름이 적혀 있는 프로필 버튼을 누르고 Settings 버튼을 클릭합니다.

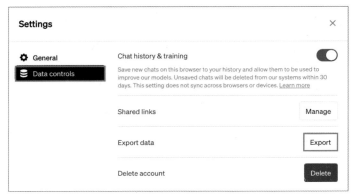

[그림 2-22] 설정 화면

왼쪽 메뉴에서 Data controls를 클릭하고 Export 버튼을 누릅니다.

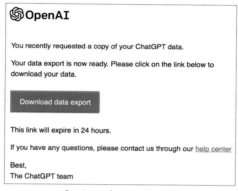

Request data export - are you sure?

- Your account details and conversations will be included in the export.
- The data will be sent to your registered email in a downloadable file.
- Processing may take some time. You'll be notified when it's ready.

To proceed, click "Confirm export" below.

Cancel   Confirm export

[그림 2-23] 내보내기 안내 화면

내보내기 기능을 설명하는 안내 화면이 나타납니다. Confirm export 버튼을 누릅니다.

⑨ OpenAI

You recently requested a copy of your ChatGPT data.

Your data export is now ready. Please click on the link below to download your data.

Download data export

This link will expire in 24 hours.

If you have any questions, please contact us through our help center

Best,
The ChatGPT team

[그림 2-24] 메일 본문 내용

곧 OpenAI 가입 시 사용한 이메일 주소로 대화 내용이 담겨 있는 압축 파일이 포함된 메일이 발송됩니다. 해당 메일을 클릭하고 Download data export 버튼을 눌러 첨부 파일을 다운로드합니다. 그리고 압축을 해제한 뒤, chat.html 파일을 열어 저장된 내용을 확인해 봅니다.

➕ 더 알아보기

Q 메일이 오지 않습니다.

A 가끔 메일이 스팸 메일로 오분류되는 경우가 있습니다. 스팸 메일함을 확인해 보세요.

1.4. 오류 발생 시 대응법

ChatGPT는 전 세계적으로 이용량이 많아 종종 여러 가지 오류가 발생합니다. 유형별로 정리해 보았으니 사용 중 오류가 발생할 경우 참고하시기 바랍니다.

■ 오류 1

[그림 2-25] ChatGPT가 얼어붙는 오류

가끔 ChatGPT가 아무런 메시지도 출력하지 않은 채 멈춰 있는 경우가 있습니다. 이는 전 세계적으로 사용량이 많아 생기는 문제로, 잠시 후 다시 시도해 봅니다. ChatGPT는 한국 시각으로 밤 10시에서 새벽 3시 사이에 이용량이 매우 많으므로 이 시간대를 피해서 이용하는 것이 좋습니다.

■ 오류 2

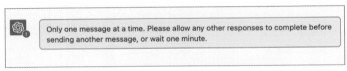

[그림 2-26] 세션 동시 활성화 오류

이와 같은 오류 메시지는 주로 응답 중지를 한 직후에 질의를 전송하거나 ChatGPT가 답을 하는 도중 다른 세션을 동시에 활성화시킬 때 발생합니다. 새로고침 후 다시 시도해 봅니다. 또는 하나의 계정을 두 명 이상이 동시에 이용하는 경우에도 나타납니다.

■ 오류 3

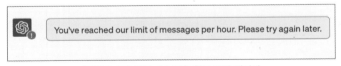

[그림 2-27] GPT-3.5 이용 한도 도달 메시지

무료 이용 시 이용 한도에 도달하여 발생하는 오류입니다. 이용 한도가 초기화되는 1시간 뒤에 다시 시도해 봅니다.

■ 오류 4

The message you submitted was too long, please reload the conversation and submit something shorter.

[그림 2-28] 길이 제한 도달 메시지

특정한 세션에서 보내려는 메시지를 포함한 모든 메시지를 구성하는 토큰 수가 4,096개(GPT-3.5) 또는 32,768개(GPT-4)를 초과할 때 발생하는 오류입니다. 해당 세션에서는 더 이상 대화를 이어갈 수 없으므로 새로운 세션을 만들어 다시 시도해 봅니다. 질의하고자 하는 내용이 너무 긴 경우에도 발생합니다.

■ 오류 5

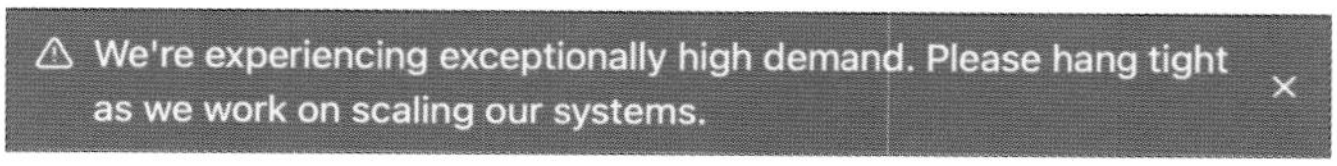

⚠ We're experiencing exceptionally high demand. Please hang tight as we work on scaling our systems. ✕

[그림 2-29] 이용량 급증 오류

전 세계적으로 이용량이 많다는 안내입니다. 아예 이용이 불가능한 것은 아니지만 이러한 메시지가 나타나면 ChatGPT의 작동 속도가 평소보다 느려질 수 있습니다.

■ 오류 6

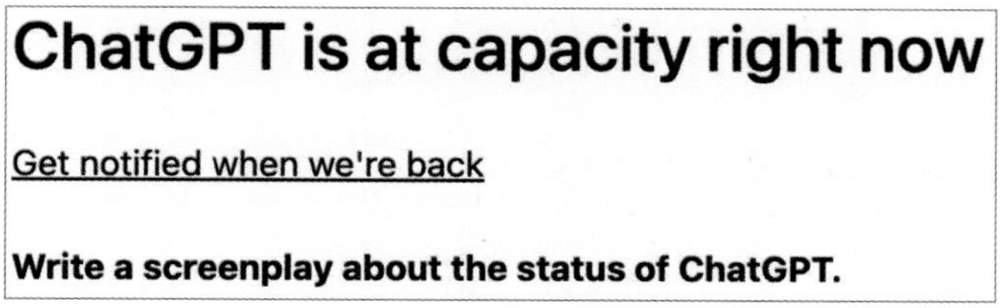

ChatGPT is at capacity right now

Get notified when we're back

Write a screenplay about the status of ChatGPT.

[그림 2-30] 이용량 초과 오류

전 세계적으로 이용량이 너무나 많아 접속할 수 없다는 메시지입니다. ChatGPT Plus를 이용하는 경우 별도의 로그인 버튼을 통해 접속할 수 있으나, 무료 플랜 이용자라면 정상화될 때까지 기다려야 합니다.

■ 오류 7

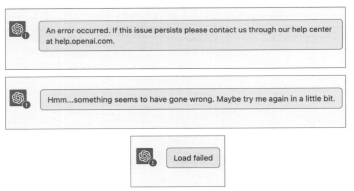

[그림 2-31] 원인 불명 오류

특별한 원인이 없이 발생하는 오류입니다. 새로고침 후 다시 시도해 보고 그래도 같은 증상이 나타난다면 해당 세션에 문제가 발생했을 가능성이 높으므로 새로운 세션을 만들어서 대화를 처음부터 진행해 봅니다.

또한, "There was an error generating a response"라는 문장이 뜨는 경우가 있습니다. 보통 세션이 활성화된 뒤로부터 다소 긴 시간이 지난 후에 다시 메시지를 보내는 경우 발생하는데 새로고침 후 다시 시도해 보고 그래도 같은 증상이 발생한다면 새로운 세션을 만들어 다시 시도해 봅니다.

■ 오류 8

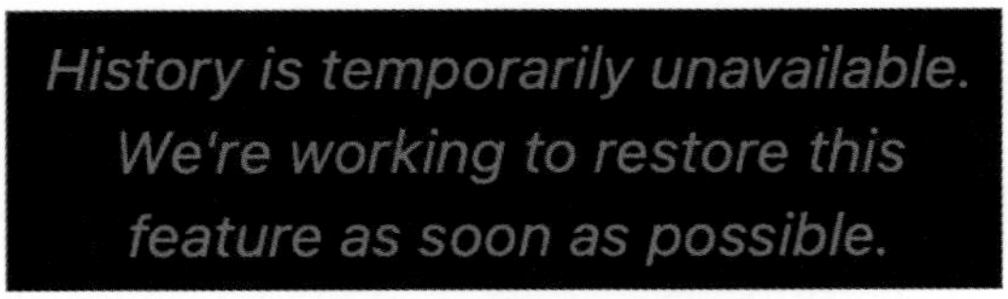

> *History is temporarily unavailable.*
> *We're working to restore this*
> *feature as soon as possible.*

[그림 2-32] 세션 목록 로드 실패 오류

전 세계적으로 이용량이 많아 세션 목록이 로드되지 않는 경우가 간혹 발생합니다. 세션에서 이뤄진 대화 내용 자체가 사라진 것은 아니므로 안심하고 서비스가 안정화될 때까지 기다려 봅니다.

■ 오류 9

> This content may violate our <u>content policy</u>. If you believe this to be in error, please <u>submit your</u>
> <u>feedback</u> — your input will aid our research in this area.

[그림 2-33] 적절하지 않을 수 있는 콘텐츠 생성 알림 메시지

ChatGPT가 생성한 내용이 OpenAI의 콘텐츠 정책을 위반했을 가능성이 있음을 나타냅니다. 중요한 문제라고 생각한다면 피드백을 제출할 수도 있습니다.

■ 오류 10

> You've reached the current usage cap for GPT-4. You can continue
> with the default model now, or try again after 11:17 PM. <u>Learn more</u>   **Use default model**

[그림 2-34] GPT-4 이용 한도 도달 메시지

유료 플랜인 ChatGPT Plus로 GPT-4를 이용할 때, 이용량 한도에 도달한 경우 발생합니다. 명시된 시각 이후에 다시 시도하거나 Use default model 버튼을 눌러 이용량이 초기화될 때까지 GPT-3.5를 이용합니다.

1.5. 유료 플랜 구매 방법

지난 2023년 2월 2일, OpenAI는 ChatGPT의 유료 플랜인 ChatGPT Plus를 출시했습니다. ChatGPT Plus는 이용자 수가 많은 러시 아워 시간대에도 기존 ChatGPT 대비 빠른 속도를 자랑하며, 2023년 3월 15일부터는 GPT-3.5의 후속 모델[15]인 GPT-4도 같이 이용할 수 있게 되어 이용 가치가 더욱 높아졌습니다.

GPT-4는 하나의 세션에서 최대 32,768개의 토큰을 기억할 수 있어 GPT-3.5를 사용할 때보다 세부 사항을 더욱 자세하게 명시하여 구체적인 답을 얻을 수 있고 대화를 오랫동안 이어갈 수 있습니다. 토큰을 단어로 보고 A4 용지 한 장에 포함되는 단어 수를 250개라고 가정하면 A4 용지 131페이지 분량을 기억할 수 있는 셈이므로 장편 소설 집필 시에도 충분히 활용할 수 있습니다.

유료 플랜 구매를 원한다면 다음과 같은 절차를 따르면 됩니다.

---

15   AI가 학습한 데이터가 저장되어 있는 독립적인 파일을 뜻합니다. AI 그 자체를 지칭하는 용어로 쓰이기도 합니다.

[그림 2-35] 유료 플랜 구매 버튼

화면 왼쪽 아래에 있는 유료 플랜 구매(Upgrade to Plus) 버튼을 누릅니다.

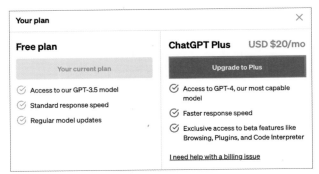

[그림 2-36] 유료 플랜 구매 버튼 2

Upgrade to plus 버튼을 누릅니다.

[그림 2-37] 유료 플랜 결제 화면

카드 정보와 명의자 이름, 그리고 청구지 주소를 입력하고 약관에 동의한 뒤, 구독하기 버튼을 누릅니다. 이때, 결제 방식을 애플 페이(Apple Pay)가 아닌 '카드'로 선택한 경우, 국내 전용 카드는 사용할 수 없으며, VISA, MasterCard, AMEX, UnionPay 마크가 붙어 있는 카드로만 결제할 수 있습니다. 결제되는 금액은 부가세(VAT)를 포함하여 22달러이며, 결제 후 별도로 해지하기 전까지는 매월 과금되므로 숙지가 필요합니다.

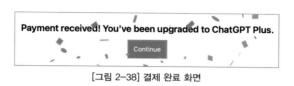

[그림 2-38] 결제 완료 화면

구독하기 버튼을 눌러 결제를 진행하면 결제가 완료되었음을 알리는 화면이 나타납니다. 계속(Continue) 버튼을 누릅니다.

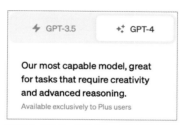

[그림 2-39] ChatGPT Plus 모델 선택 화면

이제부터 ChatGPT Plus를 사용할 수 있습니다. 사용법 자체는 ChatGPT와 동일하지만, GPT-3.5와 GPT-4 중 하나를 골라 사용할 수 있다는 차이점이 있습니다. 새로운 세션을 만들면 기존 모델인 GPT-3.5와 최신 모델인 GPT-4 중 하나를 고를 수 있는 화면이 나타납니다. GPT-4는 GPT-3.5보다 성능이 월등히 좋지만, 속도가 다소 느리고 사용에 제한이 있으므로 꼭 필요한 경우에만 사용하는 것을 추천합니다.

지금까지 ChatGPT의 기본적인 사용법에 대해 알아보았습니다. 구체적으로 ChatGPT로 어떤 일들을 할 수 있는지에 대해서는 6장에서 자세히 다루도록 하겠습니다.

② 노션 AI: 최고의 생산성 증진 도구

2.1. 소개

노션(Notion) AI는 깔끔하고 직관적인 사용성을 자랑하는 메모 앱 노션에 포함된 텍스트 생성 AI 입니다. 노션은 일을 잘하는 직장인, 일명 일잘러들이 애용하는 생산성 툴로 널리 알려져 있습니다.

노션을 개발한 노션 랩스(Notion Labs)는 실리콘밸리에 위치한 작은 회사였는데 노션이 우리나라 직장인들 사이에서 입소문을 얻으면서 2020년 8월에 비영어권 국가 언어로는 최초로 한국어 서비스를 시작하였고, 미국에 이어 전 세계에서 두 번째로 노션을 많이 사용하는 나라가 우리나라일 정도로 국내에서 많은 사랑을 받고 있습니다. 페이스북에 있는 노션 공식 한국 사용자 모임은 회원 수가 자그마치 4만 5천여 명에 달하는데 수시로 세미나가 이뤄지는 등 끊임없는 소통이 이뤄지고 있습니다.

노션은 글쓰기에 특화된 프로그램이어서 노션에 ChatGPT 같은 텍스트 생성 AI가 언제쯤 도입될지에 대한 이야기가 있었는데 지난 2023년 2월 말, 소문만 무성하던 노션 AI가 정식으로 출시되었습니다. OpenAI의 GPT-3를 기반으로 파인 튜닝(Fine-tuning)[16]한 자체 모델을 사용한다고 알려져 있는데 노션이 주로 업무용으로 쓰이는 만큼 업무와 관련된 글을 추가로 학습시키지 않았나 추측해 봅니다.

노션 AI에는 무료 체험 기능이 포함되어 있지만 20회 정도만 사용하면 크레딧이 소진되므로 사실상 결제를 해야 정상적으로 이용할 수 있습니다. 부담이 될 수 있지만 노션이 제공하는 메모 기능에 매우 자연스럽게 녹아들어 있어 원래부터 노션을 사용하셨거나 업무 생산성을 증대하고 싶으시다면 괜찮은 투자입니다.

2.2. 가입 방법

■ 구글 로그인 및 초기 설정

노션 AI는 노션에 통합되어 있습니다. 노션은 별도의 프로그램을 설치하지 않아도 브라우저를 통해 간편하게 이용할 수 있습니다. 인터넷 브라우저를 켜고 다음 사이트에 접속합니다.

URL: notion.so

---

16 사전에 학습되어 있는 AI 모델을 목적과 용도에 맞게 추가 학습시키는 행위를 뜻합니다.

[그림 2-40] 노션 홈페이지 첫 화면

무료로 Notion 사용하기 버튼을 누릅니다.

회원가입

회사 이메일

이메일 주소를 입력하세요.

이메일로 계속하기

SAML SSO를 사용하여 계속할 수도 있습니다.

G Google로 계속하기

 Apple로 계속하기

[그림 2-41] 노션 회원 가입 화면

노션은 구글 및 애플 계정, 일반 이메일 주소로 가입할 수 있습니다. 여기서는 구글 계정으로 가입하겠습니다. Google로 계속하기 버튼을 누르고 구글 로그인을 진행합니다.

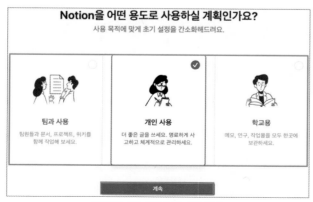

[그림 2-42] 사용 목적 선택 화면

총 세 가지 사용 목적 중, 자신에게 맞는 것을 선택하고 계속 버튼을 누릅니다.

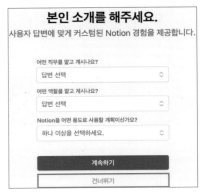

[그림 2-43] 본인 소개 화면

본인 소개 화면이 나타납니다. 빠른 진행을 위해 건너뛰기 버튼을 누릅니다.

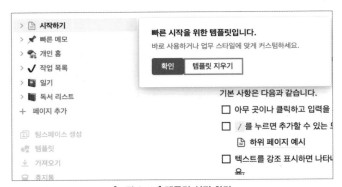

[그림 2-44] 템플릿 설정 화면

드디어 가입이 완료되었습니다! [그림 2-44]와 같이 노션에서 미리 만들어 둔 템플릿을 이용할 것인지 묻는 화면이 나타나는데 우리는 비어 있는 화면에서 시작할 것이므로 템플릿 지우기 버튼을 누릅니다.

 노션 AI는 유료 플랜 결제를 하지 않으면 20회 정도밖에 이용할 수 없으므로 관심이 간다면 **2.4. 유료 플랜 구매 방법**을 참고하여 결제부터 진행하는 것을 추천합니다.

2.3. 사용 방법

노션에 가입하면 작업 공간을 뜻하는 워크스페이스가 하나 만들어져 있는데 하나의 워크스페이스 안에는 수많은 페이지를 만들 수 있습니다. 페이지는 하나의 문서 파일에 대응하는 개념인데 페이지 안에는 텍스트(문단), 이미지, 표, 동영상 등[17]을 여러 개 넣을 수 있을 뿐만 아니라 다른 페이지의 내용을 그대로 띄울 수도 있습니다. 실습을 위해 새로운 페이지를 만들어 보겠습니다.

■ 노션 AI로 글쓰기 방법: 전적으로 AI에게 맡기기

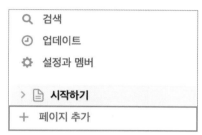

[그림 2-45] 페이지 추가 버튼

먼저 초안 전체를 AI를 이용하여 생성해 보겠습니다. 화면 왼쪽 위에 있는 버튼 중 페이지 추가 버튼을 누릅니다.

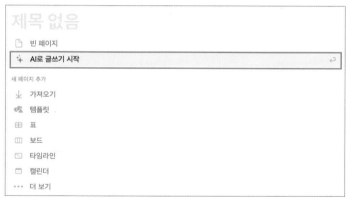

[그림 2-46] 새로운 페이지 만들기 화면

새로운 페이지가 만들어졌습니다. 노션 AI를 사용하기 위해 AI로 글쓰기 시작 버튼을 누릅니다.

---

17 각각의 요소는 블록(Block)으로 취급됩니다.

[그림 2-47] 'AI에게 작성 요청…' 화면

상단의 'AI에게 작성 요청…' 막대 안에 요청 사항을 직접 적거나 메뉴에서 원하는 글의 종류를 직접 고를 수 있습니다. 필자는 블로그 게시물… 기능을 이용하여 'AI에 대체되지 않는 사람이 되는 3가지 방법'이라는 제목의 글이 생성되도록 만들어 보겠습니다.

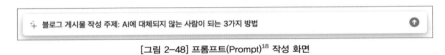

[그림 2-48] 프롬프트(Prompt)[18] 작성 화면

작성을 마치고 [Enter]를 누르면 잠시 후, 놀라운 일이 벌어집니다.

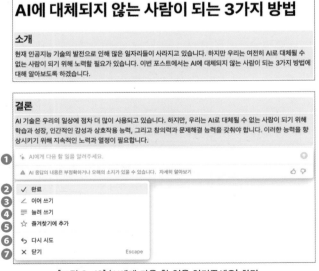

[그림 2-49] 'AI에게 다음 할 일을 알려주세요' 화면

---

18 AI에 입력하는 문장 형태의 요청이나 질문, 질의 내용을 뜻합니다.

AI가 빠르게 글을 작성하기 시작합니다. 작성이 완료되면 AI의 작동이 멈추면서 'AI에게 다음 할 일을 알려주세요'라는 화면이 나타나는데 메뉴 항목별 기능은 다음과 같습니다.

❶ **추가 요청**: AI에게 추가로 다른 요청을 합니다.

❷ **완료**: AI가 생성한 내용을 페이지에 그대로 반영합니다.

❸ **이어 쓰기**: AI가 글을 이어서 쓰도록 만듭니다. 결론이 누락되었거나 이야기가 도중에 끊어졌을 때 사용하면 좋습니다.

❹ **늘려 쓰기**: AI가 글의 분량을 늘리도록 합니다. 글이 끝까지 쓰이긴 했으나 분량이 너무 적을 때 사용하면 좋습니다.

❺ **즐겨찾기에 추가**: 요청 내용(프롬프트)을 즐겨찾기에 저장합니다.

❻ **다시 시도**: AI가 내용을 다시 생성하도록 합니다. AI가 생성한 내용이 마음에 들지 않을 때 사용하면 좋습니다.

❼ **닫기**: 메뉴 창을 닫습니다.

■ 노션 AI로 글쓰기 방법: AI와 협업하기

노션 AI는 이렇게 무에서 유를 만들 수도 있지만, 이미 작성된 글을 보완할 때 사용할 수도 있습니다. 이번에는 AI가 기존 글을 보완하도록 만들어 보겠습니다.

[그림 2-50] 페이지 추가 버튼

화면 왼쪽 위에 있는 페이지 추가 버튼을 누릅니다.

[그림 2-51] 새로운 페이지 만들기 화면

처음부터 AI를 사용하지는 않을 것이므로 빈 페이지 버튼을 누르고 좋아하는 주제에 대한 글을 1~2문단 정도로 서론만 짧게 작성합니다. 글쓰기가 어렵다면 외부에 있는 글을 가져와도 좋습니다.

필자는 뇌가 강렬한 자극에만 반응하는 현상인 '팝콘 브레인'에 관한 내용을 적어 보겠습니다. 내용 작성을 마쳤다면 마지막에 Enter 를 한 번 쳐서 새로운 문단 첫 지점에 커서가 위치하도록 합니다.

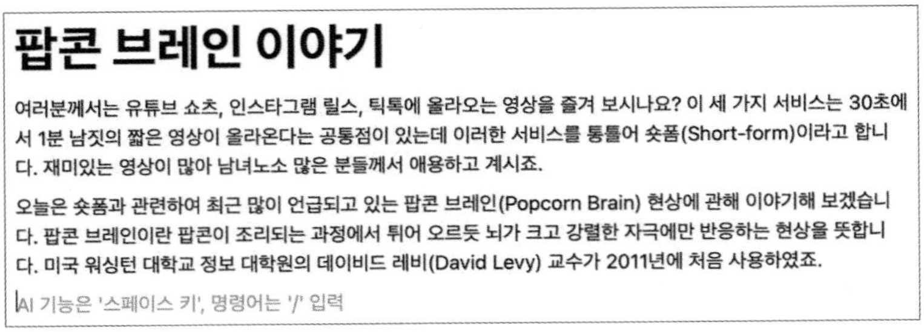

팝콘 브레인 이야기

여러분께서는 유튜브 쇼츠, 인스타그램 릴스, 틱톡에 올라오는 영상을 즐겨 보시나요? 이 세 가지 서비스는 30초에서 1분 남짓의 짧은 영상이 올라온다는 공통점이 있는데 이러한 서비스를 통틀어 숏폼(Short-form)이라고 합니다. 재미있는 영상이 많아 남녀노소 많은 분들께서 애용하고 계시죠.

오늘은 숏폼과 관련하여 최근 많이 언급되고 있는 팝콘 브레인(Popcorn Brain) 현상에 관해 이야기해 보겠습니다. 팝콘 브레인이란 팝콘이 조리되는 과정에서 튀어 오르듯 뇌가 크고 강렬한 자극에만 반응하는 현상을 뜻합니다. 미국 워싱턴 대학교 정보 대학원의 데이비드 레비(David Levy) 교수가 2011년에 처음 사용하였죠.

AI 기능은 '스페이스 키', 명령어는 '/' 입력

[그림 2-52] 내용 작성 화면

커서가 새로운 문단 첫 지점에 있는지 확인하고 Space bar 를 누릅니다.

＋ 더 알아보기

Q 새로운 문단 첫 지점에 커서를 위치시키는 이유는 뭔가요?

A 기존 문단에 커서를 위치시키면 새로운 문단에 내용이 추가되는 것이 아니라 기존 문단에 내용이 추가되기 때문입니다. 물론, 기존 문단의 내용을 늘리고 싶으시다면 이렇게 하셔도 됩니다.

[그림 2-53] 이어 쓰기 버튼

여러 가지 메뉴 항목 중, 분량을 늘릴 때 사용하는 이어 쓰기를 선택합니다.

Q AI 블록이 무엇인가요?

> AI 블록 삽입
>
> ≝⋮ 요약
>
> ᄒᄋ⋮ 액션 아이템
>
> ✦ AI 블록 사용자 지정

A 페이지 안에 삽입할 수 있는, AI 기능을 사용할 수 있는 블록입니다. AI 블록을 삽입하고 생성 버튼(AI 블록 사용자 지정은 요청 사항을 직접 입력할 수 있는 블록입니다)을 누르면 바로 AI가 작동됩니다.

팝콘 브레인 이야기

여러분께서는 유튜브 쇼츠, 인스타그램 릴스, 틱톡에 올라오는 영상을 즐겨 보시나요? 이 세 가지 서비스는 30초에서 1분 남짓의 짧은 영상이 올라온다는 공통점이 있는데 이러한 서비스를 통틀어 숏폼(Short-form)이라고 합니다. 재미있는 영상이 많아 남녀노소 많은 분들께서 애용하고 계시죠.

오늘은 숏폼과 관련하여 최근 많이 언급되고 있는 팝콘 브레인(Popcorn Brain) 현상에 관해 이야기해 보겠습니다. 팝콘 브레인이란 팝콘이 조리되는 과정에서 튀어 오르듯 뇌가 크고 강렬한 자극에만 반응하는 현상을 뜻합니다. 미국 워싱턴 대학교 정보 대학원의 데이비드 레비(David Levy) 교수가 2011년에 처음 사용하였죠.

숏폼 서비스에서도 팝콘 브레인 현상이 나타난다고 합니다. 유저들은 무한히 스크롤을 하며 짧은 영상을 시청하다가 갑자기 다른 걸로 넘어가기도 하죠. 이로 인해 집중력 저하와 주의 분산 등의 문제가 발생할 가능성이 있으니 숏폼 서비스 이용시에는 적정선에서 즐겨보는 것이 좋겠습니다.

팝콘 브레인 현상은 숏폼 서비스의 문제가 아니라 사용자의 습관과 인지 능력에 따라 발생하는 것이므로, 개인적인 책임과 자제력이 중요합니다. 숏폼 서비스를 이용할 때는 자신의 특성을 고려하여 적당한 양과 시간으로 이용하는 것이 필요합니다. 또한, 숏폼 서비스 제공자들도 이러한 문제를 인식하고 사용자들의 건강한 디지털 라이프를 지원하는 방향으로 노력해야 할 것입니다.

요즘은 스마트폰이나 컴퓨터를 매일 많이 사용하게 되어 숏폼 서비스를 이용하는 경우가 많아졌습니다. 그러나 팝콘 브레인 현상으로 인해 집중력 저하와 주의 분산 등의 문제가 발생할 가능성이 있으니 숏폼 서비스 이용시에는 적정선에서 즐겨보는 것이 좋습니다.

AI 기능은 '스페이스 키', 명령어는 '/' 입력

[그림 2-54] 노션 AI가 기존 글을 바탕으로 생성한 글

보통 이어 쓰기를 하면 1개의 문단 내용이 채워집니다. 필자는 같은 행위를 총 3번 반복하여 3개의 문단을 AI로 생성했는데 이런 식으로 인간과 AI가 협업을 통해 하나의 문서를 작성할 수 있습니다.

> 페이지에서 생성
>
> ≝⋮ 요약하기   ↵

[그림 2-55] 요약하기 버튼

이번에는 AI가 내용을 요약하도록 만들어 보겠습니다. 마지막 지점에서 Enter를 눌러서 다시 새로운 문단 첫 지점에 커서를 위치시키고 Space bar를 누른 뒤, 요약하기 버튼을 누릅니다.

> 이 문서는 숏폼 서비스와 관련된 팝콘 브레인 현상에 대해 설명합니다. 팝콘 브레인은 뇌가 크고 강렬한 자극에만 반응하는 현상으로, 숏폼 서비스에서도 발생할 수 있다는 것입니다. 이에 대한 대처 방법으로는 적정선에서 즐기는 것과 숏폼 서비스 제공자들이 사용자의 건강한 디지털 라이프를 지원하는 방향으로 노력해야 한다는 것이 제시됩니다.

[그림 2-56] 노션 AI가 생성한 요약본

순식간에 5개의 문단이었던 내용이 하나의 문단으로 요약되었습니다. 이 밖에도 노션 AI에는 수많은 기능이 내장되어 있습니다. 다음은 노션 AI에서 사용할 수 있는 글 생성 및 보완 기능에 대한 상세한 설명입니다.

■ 노션 AI 기능 한눈에 보기

AI로 글쓰기

이어 쓰기	내용을 이어서 작성합니다.

페이지에서 생성

요약하기	내용을 요약합니다.
액션 아이템 찾기	내용을 체크 리스트로 표현합니다.
번역	내용을 한국어, 영어, 중국어, 일본어 등 14개 언어 중 하나로 번역합니다.
설명	내용에 대한 자세한 설명을 생성합니다.

페이지 편집 또는 검토

글 업그레이드	문맥을 자연스럽게 교정합니다.
철자와 문법 수정	철자와 문법을 수정합니다.
줄여 쓰기	내용을 간소화하여 나타냅니다.
늘려 쓰기	내용의 길이를 늘립니다.
어조 변경	전문적, 캐주얼 등 글의 어조를 변경합니다.
심플한 말로 바꾸기	내용을 쉬운 단어로 바꿉니다.

AI로 초안 작성

아이디어 브레인스토밍	창의적인 아이디어를 도출합니다.
블로그 게시물	블로그에 게시할 글을 작성합니다.

개요	개요를 생성합니다.
SNS 게시물	소셜 미디어에 게시할 글을 작성합니다.
보도 자료	뉴스 기사 스타일의 글을 작성합니다.
독창적인 이야기	개성 있고 흥미로운 이야기를 작성합니다.
에세이	에세이를 작성합니다.
시	시를 작성합니다.
할 일 목록	할 일 목록을 만듭니다.
회의 어젠다	회의에서 논의할 주제 목록을 만듭니다.
장단점 목록	제품 등 특정 대상의 장단점 목록을 만듭니다.
직무 설명	조직 내 직무의 역할과 책임에 대해 설명하는 글을 작성합니다.
영업 이메일	제품 등을 판매하기 위한 이메일을 작성합니다.
채용 이메일	구직자에게 채용 정보나 면접 일정 등을 알리기 위한 이메일을 작성합니다.

[표 2-1] 노션 AI의 기능 목록

노션 AI에서 제공하는 다양한 기능을 활용한다면 업무 생산성 증대에 큰 도움이 될 것입니다.

2.4. 유료 플랜 구매 방법

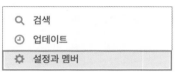

[그림 2-57] 설정과 멤버 버튼

노션 AI는 무료 사용에 커다란 제약이 있으므로 정상적으로 이용하기 위해서는 유료 플랜을 구매해야 합니다. 유료 플랜을 구매하기 위해서 화면 왼쪽 위에 있는 설정과 멤버 버튼을 누릅니다.

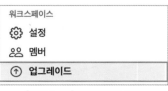

[그림 2-58] 업그레이드 버튼

메뉴에서 업그레이드 버튼을 누릅니다.

[그림 2-59] 업그레이드 화면

AI 기능 구매 버튼을 누릅니다.

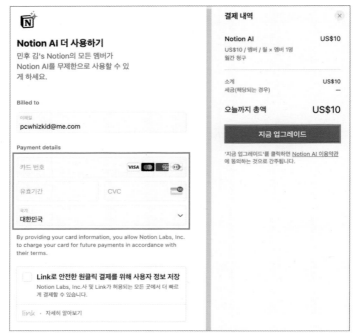

[그림 2-60] 유료 플랜 결제 화면

카드 정보를 입력하고 지금 업그레이드 버튼을 누릅니다. ChatGPT와 마찬가지로 국내 전용 카드는 사용할 수 없으며, VISA, MasterCard, AMEX 마크가 붙어 있는 카드로만 결제할 수 있습니다. 이용료는 1개월에 10달러이며, 해지하기 전까지 1개월마다 자동으로 결제됩니다. 결제가 완료되면 즉시 노션 AI를 이용할 수 있습니다.

03 뤼튼: 네이버의 기술력이 접목된 AI 작가

3.1. 소개

뤼튼은 우리나라의 뤼튼테크놀로지스에서 개발한 텍스트 생성 AI로, 독특하게도 한 가지 모델이 아닌 OpenAI의 GPT-3.5, GPT-4와 구글의 팜2, 그리고 네이버의 초거대 AI(Hyperscale AI)[19] 기술인 하이퍼클로바를 복합적으로 활용하여 텍스트를 생성합니다.

뤼튼이 OpenAI의 언어 모델과 함께 하이퍼클로바를 채택한 이유는 바로 하이퍼클로바의 한국어 학습량이 OpenAI의 언어 모델의 수천 배에 달하기 때문입니다. 이를 바탕으로 뤼튼은 ChatGPT의 조금은 어색한 한국어 문장 품질을 보완할 수 있고 우리나라 정서와 더욱 잘 어울리는 자연스러운 문장을 생성할 수 있습니다.

뤼튼은 2022년 10월 첫선을 보인 이후 4개월 사이에 누적 20억 단어가 생성되는 등 많은 사랑을 받아 왔으며, 2023년 2월 ChatGPT와 경쟁하기 위해 무제한 무료 요금제를 도입함에 따라 토종 기업이 갖는 이점을 바탕으로 앞으로 더욱 많은 인기를 끌 것으로 기대됩니다.

3.2. 가입 방법

■ 구글 로그인 및 초기 설정

인터넷 브라우저를 켜고 다음 사이트에 접속합니다.

URL: wrtn.ai

[그림 2-61] 뤼튼 홈페이지 첫 화면

화면 오른쪽 위에 있는 로그인 버튼을 누릅니다.

---

19 수많은 데이터를 학습한 매우 큰 규모의 AI를 뜻합니다.

[그림 2-62] 뤼튼 로그인 및 가입 화면

뤼튼은 구글, 네이버, 카카오, 애플 계정 그리고 일반 이메일 주소로 가입할 수 있습니다. 여기서는 구글 계정으로 가입을 진행하겠습니다. 가입을 위해 구글 마크를 누르고 구글 로그인을 진행합니다.

[그림 2-63] 로그인 확인 화면

확인 버튼을 누릅니다.

[그림 2-64] 서비스 이용 약관 동의 화면

이번에는 뤼튼 서비스 이용 약관에 동의할 차례입니다. 필수 항목에 동의한 뒤 계속하기 버튼을 누릅니다.

[그림 2-65] 나만의 AI 만들기 화면

나만의 AI 만들기 화면이 나타나면 오른쪽 위에 있는 건너뛰기를 누릅니다.

가입 직후 새로운 기능이 추가되었음을 알리는 화면이 나타날 수 있는데 해당 화면은 오늘 하루 보지 않기를 눌러 닫을 수 있습니다.

3.3. 사용 방법

■ 채팅 모드: 화면 구성

[그림 2-66] 채팅 모드 실행 화면

먼저 뤼튼의 기본 모드라고 할 수 있는 채팅 모드의 화면 구성부터 살펴보겠습니다.

❶ 새 채팅: 새로운 채팅방을 만듭니다.

❷ 채팅 목록: 지금까지 생성한 채팅방 목록을 확인합니다.

❸ 프로필 버튼: 계정 정보, 요금제 등을 확인합니다.

❹ 대화 화면: 선택된 채팅방의 대화 내용을 확인합니다.

❺ 채팅창: 뤼튼에게 질의할 내용을 입력합니다.

❻ 모델 선택: 뤼튼의 모델을 지정합니다.

❼ 메시지 전송: 메시지를 전송합니다.

■ 채팅 모드: 기초 사용법

이제 뤼튼과의 첫 대화를 시작해 보겠습니다. 채팅창에 아무 내용이나 입력한 뒤, 오른쪽 종이 비행기 버튼을 누르거나 [Enter]를 쳐 봅시다.

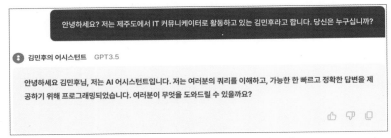

[그림 2-67] 첫 번째 채팅방에서 대화를 하는 모습

ChatGPT와 유사한 방식으로 작동하며, 순식간에 뤼튼이 응답을 하는 모습을 확인할 수 있습니다.

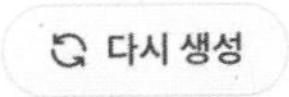

↻ 다시 생성

[그림 2-68] 다시 생성 버튼

만약 뤼튼의 응답이 마음에 들지 않는다면 어떻게 하면 될까요? 이런 경우에는 화면 아래쪽에 있는 다시 생성 버튼을 눌러 응답을 재생성하면 됩니다.

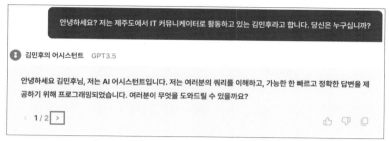

[그림 2-69] 뤼튼의 응답 재생성 시 이력 확인 버튼

뤼튼의 응답을 재생성한 경우, 뤼튼의 응답 내용 왼쪽 아래에 있는 〉 버튼을 눌러 이전 이력을 확인할 수도 있습니다. 이제 대화를 자연스럽게 이어가 보도록 하겠습니다.

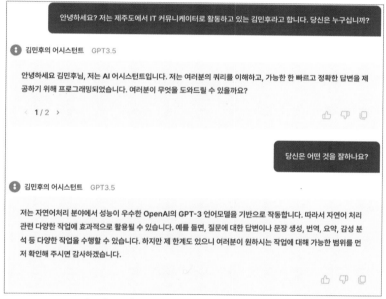

[그림 2-70] 첫 번째 채팅방에서 대화를 이어가는 모습

ChatGPT와 마찬가지로 특정한 채팅방에서 대화를 이어가며 내용을 구체화할 수 있습니다.

■ 채팅 모드: 채팅 관리

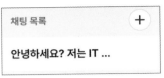

[그림 2-71] 채팅 목록 영역

이번에는 채팅방 관리 방법을 알아보겠습니다. 화면 왼쪽 위를 보면 새로운 채팅방을 만들 수 있는 (+)버튼과 채팅 목록이 존재합니다. 채팅방 이름은 대화 내용을 바탕으로 뤼튼이 알아서 정해줍니다.

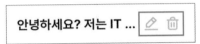

[그림 2-72] 채팅방 이름 수정 및 삭제 버튼

자동으로 정해진 채팅방 이름을 수정하고자 하는 경우, 마우스 커서를 채팅방 이름으로 가져간 뒤, 오른쪽에 있는 연필 모양 버튼을 누르면 되고 채팅방을 삭제하고자 하는 경우에는 휴지통 버튼을 누르면 됩니다. 만일 다른 주제로 대화를 진행하고 싶은 경우, 채팅 목록 영역에 있는 (+) 버튼을 눌러 새로운 채팅방을 만들면 됩니다.

[그림 2-73] 새로운 채팅방 생성 화면

■ 툴 모드

[그림 2-74] 상단 메뉴 바: 툴 모드 진입 버튼

이번에는 특정한 주제에 대한 글을 손쉽게 작성할 수 있는 툴 기능 사용법에 대해 알아보도록 하겠습니다. 상단 메뉴 바에 있는 툴 버튼을 누릅니다.

[그림 2-75] 툴 목록 영역

먼저 화면 왼쪽 툴 목록 영역에서 사용하고자 하는 툴을 클릭하여 선택합니다. 필자는 마케팅 안에 있는 (제목) SNS 광고 문구를 선택하겠습니다.

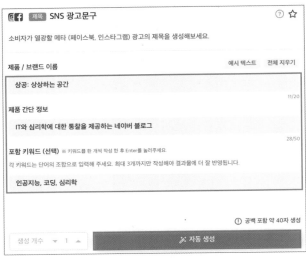

[그림 2-76] 필요한 정보 입력 영역

주제와 관련된 글을 생성하기 위해 필요한 정보를 입력하고 자동 생성 버튼을 누릅니다.

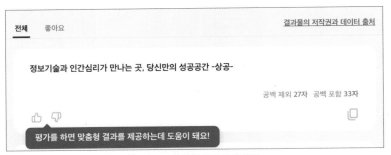

[그림 2-77] 생성 결과 표시 영역

화면 오른쪽에 생성된 결과가 나타납니다. 이렇게 툴 모드에서는 여러 가지 툴을 이용하여 목적에 맞는 글을 빠르게 생성할 수 있습니다.

3.4. 유료 플랜 구매 방법

뤼튼은 기본적으로 무료로 이용할 수 있지만, 이용료가 월 34,900원인 유료 플랜도 존재합니다. 유료 플랜에 가입하면 훨씬 더 빠른 속도로 뤼튼을 이용할 수 있고 생성 이력이 90일 동안 보존되며 새로운 기능에 먼저 접근할 수 있습니다. 유료 플랜 구매 시에는 다음 절차를 따르면 됩니다.

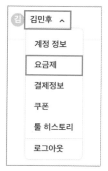
[그림 2-78] 프로필 메뉴

화면 오른쪽 위에 있는 자신의 이름을 누르고 요금제 버튼을 누릅니다.

[그림 2-79] 유료 플랜 선택 화면

이 요금제로 업그레이드 버튼을 누릅니다.

결제 카드 등록

신용카드

| 1234 | 1234 | 1234 | 1234 |

유효 기간　　　　　　**비밀번호 앞 2자리**

MM / YY　　　　　　　12　　●●

생년월일 또는 사업자등록번호

생년월일 (6자리) / 사업자등록번호

법인카드의 경우 사업자등록번호 10자리를 입력해주세요.

이메일 주소

ai.special.lecture@gmail.com

가입된 계정의 이메일로 청구서를 보내드립니다.

등록하기

[그림 2-80] 유료 플랜 결제 화면

카드 정보와 생년월일(또는 사업자등록번호)을 입력하고 등록하기 버튼을 누릅니다. 금액은 34,900원이며, 결제 후 별도로 해지하기 전까지는 매월 과금됩니다. 플랜 구매 후 마음이 바뀌어서 환불하고자 하는 경우, 사용 이력이 없는 상태에서 1주일 이내에만 환불이 가능합니다.

04 빙 AI: 구글의 자리를 노리는 MS의 비밀병기

4.1. 소개

지난 2023년 1월, 마이크로소프트가 ChatGPT를 개발한 OpenAI와 파트너십을 맺었음을 언론을 통해 밝혔습니다. 투자액은 100억 달러 이상인 것으로 알려졌으며, 이를 바탕으로 자사의 검색 엔진인 빙(Bing)에 ChatGPT의 기반이 된 GPT-3.5의 개량 버전인 프로메테우스(Prometheus)를 탑재하였고 이후 GPT-4로 업그레이드하였습니다.

빙 AI는 2021년 10월 이후에 벌어진 일은 알지 못하는 GPT-4의 한계를 극복하기 위해 사전 학습된 데이터와 인터넷상에 존재하는 최신 정보를 동시에 활용하도록 설계되었으며, 빙과 완벽하게 통합되어 있어 접근성마저 뛰어납니다.

그리고 2023년 3월 초, 마이크로소프트는 빙 AI 서비스를 개시한 지 한 달 만에 빙 AI의 일간 활성 이용자 수(DAU)가 1억 명을 돌파했다고 밝혔습니다. 최근 빙의 경쟁 상대라고 할 수 있는 구글의 검색 품질이 낮아졌다는 의견이 사방에서 나오고 있는 상황에서 빙의 약진이 기대됩니다.

4.2. 가입 방법

■ 엣지 실행

[그림 2-81] 엣지 브라우저 아이콘

빙 AI는 마이크로소프트 회원에 한해서, 그리고 마이크로소프트에서 개발한 엣지(Edge)라는 브라우저를 통해서만 이용할 수 있습니다. 그러므로 빙 AI를 사용하기 위해 엣지 브라우저를 실행합니다.

꿀팁 ✅ 혹시 컴퓨터에 엣지 브라우저가 설치되어 있지 않다면 다음 사이트에서 엣지 브라우저를 먼저 다운로드 및 설치해야 합니다.

URL: microsoft.com/ko-kr/edge

■ 마이크로소프트 회원 가입

인터넷 주소창에 login.live.com 을 입력한 후 [Enter]를 누릅니다.

[그림 2-82] 마이크로소프트 로그인 화면

계정을 만드세요!를 누릅니다.

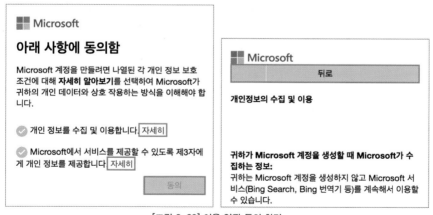

[그림 2-83] 이용 약관 동의 화면

자세히를 누르면 약관이 나타납니다. 잘 읽어 보고 뒤로를 눌러 두 가지 항목에 모두 동의한 뒤, 마지막에 동의 버튼을 누릅니다.

[그림 2-84] 계정 만들기 화면

사용할 계정(이메일 주소)을 입력하고 다음 버튼을 누른 뒤, 암호를 지정하고 다시 다음 버튼을
누릅니다.

꿀팁 ☑ 휴대폰 번호로 가입을 하고 싶다면 전화 번호를 대신 사용을 누르면 됩니다.

[그림 2-85] 이름 입력 화면

성과 이름을 입력하고 다음 버튼을 누릅니다.

[그림 2-86] 생년월일 입력 화면

생년월일을 입력하고 다음 버튼을 누릅니다.

[그림 2-87] 인증 번호 입력 화면

입력한 이메일 계정으로 로그인하고 메일함(앞에서 휴대폰 번호를 입력했다면 휴대폰 문자 메시지 앱)을 열어서 발송된 인증 번호를 확인합니다. 번호를 코드 입력 칸에 그대로 입력한 뒤, **동의하고 계정 만들기** 버튼을 누릅니다.

[그림 2-88] 캡차 인증 화면

경우에 따라 캡차 인증 화면이 나타날 수 있습니다. 다음 버튼을 누르고 왼쪽 지시 사항대로 문제를 풀고 제출합니다.

가입을 마쳤다면 bing.com으로 이동하고 화면 오른쪽 위에 있는 로그인 버튼을 누른 뒤, 가입한 계정으로 로그인을 진행합니다.

4.3. 사용 방법

빙 AI를 사용하기 위해서 브라우저 오른쪽 위에 있는 (🅑)버튼을 눌러 빙 AI를 실행합니다.

■ 화면 구성

본격적으로 빙 AI를 사용하기 전에 화면 구성부터 알아보겠습니다.

❶ **채팅**: 채팅으로 질의를 하는, 빙 AI의 가장 기본적인 기능입니다.

❷ **작성**: 메일, 블로그 게시글 작성에 특화된 기능입니다.

❸ **미리 파악**: 현재 열려 있는 사이트에 대한 정보를 보는 기능입니다.

❹ **닫기**: 빙 AI 창을 닫습니다.

❺ **대화 스타일 설정**: 빙 AI의 창의력을 설정합니다.

❻ **대화 화면**: 대화 내용을 확인합니다.

❼ **새 세션 시작**: 새로운 세션을 생성합니다. 여기서 세션이란 대화를 묶는 단위를 뜻합니다.

❽ **채팅창**: 빙 AI에게 질의할 내용을 입력합니다.

❾ **이미지 업로드**: 이미지 분석 기능을 사용하기 위해 이미지를 업로드합니다.

[그림 2-89] 빙 AI(사이드바) 실행 화면

■ 대화 스타일 설정

[그림 2-90] 대화 스타일 설정 영역

본격적으로 질의를 하기 전에 대화 스타일부터 설정해 보겠습니다. 대화 스타일 설정은 빙 AI의 창의력을 설정하는 기능으로, 각각의 특징은 다음과 같습니다.

- **창의적인:** 새로운 내용을 매우 잘 만들어 냅니다. 소설, 시, 노래 가사 작성 등 사실 여부가 그다지 중요하지 않은 텍스트를 생성할 때 추천합니다. 사실 관계가 맞지 않는 내용이 생성될 확률이 높으므로 주의가 필요합니다.(창의력 높음)

– **균형 있는:** 창작과 정확함 사이에서 적당한 선을 유지합니다.(창의력 보통)

– **정밀함:** 그 무엇보다도 정확성을 추구합니다. 논문, 보고서, 뉴스 기사 등 사실 여부가 매우 중요한 텍스트를 생성할 때 추천합니다. 내용이 짧고 무미건조한 경향이 있습니다.(창의력 낮음)

필자는 세 가지 중 대부분의 상황에서 무난한 결과를 제공하는 균형 있는 모드로 설명을 이어가겠습니다.

■ 질의

빙 AI는 ChatGPT와 마찬가지로 채팅을 하듯 이용할 수 있습니다. 빙 AI에는 ChatGPT Plus에서 사용되는 GPT-4가 탑재되어 있는데 실시간으로 인터넷 검색을 수행하므로 2021년 10월 이후에 벌어진 일도 알려준다는 장점이 있습니다. 한번 2022년 카타르 월드컵 결승전 결과를 알려달라고 질의해 보겠습니다.

[그림 2-91] 빙 AI와 대화를 나누는 모습

ChatGPT였다면 2021년 10월 이후에 벌어진 일이므로 모른다고 대답했을 텐데 빙 AI는 즉석에서 필요한 내용을 검색하여 정확한 정보를 제공하는 모습을 확인할 수 있습니다. 어떤 사이트에서 정보를 가져왔는지 출처까지 알려주므로 사실 여부를 쉽게 검증할 수 있다는 장점도 있습니다.

■ 추가 질의

혹시 질의한 내용에 대한 추가적인 궁금증이 있다면 대화를 이어가는 것 또한 가능합니다. 그저
다음과 같이 추가로 궁금한 내용을 물어보기만 하면 됩니다.

[그림 2-92] 빙 AI가 거듭된 질의에 답을 하는 모습

순식간에 인터넷 검색을 통해 추가 질의에 대한 답변까지도 제시해 줍니다.

■ 질문 추천 기능 활용

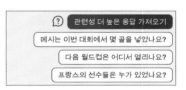

[그림 2-93] 빙 AI의 질문 추천 기능

빙 AI는 사용자의 질의 내용을 분석하여 사용자가 궁금해할 만한 질문을 추천해 주기도 합니다.
빙 AI의 응답 아래쪽에 있는 항목 중 마음에 드는 것이 있다면 클릭하여 추가로 질의할 수 있습니다.

+ 더 알아보기

Q 빙 AI가 대략적인 정보만 알려주었을 때는 어떻게 해야 하나요?

A 추천 질문 목록에 있는 '관련성 더 높은 응답 가져오기'를 클릭하면 빙 AI가 정보를 더 검색한
뒤 더욱 자세한 정보를 알려줍니다.

■ 새로운 세션 생성

[그림 2-94] 새로운 세션 생성 버튼

특정한 주제에 대한 대화가 끝났다면 새로운 세션을 생성하여 대화를 새로 시작할 수 있습니다. 채팅창 왼쪽에 있는 빗자루 모양 버튼을 누릅니다.

> Q 빗자루 모양 버튼이 보이지 않습니다.
>
> A 마우스 커서를 채팅창 밖으로 옮기면 나타납니다.

> 꿀팁 ✅ 빙 AI를 사이드바(브라우저 오른쪽 화면)로 이용하는 경우, 새로운 세션을 만드는 순간 이전의 대화 내용이 사라지므로 보관해야 하는 내용이 있다면 별도로 복사해 두어야 합니다.

■ 이미지 분석

[그림 2-95] 이미지 업로드 버튼

빙 AI에 포함된 이미지 업로드 기능을 이용하면 빙 AI가 이미지의 내용을 인식하고 분석하도록 만들 수 있습니다. 채팅창 오른쪽에 있는 (⊡) 버튼을 누릅니다.

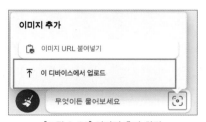

[그림 2-96] 이미지 추가 화면

이 디바이스에서 업로드 버튼을 누른 뒤, 아무 이미지나 선택합니다.

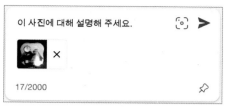

[그림 2-97] 이미지에 대한 질의 내용을 입력하는 모습

이미지에 대해 알고 싶은 내용을 입력한 뒤 Enter 를 누릅니다.

[그림 2-98] 빙 AI가 이미지를 분석한 모습

빙 AI가 사용자의 질의 내용과 이미지를 모두 분석하여 답변하는 모습을 확인할 수 있습니다.

■ 작성 기능 활용

빙 AI에 포함된 작성 기능을 활용하면 메일, 블로그 게시글 등을 편리하게 생성할 수 있습니다.
이번에는 작성 기능 활용법에 대해 알아봅시다.

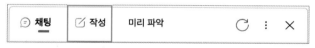

[그림 2-99] 빙 AI 메뉴 막대

메뉴 막대에서 ( )작성 버튼을 누릅니다.

[그림 2-100] 빙 AI 작성 기능 작동 화면

- **작성 주제:** 글의 주제를 지정합니다.
- **톤:** 글의 전체적인 분위기를 지정합니다. 원하는 톤이 없다면 + 버튼을 눌러 직접 톤을 입력할 수 있습니다.
- **형식:** 글의 스타일을 지정합니다.
- **길이:** 글의 분량을 지정합니다

[그림 2-101] 빙 AI 작성 기능 활용 예

필자는 [그림 2-101]과 같은 설정으로 천혜의 자연경관을 자랑하는 제주도에서 꼭 가 봐야 할 곳에 대한 재미있고 긴 블로그 게시물을 작성해 보겠습니다. 프롬프트를 입력하고 설정을 적절하게 변경한 뒤, 초안 생성 버튼을 누릅니다.

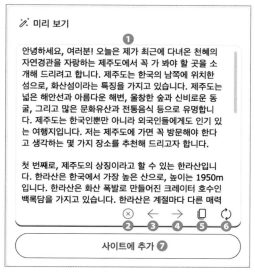

[그림 2-102] 생성된 내용 미리 보기

화면 오른쪽 아래에 내용이 실시간으로 생성되며, 화면의 각 부분에 대한 설명은 다음과 같습니다.

❶ 내용 영역: 생성된 내용을 나타냅니다.

❷ 중지: 생성을 중지합니다.

❸ 이전 내용: 이전 내용을 확인합니다.

❹ 다음 내용: 다음 내용을 확인합니다.

❺ 복사: 생성된 내용을 클립보드에 복사합니다.

❻ 재생성: 프롬프트와 설정을 기반으로 내용을 다시 생성합니다.

❼ 사이트에 추가: 현재 활성화되어 있는 텍스트 필드(예: 블로그 글 작성 영역)에 생성된 내용을 바로 붙여 넣습니다.

■ 넓은 화면에서 이용

오른쪽 사이드바에 빙 AI를 띄우면 웹 서핑을 하면서 빙 AI를 이용할 수 있다는 장점이 있지만, 화면이 작아 활용에 제약이 있습니다. 이번에는 빙 AI를 보다 넓은 화면에서 이용하는 방법을 알아봅시다. 엣지 브라우저에서 다음 사이트에 접속합니다.

URL: bing.com

[그림 2-103] 빙 첫 화면

빙 사이트의 첫 화면이 나타납니다. 로그인이 되어 있는지 확인하고 상단 메뉴에서 채팅을 누릅니다.

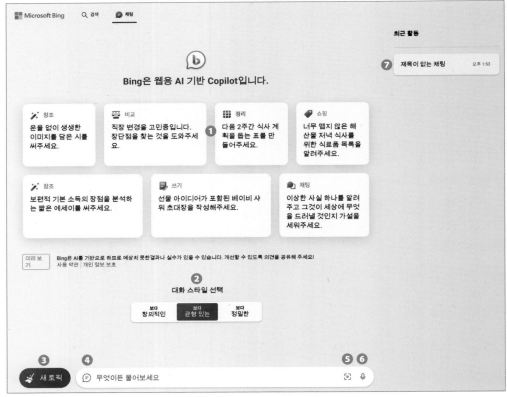

[그림 2-104] 빙 AI(웹용) 실행 화면

82 생성 AI를 활용한 나만의 콘텐츠 만들기

이제부터 가로로 훨씬 더 넓어진 화면에서 더욱 편리하게 빙 AI를 이용할 수 있습니다. 화면이 넓다는 것을 제외하고는 기존 빙 AI와 거의 동일하며, 화면의 핵심 부분에 대한 설명은 다음과 같습니다.

❶ **대화 화면**: 대화 내용을 확인합니다.

❷ **대화 스타일 설정**: 빙 AI의 창의력을 설정합니다.

❸ **새 세션 시작**: 새로운 세션을 생성합니다.

❹ **채팅창**: 빙 AI에게 질의할 내용을 입력합니다.

❺ **이미지 업로드**: 이미지 분석 기능을 사용하기 위해 이미지를 업로드합니다.

❻ **음성 입력**: 음성으로 질의할 내용을 입력합니다.

❼ **세션 목록**: 지금까지 생성된 세션 목록을 확인합니다.

05 바드: 원조 AI 최강자, 구글의 반격

5.1. 소개

지난 2022년 6월, 구글에서 언어 모델인 람다(LaMDA: Language Model for Dialogue Applications)를 개발하던 엔지니어 블레이크 르모인(Blake Lemoine)이 람다에게 자의식이 있다는 발언을 했다가 해고되는 일이 있었습니다. 사람들은 이 소식을 듣고 구글이 그만큼 엄청난 것을 만들고 있다고 생각하며 기대를 품었지만, 2022년 하반기에 경쟁사인 OpenAI의 ChatGPT가 먼저 공개되어 세상을 놀라게 하면서 람다는 사람들의 기억 속에서 잠시 잊힌 듯 보였습니다.

그런데 2023년 2월, 구글이 ChatGPT의 대항마로 바드(Bard: 음유시인)라고 불리는 람다 기반의 언어 모델 공개를 예고해 화제가 되었습니다. 구글은 3월 중순 바드의 비공개 서비스를 시작하여 1달여 동안 서비스를 이어오다가 5월 11일 한국어 서비스 게시와 함께 바드를 전 세계 180여 개국에 출시하였습니다.

바드는 성능 개선을 위해 개발 도중 언어 모델을 기존의 람다에서 팜2(PaLM2)로 교체하였는데 팜2는 GPT-3.5의 3배 이상인 약 5,400억 개의 파라미터 수를 자랑합니다. 구글에 따르면 팜2는 수많은 문헌과 더불어 수식이 포함된 데이터를 대량 학습하여 GPT-3.5와 GPT-4가 잘하지 못했던 수학에 강하며 다른 분야에서도 기존 텍스트 생성 AI에 버금가는 성능을 보여 준다고 합니다. 또한, 빙 AI와 마찬가지로 인터넷 검색을 통해 최신 정보에도 대응할 수 있다는 장점을 갖습니다.

5.2. 사용 방법

■ 사이트 접속 및 이용 동의

먼저, 인터넷 브라우저를 켜고 다음 사이트에 접속합니다.

URL: bard.google.com

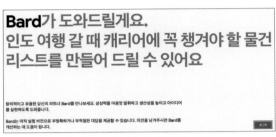

[그림 2-105] 바드 홈페이지 첫 화면

화면 오른쪽 아래에 있는 로그인 버튼을 누른 뒤, 구글 로그인을 진행합니다. 그러고 나서 Bard 사용해 보기 버튼을 누릅니다.

👍 알고 가면 좋아요

바드는 만 18세 이상으로 인증된 구글 계정으로만 가입할 수 있습니다.

> ## 사용자 데이터 및 Bard
>
> 이 고지와 Google의 개인정보처리방침에는 Bard에서 데이터를 처리하는 방식이 설명되어 있습니다. 이들을 주의 깊게 읽어보시기 바랍니다. Google 계정을 방문하여 데이터와 개인 정보를 보호할 수 있는 설정 및 도구에 액세스하세요.
>
> Google LLC(Google)는 Bard 대화, 제품 사용 관련 정보, 대략적인 현재 위치 (자세히 알아보기) 및 의견을 수집합니다. Google은 Google의 개인정보처리방침에 따라 이 데이터를 사용하여 Google 제품 및 서비스, 머신러닝 기술(Google Cloud와 같은 Google의 기업용 제품 포함)을 제공, 개선, 개발합니다.
>
> 기본적으로 Google은 최대 18개월 동안 이 정보를 Google 계정에 저장합니다. myactivity.google.com/product/bard에서 자동 삭제를 사용 중지하거나 자동 삭제 옵션을 3개월 또는 36개월로 변경할 수 있습니다. 품질 관리 및 제품 개선을 위해 검토자가 Bard 대화를 읽고, 주석을 달고, 처리합니다. Google은 이러한 과정에서 사용자의 개인 정보를 보호하기 위한 조치를 취합니다. 여기에는 검토자가 보거나 주석을 달기 전에 Bard와의 대화를 Google 계정과 연결 해제하는 것이 포함됩니다. **Bard 대화에 본인 또는 다른 사람을 식별하는 데 사용할 수 있는 정보를 포함하지 마시기 바랍니다.**
>
> Google 계정에 대화를 저장하지 않고 Bard를 사용하려면 Bard 활동 저장을 사용 중지하면 됩니다. myactivity.google.com/product/bard에서 프롬프트를 검토하거나 계정에서 Bard 대화를 삭제할 수 있습니다. 검토자가 검토하거나 주석을 추가한 Bard 대화는 개별적으로 보관되며 내 Google 계정에 연결되어 있지 않으므로 Bard 활동을 삭제해도 삭제되지 않습니다. 대신 최대 3년 동안 보관됩니다.
>
> Bard FAQ에서 Bard의 작동 방식과 Google에서 Bard 데이터를 사용하는 방식에 관해 자세히 알아보세요.

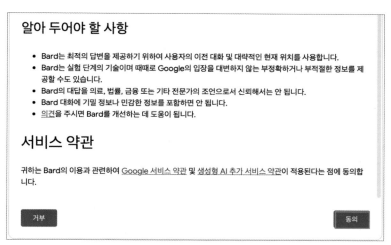

[그림 2-106] 바드 이용 약관

화면을 아래로 내리면서 약관을 읽은 뒤, 동의 버튼을 누릅니다.

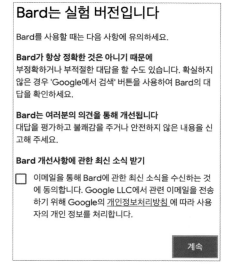

[그림 2-107] 실험 버전 안내

실험 버전 안내 화면이 나타나면 **계속** 버튼을 누릅니다.

■ 화면 구성

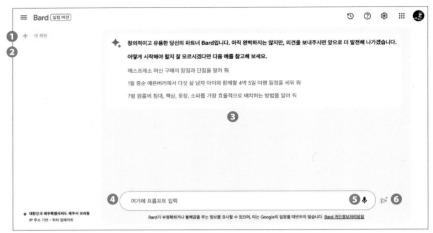

[그림 2-108] 바드 실행 화면

곧 바드가 실행됩니다. 다음은 바드의 화면 구성에 대한 설명입니다.

❶ **새 세션 시작**: 새로운 세션을 생성합니다.

❷ **세션 목록**: 지금까지 생성된 세션 목록을 확인합니다.

❸ **대화 화면**: 대화 내용을 확인합니다.

❹ **채팅창**: 바드에게 질의할 내용을 입력합니다.

❺ **음성 입력**: 음성으로 질의할 내용을 입력합니다.

❻ **질의**: 질의할 내용을 바드에 전송합니다. Enter 를 눌러도 됩니다.

■ 기본 질의법

[그림 2-109] 채팅창에 프롬프트를 입력하는 모습

바드는 ChatGPT, 빙 AI와 거의 동일한 방식으로 사용할 수 있습니다. 채팅창을 클릭하고 프롬 프트를 작성한 뒤, Enter 를 누르기만 하면 됩니다.

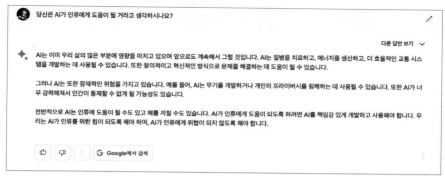

[그림 2-110] 바드가 응답을 생성하는 모습

ChatGPT와 빙 AI와는 달리 단어가 생성되는 중간 과정이 보이지 않지만, 굉장히 빠르게 작동하는 모습을 확인할 수 있습니다.

■ 다른 답안 보기

[그림 2-111] 다른 답안 보기 기능

만약 바드의 응답이 마음에 들지 않는다면 오른쪽 위에 있는 **다른 답안 보기** 버튼을 눌러 두 가지 응답을 더 확인할 수 있습니다.

■ 응답 재생성

만약 나머지 응답 내용도 마음에 들지 않는다면 답안 3 오른쪽에 있는 (🔄)버튼을 눌러 응답을 재생성할 수 있습니다.

■ 새 채팅

다른 주제로 대화를 새로 시작하고 싶다면 화면 왼쪽 위에 있는 **새 채팅** 버튼을 누르면 됩니다.

■ 세션 관리

[그림 2-112] 세션 관리 메뉴

화면 왼쪽 위에 있는 세션 목록에서 세션 이름 오른쪽에 있는 (⋮) 를 누르면 세션을 상단에 고정하거나 삭제하거나 세션의 이름을 바꿀 수 있습니다.

06 텍스트 생성 AI 특징 비교

이렇게 총 5가지 종류의 텍스트 생성 AI에 대해 알아보았습니다. 각 AI의 특징을 정리하면 다음과 같습니다.

항목	ChatGPT	노션 AI	뤼튼	빙 AI	바드
출시 시기	2022년 11월	2023년 2월	2022년 10월	2023년 2월	2023년 3월
모델	GPT-3.5, GPT-4	GPT-3	GPT-3.5, GPT-4, 팜2, 하이퍼클로바	GPT-4 (프로메테우스)	팜2
요금제	무료, 월 22달러	무료(매우 제한적), 월 10달러	무료, 월 34,900원	무료	무료
사용 방식	채팅	에디터	채팅	채팅	채팅
학습 데이터	~2021년 9월	~2021년 9월	불확실	~2021년 9월[20]	불확실
실시간 정보 검색	불가능	불가능	불가능	가능	가능

[표 2-2] 텍스트 생성 AI 특징 비교

20 자체적으로 인터넷 검색을 수행하여 최신 정보에도 대응할 수 있습니다.

3장

생성 AI 소개 (오디오 편)

.
.
.
.
.

이 장에서는 오디오 생성 AI에 대해 알아보겠습니다. 오디오 생성 AI란, 우리가 귀로 들을 수 있는 형태의 데이터인 음악, 효과음, 음성 등을 생성하는 AI를 뜻합니다. 오디오 생성 AI를 이용하면 새로운 음악을 작곡하거나 특정인의 목소리로 음성을 합성해 낼 수 있습니다.

01 에이바: 세계적으로 널리 인정받는 AI 작곡가

1.1. 소개

에이바(AIVA, Artificial Intelligence Virtual Artist)는 영국의 Aiva Technologies SARL에서 개발한 작곡 AI로, 수만 곡에 달하는 기성곡을 학습하여 다양한 장르의 곡을 순식간에 작곡할 수 있습니다. 프랑스와 룩셈부르크 음악 저작권 협회에서는 이미 에이바를 독립적인 작곡가로 인정했으며, 에이바가 작곡한 〈I am AI〉는 프랑스 아비뇽 오케스트라에 의해 연주되기도 했습니다.

1.2. 가입 방법

■ 구글 로그인 및 초기 설정

인터넷 브라우저를 켜고 다음 사이트에 접속합니다.

URL: aiva.ai

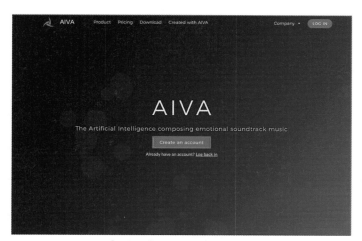

[그림 3-1] 에이바 홈페이지 첫 화면

계정 생성(**Create an account**) 버튼을 누릅니다.

[그림 3-2] 에이바 회원 가입 화면

에이바는 구글 계정, 일반 이메일 주소로 가입할 수 있습니다. 여기서는 구글 계정으로 가입하겠습니다. **Continue with Google** 버튼을 누르고 구글 로그인을 진행합니다.

[그림 3-3] 서비스 이용 약관 동의 화면

약관에 동의하고 계정 생성(Create account) 버튼을 누릅니다.

[그림 3-4] 닉네임 입력 화면

닉네임을 입력하는 창이 나타납니다. 닉네임을 지정한 뒤 **확인(Confirm)** 버튼을 누릅니다.

1.3. 사용 방법

■ 작곡 과정

[그림 3-5] 에이바 실행 화면

백문이 불여일청이라고, 바로 작곡을 해 보겠습니다. 화면 왼쪽 위에 있는 **작곡 시작(Create Track)** 버튼을 누릅니다.

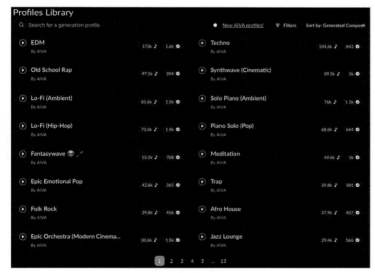

[그림 3-6] 장르 선택 화면

에이바가 작곡할 수 있는 수많은 음악 장르가 나타납니다. 미리 듣기 버튼인 (▶)을 눌러 음악을 들으면서 마음에 드는 장르를 찾고, 결정했다면 (+ Create)버튼을 누릅니다.

[그림 3-7] 작곡 옵션 설정 화면

(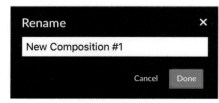)버튼을 누르면 작곡 옵션 설정 화면이 나타나며, 다음 설명을 참고하여 항목을 설정합니다.

– **Key Signature**: 음악의 조성을 지정합니다.

– **Duration**: 음악의 길이를 30초 단위로 지정합니다.(3분을 초과하는 음악은 유료 플랜에 가입한 경우에만 작곡할 수 있습니다)

– **Number of Compositions**: 동시에 작곡할 음악의 수를 지정합니다.

– **Create tracks**: 작곡을 시작합니다.

필자는 조성과 길이를 자동(Auto)으로 설정하고 AI가 한 곡을 작곡하도록 만들어 보겠습니다. 설정을 마쳤다면 **작곡 시작(Create tracks)** 버튼을 누릅니다.

[그림 3-8] 곡 목록 화면

즉시 작곡이 시작되고 수초 내로 곡 목록 화면에 AI가 작곡한 곡이 나타나게 됩니다. (▶)버튼을 눌러서 미리 들어볼 수 있습니다.

■ 이름 변경

[그림 3-9] 이름 변경 화면

에이바로 생성한 음악은 New Composition #(숫자)의 형태로 저장됩니다. 이름을 바꾸고 싶다면 제목 부분을 더블 클릭하면 나타나는 이름 변경 화면에서 새로운 이름을 지정하고 **완료(Done)** 버튼을 누르면 됩니다.

■ 결과물 저장

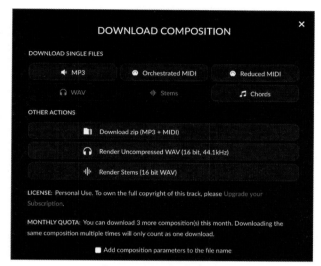

[그림 3-10] 곡 다운로드 화면

곡 목록 화면에서 마음에 드는 노래를 발견했다면 화면 오른쪽에 있는 (⬇)버튼을 눌러 다운로드를 받을 수 있습니다. 다운로드는 일반적인 오디오 파일 형식인 MP3, WAV뿐만 아니라 연주 정보를 담고 있는 전자 악보 파일인 미디(MIDI)로도 가능합니다.

무료 플랜의 경우, 음악을 작곡하고 듣는 것 자체에는 제한이 없지만 다운로드는 한 달에 최대 3곡만 가능합니다. 그리고 다운로드한 음악을 상업적으로 이용하기 위해서는 반드시 Standard 이상의 플랜을 결제해야 합니다.

+ 더 알아보기

Q 남은 무료 다운로드 가능 곡 수는 어디서 확인할 수 있나요?

A 화면 왼쪽 아래의 다음 부분에 명시되어 있습니다.

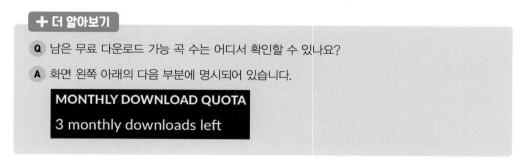

1.4. 유료 플랜 구매 방법

에이바는 무료로 이용하더라도 한 달에 3곡씩은 무료로 다운로드할 수 있고 개인적인 용도로 음원을 사용하는 것에는 제약이 없지만, 수익 창출을 목적으로 하는 경우에는 플랜을 구매해야 합니다. 에이바에는 총 3가지 플랜이 있으며, 플랜별 특징은 다음과 같습니다.

항목	Free	Standard	Pro
금액	무료	월간 결제: 15유로 연간 결제: 132유로	월간 결제: 49유로 연간 결제: 396유로
생성 가능 수	무제한	무제한	무제한
다운로드 가능 수	1개월에 3곡	1개월에 15곡	1개월에 300곡
음악 최대 길이	3분	5분	5분 30초
음악 저작권	에이바	에이바	사용자
비상업적 이용	가능	가능	가능
상업적 이용	불가능	유튜브, 트위치, 틱톡, 인스타그램	모든 곳

[표 3-1] 에이바 플랜 비교

[그림 3-11] 메뉴 영역

유료 플랜을 구매하기 위해 화면 왼쪽 메뉴 영역에서 Billing 버튼을 누릅니다.

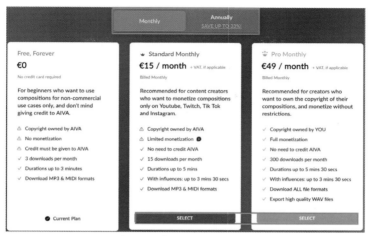

[그림 3-12] 유료 플랜 선택 화면

[표 3-1]을 참고하여 자신에게 적합한 플랜을 선택합니다. 이때, 9개월 이상 장기간 이용할 계획이라면 월간 결제(Monthly)보다 연간 결제(Annually)가 더 유리합니다.

[그림 3-13] 유료 플랜 결제 화면

청구지 주소와 명의자 정보, 그리고 결제에 사용할 카드 정보를 입력합니다. 이때, 국내 전용 카드는 사용할 수 없으며, VISA, MasterCard와 같이 해외 결제가 가능한 카드로만 결제할 수 있습니다.

- **Full name or business name:** 이름, 성 또는 사업자명을 영문으로 입력합니다.

(예: KIM MINHU)

- **Postal Address:** 영문 주소를 입력합니다.(네이버 영문 주소 검색 기능을 이용하면 편합니다)

- **City:** 영문으로 도시명을 입력합니다.(예: Jeju)

- **Zip Code:** 우편 번호를 입력합니다.

- **Select a country:** 국적을 선택합니다.(예: South Korea)

- **Cardholder name:** 카드 소유자의 이름을 영문으로 입력합니다.(예: KIM MINHU)

- **Card Number:** 카드 번호를 입력합니다.

- **MM/YY:** 카드 유효 기간(월, 연도)을 두 자리 숫자로 순서대로 입력합니다.(예: 1225)

- **CVC:** 카드 뒷면에 있는 세 자리 숫자를 입력합니다.

모든 정보를 빠짐없이 입력했다면 Update Payment Method 버튼을 누릅니다.

⑫ 사운드로우: 일본 태생의 AI 작곡가

2.1. 소개

사운드로우는 지난 2020년 일본 도쿄도 시부야구에 본사를 두고 있는 동명의 회사에서 개발한 작곡 AI로, 유튜버, 블로거 등 크리에이터들이 콘텐츠 제작에 사용할 만한 높은 품질의 음악을 작곡하는 것을 도와줍니다. 에이바와 더불어 2대 작곡 AI라고 불리고 있고 유료로 서비스되고 있음에도 수많은 이용자를 확보하고 있습니다.

2.2. 사용 방법

인터넷 브라우저를 켜고 다음 사이트에 접속합니다.

URL: soundraw.io

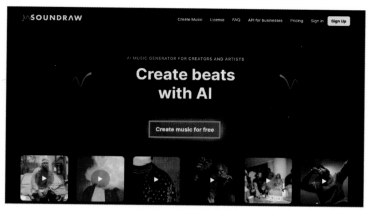

[그림 3-14] 사운드로우 첫 화면

사운드로우는 특이하게도 가입과 함께 유료 플랜을 결제하게끔 되어 있습니다. 가입을 하지 않아도 체험은 할 수 있으므로 체험을 위해 우선 **Create music for free** 버튼을 누르겠습니다.

■ 작곡 과정

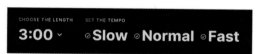

[그림 3-15] 작곡 화면: 길이 및 빠르기 지정

먼저 음악의 길이(Length)와 빠르기(Tempo)를 지정합니다. 길이는 10초에서 5분 사이로 설정할 수 있고 빠르기는 느리게(Slow), 보통(Normal), 빠르게(Fast) 중 하나 이상 선택할 수 있습니다.

[그림 3-16] 작곡 화면 2: 분위기 지정

[그림 3-16]을 보면 수많은 항목이 나타난 것을 확인할 수 있습니다. 마음에 드는 분위기(Mood) 또는 장르(Genre) 또는 테마(Theme)를 한 가지 클릭합니다.

[그림 3-17] 작곡 결과 화면

순식간에 총 15곡의 음악이 설정 값을 반영하여 만들어지고 화면에 나타납니다. 해당 곡의 앨범 아트 위로 마우스 커서를 가져가서 ▶ 버튼을 누르면 음악을 미리 들어 볼 수도 있습니다.

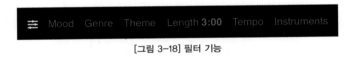

[그림 3-18] 필터 기능

상단의 필터 기능을 이용하면 리스트에 있는 곡을 분위기, 장르, 테마, 길이, 빠르기, 악기별로 구분하여 확인할 수도 있습니다.

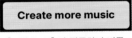

[그림 3-19] 더 작곡하기 버튼

더 많은 곡을 들어 보고 싶다면 화면 아래에 있는 **더 작곡하기(Create more music)** 버튼을 눌러서 추가로 15곡을 더 작곡할 수 있습니다.

2.3. 유료 플랜 구매 방법

[그림 3-20] 가입 버튼

작곡과 미리 듣기는 제한 없이 가능하지만, 마음에 드는 곡을 다운로드하기 위해서는 회원 가입 후 유료 플랜을 구매해야 합니다. 유료 플랜을 구매하면 하루에 최대 50곡까지 음악을 다운로드 할 수 있게 됩니다. 가입을 하기 위해 화면 오른쪽 위에 있는 **가입(Sign Up)** 버튼을 누릅니다.

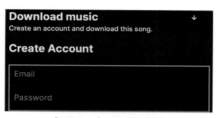

[그림 3-21] 회원 가입 화면

이메일 주소와 비밀번호를 지정합니다.

[그림 3-22] 유료 플랜 선택 화면

가입할 유료 플랜을 지정합니다. 11개월 이상 이용할 계획이라면 연간 결제(Annual Plan)가 유리하고, 그 외의 경우는 월간 결제(Monthly Plan)가 유리합니다. 기간이 지날 때마다 자동으로 과금이 되므로 숙지가 필요합니다.

- **Annual Plan**: 1년 이용, 203.88달러
- **Monthly Plan**: 1개월 이용, 19.99달러

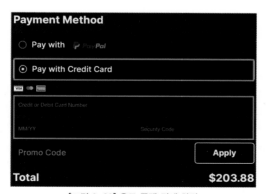

[그림 3-23] 유료 플랜 결제 화면

페이팔(PayPal)과 카드 결제(Credit Card) 중 한 가지를 선택할 수 있습니다. 여기서는 카드 결제로 진행하겠습니다. Pay with Credit Card를 누르고 하단에 결제에 사용할 카드 정보를 입력합니다. 이때, 국내 전용 카드는 사용할 수 없으며, VISA, MasterCard, American Express와 같이 해외 결제가 가능한 카드로만 결제할 수 있습니다.

— **Credit or Debit Card Number:** 카드 번호를 입력합니다.

— **MM/YY:** 카드 유효 기간(월, 연도)을 두 자리 숫자로 순서대로 입력합니다.(예: 1225)

— **Security Code:** 카드 뒷면에 있는 세 자리 숫자(CVC)를 입력합니다.

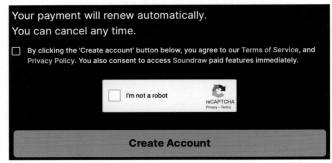

[그림 3-24] 가입 및 유료 플랜 결제 승낙 화면

이제 마지막 단계입니다. 약관 동의 및 캡차 인증 후 Create Account 버튼을 누르면 가입과 함께 유료 플랜이 결제됩니다. 이제부터는 음악을 자유롭게 작곡하고 하루에 최대 50곡까지 다운로드할 수 있으며, 다운로드한 음악을 상업적인 목적으로도 이용할 수 있습니다.

＋ 더 알아보기

Q 유료 플랜을 구매한 뒤, 작곡한 결과물을 다운로드하려면 어떻게 해야 하나요?

A 작곡이 완료되었을 때 나타나는 곡 목록 화면에서 (⬇) 버튼을 누르면 바로 해당 곡을 다운로드할 수 있습니다.

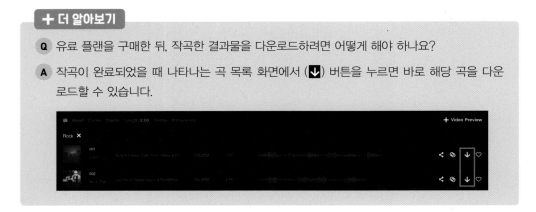

03 뮤지아: 광주과학기술원 연구팀이 만든 AI 작곡가

3.1. 소개

뮤지아는 주식회사 크리에이티브마인드에서 개발한 국산 AI 작곡 프로그램입니다. 설립자인 안창욱 대표는 광주과학기술원(GIST) 교수를 겸하고 있으며, 누구나 AI의 도움을 받아 자신만의 곡을 쉽게 작곡하는 세상을 꿈꾸며 회사를 만들었다고 합니다.

뮤지아는 여느 인간 작곡가와 마찬가지로 이봄(EvoM)이라는 활동명을 갖고 있습니다. 지난 2021년 초 SBS TV에서 방영된 〈세기의 대결 AI vs. 인간: 트로트 작곡 편〉[21]에서 가수 홍진영이 부른 〈사랑은 24시간〉이라는 곡을 통해 인간 작곡가와 대결을 펼치면서 세상에 이름을 알렸고 이후에도 이봄의 곡이 광주디자인비엔날레에 소개되거나 신인 가수 소울(SOUL)의 데뷔곡으로 사용되는 등 많은 사랑을 받고 있습니다.

URL: youtube.com/@MusiaMusic

2023년 8월을 기준으로, 이봄이 작곡한 음악을 소개하는 뮤지아 유튜브 채널은 구독자 수 약 9천 명과 누적 조회 수 250여만 회를 기록하고 있습니다.

3.2. 가입 및 설치 방법

뮤지아는 웹상에서 작동하지 않고 별도의 설치가 필요한 프로그램입니다. 설치에 필요한 파일을 다운로드하기 위해 인터넷 브라우저를 켜고 다음 사이트에 접속합니다.

URL: www.musiaplugin.com/ko/login

---

21 youtu.be/_K03WXM−eol

■ 구글 로그인

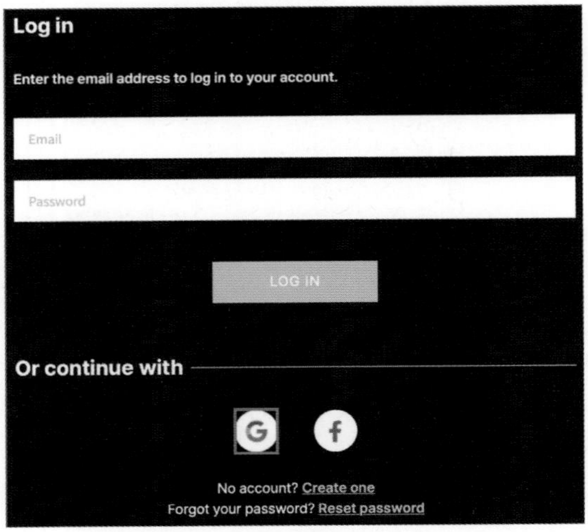

Log in

Enter the email address to log in to your account.

Email

Password

LOG IN

Or continue with

No account? Create one
Forgot your password? Reset password

[그림 3-25] 뮤지아 홈페이지 로그인 화면

뮤지아는 구글 계정, 페이스북 계정, 일반 이메일 주소로 가입할 수 있습니다. 여기서는 구글 계정으로 가입하겠습니다. 화면 아래쪽 구글 마크를 누르고 구글 로그인을 진행합니다.

■ 인증 코드 확인

[그림 3-26] 프로필 버튼

가입을 마쳤다면 다운로드에 앞서 자신에게 부여된 인증 코드를 확인해야 합니다. 인증 코드를 확인하기 위해 화면 오른쪽 위에 있는 프로필 버튼을 누릅니다. 프로필 버튼은 연동된 구글 계정의 특성에 따라 이름으로 되어 있을 수도, 프로필 사진으로 되어 있을 수도 있습니다.

[그림 3-27] 프로필 메뉴

프로필 메뉴가 나타나면 Profile Setting 버튼을 누릅니다.

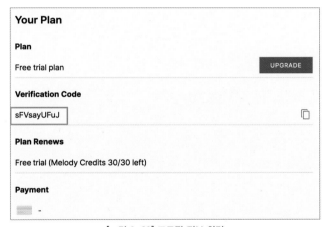

[그림 3-28] 프로필 정보 화면

인증 코드(Verification Code)를 복사하거나 메모해 둡니다.

■ 프로그램 다운로드 및 설치

[그림 3-29] 다운로드 버튼

여기까지 진행했다면 프로필 정보 화면 아래쪽의 **DOWNLOAD NOW** 버튼을 누릅니다.

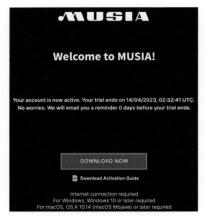

[그림 3-30] 다운로드 안내 화면

가입일을 기준으로 1개월 동안 체험할 수 있다는 영문 안내 메시지가 나타납니다. 숙지한 뒤
DOWNLOAD NOW 버튼을 누릅니다.

[그림 3-31] 다운로드 화면

애플의 맥OS를 사용한다면 화면 왼쪽의 Mac용, 윈도우를 사용한다면 화면 오른쪽의 윈도우용
설치 프로그램을 다운로드합니다. 여기서는 윈도우용으로 진행하겠습니다.

[그림 3-32] 다운로드된 파일

다운로드가 완료되었으면 압축을 풉니다.

[그림 3-33] 뮤지아 설치 프로그램 아이콘

뮤지아 설치 프로그램을 실행합니다.

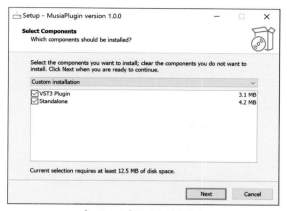

[그림 3-34] 뮤지아 설치 화면

Next 버튼을 누릅니다.

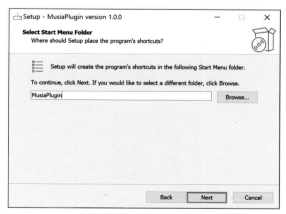

[그림 3-35] 뮤지아 설치 화면 2

다시 한번 Next 버튼을 누릅니다.

[그림 3-36] 뮤지아 설치 화면 3

자동으로 설치 과정이 진행되며, 설치가 완료될 때까지 기다립니다.

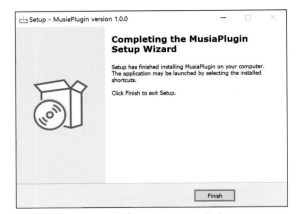

[그림 3-37] 뮤지아 설치 완료 화면

뮤지아 설치가 완료되면 Finish 버튼을 누릅니다.

[그림 3-38] 뮤지아 바로 가기 아이콘

바탕 화면에 만들어진 뮤지아 바로 가기를 더블 클릭합니다.

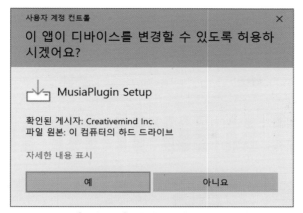

[그림 3-39] 사용자 계정 컨트롤 화면

컴퓨터의 보안 설정에 따라 안내 창이 뜰 수 있습니다. 안내 창이 뜨면 **예**를 누릅니다.

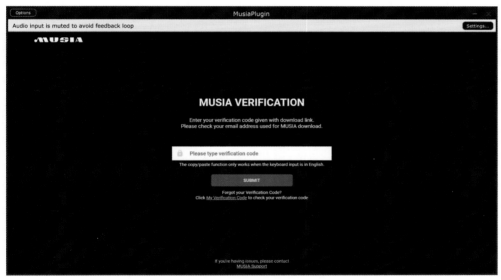

[그림 3-40] 인증 코드 입력 화면

조금 전 기록해 뒀던 인증 코드를 입력하고 **입력(SUBMIT)** 버튼을 누릅니다. 잠시 후 뮤지아가
실행됩니다.

3.3. 사용 방법

■ 화면 구성

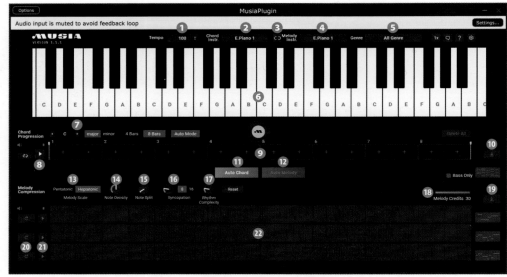

[그림 3-41] 뮤지아 실행 화면

다음은 뮤지아에 포함된 기능에 대한 대략적인 설명입니다.

❶ 템포: 곡의 빠르기(BPM)를 조절합니다.

❷ 코드 악기: 코드 반주에 사용할 악기를 선택합니다.

❸ 악기 연결: 코드와 멜로디 악기를 동기화합니다.

❹ 멜로디 악기: 멜로디 연주에 사용할 악기를 선택합니다.

❺ 장르: 선호하는 장르를 선택합니다.

❻ 건반: 현재 연주되고 있는 음을 보여줍니다.

❼ 조성: 선호하는 조성을 지정합니다.

❽ 코드 재생: 코드를 재생합니다.

❾ 코드 영역: 현재 추가된 반주의 코드를 보여줍니다. + 버튼을 눌러서 원하는 코드를 수동으로 추가할 수도 있습니다.

❿ 코드 다운로드: 코드를 미디(MIDI) 형식으로 내보냅니다.

⓫ 코드 생성: 코드를 자동으로 생성합니다.

⓬ 멜로디 생성: 멜로디를 자동으로 생성합니다. 3크레딧이 소모됩니다.

⑬ **스케일:** 오음계(Pentatonic Scale), 칠음계(Heptatonic Scale) 중 하나를 선택합니다.

⑭ **밀도:** 음의 밀도를 설정합니다.

⑮ **음표 분할:** 같은 음이 반복되는 정도를 설정합니다.

⑯ **당김음:** 8분음, 16분음 단위의 당김음을 설정합니다.

⑰ **복잡도:** 리듬의 복잡도를 설정합니다.

⑱ **멜로디 크레딧 잔여량:** 멜로디 생성에 필요한 크레딧의 잔여량을 나타냅니다.

⑲ **멜로디 다운로드:** 현재 생성된 모든 멜로디를 미디 형식으로 내보냅니다.

⑳ **멜로디 재생성:** 해당 멜로디를 재생성합니다. 1크레딧이 소모됩니다.

㉑ **멜로디+코드 재샘:** 해당 멜로디를 코드와 함께 재생합니다.

㉒ **멜로디 영역:** 현재 추가된 멜로디를 보여줍니다.

■ 코드 생성

지금부터 뮤지아로 간단한 곡을 하나 만들어 보겠습니다.

[그림 3-42] 템포, 악기, 장르 설정 영역

먼저 상단 막대에서 템포, 악기, 장르를 자유롭게 설정합니다. 음악에 대해 잘 알지 못한다면 그
대로 두어도 됩니다.

[그림 3-43] 조성 설정 영역

이번에는 음악의 조성을 지정하겠습니다. 가장 보편적인 코드인 C Major(다장조)로 되어 있으므
로 역시 음악을 잘 모른다면 그대로 두어도 됩니다.

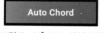

[그림 3-44] 코드 생성 버튼

코드 생성(Auto Chord) 버튼을 눌러서 코드를 생성합니다.

[그림 3-45] 코드가 생성된 모습

코드를 생성했으면 ▶ 버튼을 눌러서 한번 들어봅니다. 코드 생성은 무료이므로 만약 코드 진행
이 마음에 들지 않는다면 마음에 드는 진행이 나올 때까지 계속 **코드 생성(Auto Chord)** 버튼을
누르고 음악을 들어 봅니다.

■ 멜로디 생성

[그림 3-46] 멜로디 생성 버튼

이번에는 **멜로디 생성(Auto Melody)** 버튼을 눌러서 멜로디를 생성해 보겠습니다. 멜로디는 한
번에 3개씩 만들어지며, 이 과정에서 총 3크레딧이 소모됩니다.

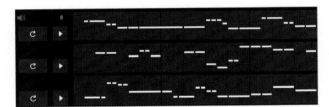

[그림 3-47] 멜로디가 생성된 모습

화면 아래쪽에서 생성된 멜로디를 피아노 롤(Piano Roll) 형태로 확인할 수 있습니다. (C)버튼
을 누르면 1크레딧을 사용하여 해당 멜로디를 다시 생성할 수 있고 ▶ 버튼을 누르면 해당 멜로디
를 반주와 함께 들을 수 있습니다.

[그림 3-48] 멜로디 설정 영역

숙련자라면 멜로디의 설정값을 조금씩 바꿔 가면서 자신의 의도에 가까운 음악을 만들 수도 있습
니다. 단, 무료 이용 시 크레딧이 한정되어 있으므로 심사숙고하여 크레딧을 낭비하지 않도록 조
심해야 합니다.

■ 결과물 저장

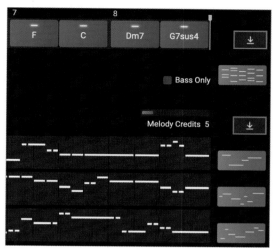

[그림 3-49] 저장 버튼

이제 뮤지아로 작곡한 음악을 저장하는 법을 알아보겠습니다. 뮤지아는 코드와 멜로디를 별개로 취급하므로 코드와 멜로디를 따로 저장해 주어야 합니다. [그림 3-49]에서 코드 영역 오른쪽에 있는 (　)버튼이 코드 저장, 멜로디 크레딧 잔여량 오른쪽에 있는 (　)버튼이 멜로디 저장 버튼입니다. 뮤지아에는 음악의 연주 정보를 담고 있는 미디 형식으로 내보내는 기능만 존재하므로 음원을 동영상의 배경 음악으로 사용하는 등 다른 용도로 쓸 계획이라면 추가적인 편곡이 필요합니다.

3.4. 유료 플랜 구매 방법

코드를 생성하는 데에는 제약이 없지만, 멜로디를 대량으로 생성하기 위해서는 유료 플랜을 구매해야 합니다. 인터넷 브라우저를 켜고 다음 사이트에 접속합니다.

URL: www.musiaplugin.com/ko/login

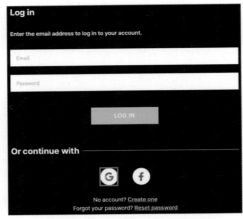

[그림 3-50] 뮤지아 홈페이지 로그인 화면

화면 아래쪽 구글 마크를 눌러 로그인을 합니다.

[그림 3-51] 뮤지아 홈페이지 첫 화면

화면 위쪽 **PRICING** 버튼을 누릅니다.

[그림 3-52] 유료 플랜 선택 화면

상단 메뉴에서 월간, 연간 결제 중 하나를 선택한 뒤 왼쪽 아래에 있는 뮤지아 플러그인 시작하기 버튼을 누릅니다. 월간 결제 시 이용 요금은 11,500원, 연간 결제 시 이용 요금은 8,050원에 12개월을 곱한 96,600원이라는 사실에 유념합니다. 9개월 이상 이용할 계획이라면 연간 결제를 선택하는 게 유리합니다.

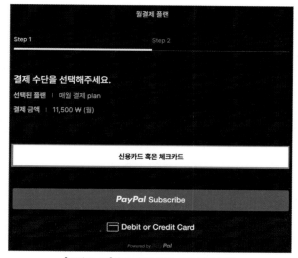

[그림 3-53] 유료 플랜 결제 수단 지정 화면

결제를 진행하기 위해 **신용카드 혹은 체크카드** 버튼을 누릅니다.

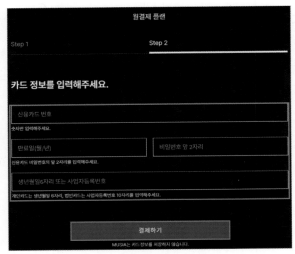

[그림 3-54] 유료 플랜 결제 화면

카드 정보와 생년월일(또는 사업자등록번호)을 입력하고 **결제하기** 버튼을 누릅니다. 결제를 마치면 멜로디 생성 기능을 제한 없이 사용할 수 있게 됩니다.

3.5. 클릭 한 번으로 작사, 작곡까지! 뮤지아 원 사용 방법

■ 로그인 방법

지난 2023년 7월 5일, 크리에이티브마인드는 뮤지아의 새로운 버전인 뮤지아 원을 공개하였습니다. 뮤지아 원은 작곡 시 보조적인 역할만을 수행할 수 있었던 뮤지아와는 달리 베이스, 드럼 비트, 가사를 생성할 수 있고 MP3 형식으로 내보내기도 지원하는 등 다양한 기능을 탑재하고 있습니다.

뮤지아 원을 사용하기 위해 인터넷 브라우저를 켜고 다음 사이트에 접속합니다.

URL: musiaone.com

[그림 3-55] 뮤지아 원 로그인 화면

뮤지아 계정으로 로그인을 진행합니다.

👍 알고 가면 좋아요

집필 시점인 2023년 8월 기준으로 뮤지아 원은 베타 서비스 중이어서 무료 이용이 가능하나, 정식 서비스 게시 이후 서비스 정책이 바뀔 수 있습니다.

■ 화면 구성

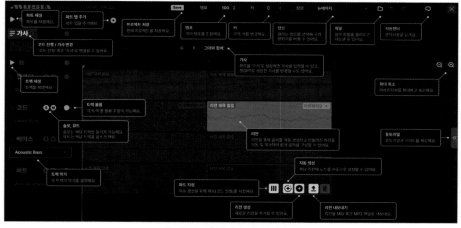

[그림 3-56] 뮤지아 원 실행 화면

로그인을 하면 뮤지아 원이 자동으로 실행됩니다. 뮤지아와 마찬가지로 코드, 멜로디 등을 따로 생성할 수 있으나 여기서는 기존의 뮤지아와 매우 차별화되는 기능인 ChatGPT를 이용한 자동 작사 및 작곡 기능을 설명하겠습니다.

■ 자동 작사 및 작곡 기능 사용법

[그림 3-57] 화면 좌측 상단 메뉴 영역

화면 왼쪽 위에 있는 코드 진행을 클릭한 뒤, 가사로 변경합니다.

[그림 3-58] 화면 좌측 상단 메뉴 영역

(🔳)버튼을 누릅니다.

[그림 3-59] 프롬프트 입력 영역

언어, 장르, 키(조성) 등을 지정하고 원하는 가사의 느낌을 단어 혹은 문장의 형태로 입력한 뒤,
챗GPT에게 요청하기 버튼을 누릅니다.

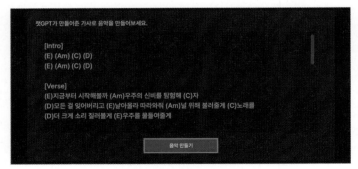

[그림 3-60] 가사 표시 영역

잠시 후, 가사 표시 영역에 생성된 가사가 나타납니다. 가사를 확인하고 마음에 들지 않는다면 조금 전 클릭했던 **챗GPT에게 요청하기** 버튼을 다시 눌러 가사를 재생성하고 마음에 든다면 다음 단계로 진행하기 위해 **음악 만들기** 버튼을 누릅니다.

[그림 3-61] 기존 작업물 삭제 알림 창

알림 창이 나타나면 확인 버튼을 누릅니다.

[그림 3-62] 작곡 진행 알림 화면

자동으로 작곡이 진행되며, 작곡이 완료될 때까지 기다립니다.

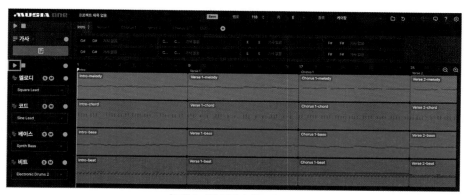

[그림 3-63] 작곡이 완료된 모습

이제 작곡이 완료되었습니다. 화면 왼쪽 위에 있는 ▶(둘 중 아래에 있는 것) 버튼을 눌러 음악을 한번 들어 봅시다.

■ 결과물 저장

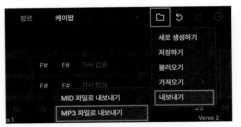

[그림 3-64] 음악 다운로드 과정

음악이 마음에 든다면 화면 오른쪽 위에 있는 (🗀)버튼을 누르고 **내보내기** 항목 안에 있는 **MP3 파일로 내보내기**를 클릭합니다. 곧 MP3 파일이 다운로드됩니다.

04 클로바더빙: AI 보이스를 이용한 동영상 더빙 서비스

4.1. 소개

클로바더빙은 2020년에 네이버가 출시한 AI 동영상 더빙 서비스로, 텍스트를 입력하면 다양한 AI 보이스가 내용을 마치 사람이 이야기하는 것처럼 자연스럽게 읽어 줍니다. 수백 종의 AI 보이스를 이용할 수 있고 수시로 새로운 목소리가 계속 추가되고 있습니다.

클로바더빙은 유튜버, 블로거와 같은 크리에이터들이 동영상이나 오디오 북을 만드는 데에 매우 유용하게 사용할 수 있습니다. 클로바더빙을 이용하면 전문 성우를 섭외하기 어렵거나 목소리에 자신이 없을 때, 그리고 시간이 부족하거나 많은 결과물을 내고 싶을 때 콘텐츠 제작의 생산성을 손쉽게 높일 수 있습니다.

4.2. 사용 방법

■ 네이버 로그인 및 이용 동의

인터넷 브라우저를 켜고 다음 사이트에 접속합니다. (사파리 브라우저에는 대응하지 않습니다)

URL: clovadubbing.naver.com

[그림 3-65] 클로바더빙 홈페이지 첫 화면

무료로 시작하기 버튼을 누릅니다.

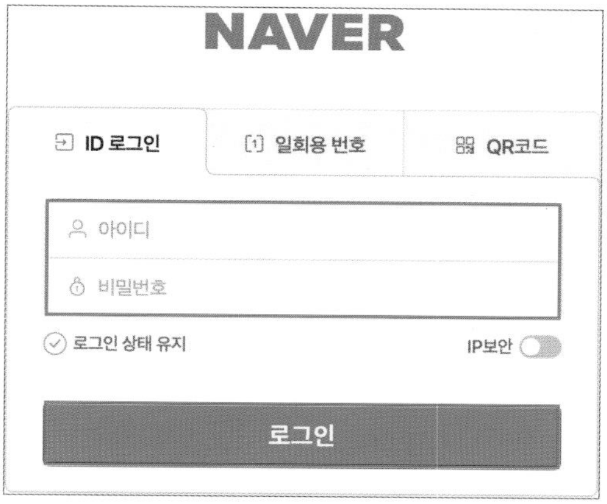

[그림 3-66] 네이버 로그인 화면

네이버 아이디와 비밀번호를 넣고 **로그인** 버튼을 누릅니다. 로그인을 하면 다시 첫 화면으로 돌아오게 되며 다시 **무료로 시작하기** 버튼을 누릅니다.

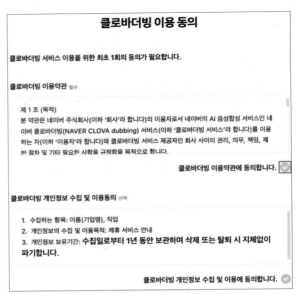

[그림 3-67] 서비스 이용 약관 동의 화면

서비스 이용 약관을 읽어 보고 필수 약관에 동의합니다. 그리고 나서 화면을 아래로 내린 뒤, **확인** 버튼을 누릅니다. 이름, 소속 등은 선택 사항이므로 적지 않아도 됩니다.

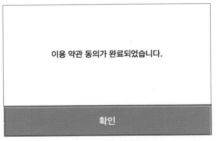

[그림 3-68] 서비스 이용 약관 동의 완료 화면

동의가 완료되었다는 창이 나타나면 다시 한번 **확인** 버튼을 누릅니다.

■ 새 프로젝트 생성

[그림 3-69] 새 프로젝트 생성 화면

자동으로 클로바더빙이 실행됩니다. 새 프로젝트를 생성하기 위해 + 버튼을 누릅니다.

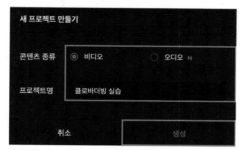

[그림 3-70] 새 프로젝트 만들기 화면

콘텐츠 종류가 비디오로 되어 있는지 확인하고 프로젝트명을 적절히 지정한 후 **생성** 버튼을 누릅니다.

■ 화면 구성

[그림 3-71] 클로바더빙 실행 화면

클로바더빙이 실행됩니다. 다음은 클로바더빙의 화면 구성입니다.

❶ **프로젝트 저장**: 다음에 작업을 이어 하기 위해 프로젝트를 저장합니다.

❷ **다운로드**: 작업한 내용을 실제 영상 또는 음성 파일의 형태로 다운로드합니다.

❸ **미디어 영역**: 새로운 미디어를 추가하거나 추가된 미디어를 확인할 수 있습니다.

❹ **더빙 영역**: 더빙할 내용을 입력하고 내용을 미리 듣거나 AI 보이스를 설정할 수 있습니다.

❺ **효과음 영역**: 효과음 목록을 표시합니다. + 버튼을 누르면 해당 효과음을 타임라인에 추가할 수 있습니다.

❻ **타임라인**: 실제로 프로젝트에 추가된 미디어, 더빙 내용을 표시합니다.

❼ **더빙 목록**: 프로젝트에 삽입된 더빙 목록을 보여줍니다.

❽ **작업 영역**: 타임라인 혹은 더빙 목록을 보여줍니다.

❾ **제어 버튼**: 프로젝트를 재생 또는 정지하거나 커서를 좌우로 움직일 수 있습니다.

❿ **사용량 및 잔여량**: ? 자리에 마우스 커서를 가져가면 사용량과 잔여량이 표시됩니다. 무료 사용량은 매달 1일에 초기화됩니다.

클로바더빙은 동영상, PDF, 이미지를 추가하여 영상에 더빙을 하는 방식으로도 활용할 수 있고 별도의 미디어를 추가하지 않은 상태로 오디오 북을 만드는 용도로도 사용할 수 있습니다. 여기서는 오디오 북을 만드는 방법을 기준으로 설명을 이어가겠습니다.

■ AI 보이스 설정

[그림 3-72] 더빙 영역: 전체 보이스 버튼

먼저 오디오 북을 읽힐 AI 보이스를 골라 보도록 하겠습니다. 더빙 영역에서 **전체 보이스** 버튼을
누릅니다.

[그림 3-73] AI 보이스 설정 화면

수백 가지 AI 보이스 중, 마음에 드는 것을 고릅니다. 오른쪽 ▶ 버튼을 누르면 목소리를 미리 들
어 볼 수 있으며, ★ 버튼을 누르면 해당 AI 보이스를 즐겨찾기에 추가할 수 있습니다. 즐겨찾기
에 추가하면 더빙 영역의 보이스 목록에서 해당 보이스를 바로 확인할 수 있어 편리합니다. 즐겨
찾기에 추가할 수 있는 AI 보이스의 개수는 최대 10개입니다.

[그림 3-74] AI 보이스 미리 듣기 화면

괜찮아 보이는 보이스를 찾았다면 AI 보이스 이름을 클릭합니다. 그러면 화면 아래쪽에 창이 하나 나타나는데 여기서 직접 원하는 문장을 입력하여 미리 듣기를 할 수도 있습니다.

＋ 더 알아보기

Q 즐겨찾기에 추가되지 않는 보이스가 있습니다.

A 이름 오른쪽에 PRO 마크가 붙어 있는 보이스는 유료 플랜 전용이므로 무료 이용 시에는 선택할 수 없습니다.

즐겨찾기 지정을 마쳤다면 [그림 3-73]의 왼쪽 위에 있는 〈 **보이스 목록** 버튼을 눌러 AI 보이스 설정 화면을 빠져나옵니다.

■ 더빙 추가

[그림 3-75] 타임라인: 헤드

0초 지점에 첫 AI 보이스를 넣기 위해 타임라인에서 헤드[22]가 0초 지점에 있는지 확인합니다. 만약 다른 곳에 있다면 시간이 적혀 있는 빨간색 부분을 0초 지점으로 드래그합니다.

꿀팁 ✓ 좌우 방향키를 이용하면 헤드를 일정한 간격으로 움직일 수 있습니다.

---

22 현재 재생 위치를 나타내는 표시입니다. 클로바더빙과 같은 타임라인 기반의 프로그램을 사용할 때 매우 중요합니다.

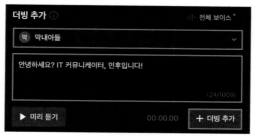

[그림 3-76] 더빙 영역: 첫 번째 더빙 추가

더빙 영역에서 AI 보이스 이름을 클릭하면 즐겨찾기에 추가한 보이스 목록이 나타납니다. 그중에서 원하는 보이스를 선택하고 더빙할 내용을 입력한 뒤, **+ 더빙 추가** 버튼을 누릅니다.

[그림 3-77] 타임라인: 첫 번째 더빙이 추가된 모습

타임라인에 첫 번째 더빙이 추가되었습니다. 더빙이 추가되면 헤드 위치가 자동으로 해당 더빙 뒤쪽으로 이동됩니다.

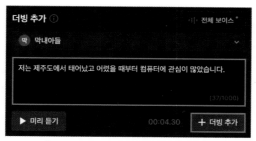

[그림 3-78] 더빙 영역: 두 번째 더빙 추가

같은 방법으로 또 다른 더빙을 추가합니다.

[그림 3-79] 타임라인: 두 번째 더빙이 추가된 모습

몇 개의 더빙을 더 추가해 봅시다.

[그림 3-80] 타임라인: 여러 개의 더빙이 추가된 모습

꿀팁 ✓ 더빙한 내용이 많아지면 타임라인 영역이 가로로 길어지게 됩니다. 브라우저의 가로 방향 스크롤 바를 이용하거나 [Shift] 키를 누른 채 마우스 휠을 굴리면 타임라인 영역을 자유롭게 이동할 수 있습니다.

■ 더빙 내용 수정 및 삭제

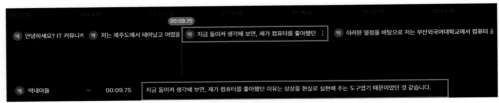
[그림 3-81] 타임라인: 더빙 내용 수정

혹시 더빙 내용 중 일부를 수정하고 싶다면 타임라인에서 해당 더빙을 클릭한 뒤 아래쪽에서 내용을 바꿔 주면 됩니다.

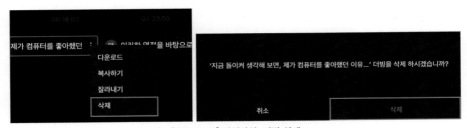
[그림 3-82] 타임라인: 더빙 삭제

혹시 완전히 삭제하고 싶은 내용이 있다면 타임라인에서 삭제할 더빙을 마우스 오른쪽 클릭한 뒤 두 번에 거쳐 삭제 버튼을 누르면 됩니다. 또는 삭제할 더빙을 클릭하고 [Delete]를 눌러도 됩니다.

■ 더빙 간격 조절

[그림 3-83] 타임라인: 두 더빙 사이의 간격이 벌어진 모습

이렇게 기존에 있던 더빙을 삭제하면 원래 있었던 더빙이 사라지면서 더빙의 간격이 벌어지는 문제가 발생합니다.

[그림 3-84] 더빙 간격 설정 버튼

나머지 더빙을 Ctrl을 누른 상태로 일괄 선택하고 드래그하여 간격을 조절해도 되지만, 더빙 사이의 간격을 일정하게 유지하는 기능인 더빙 간격 설정 기능을 활용하면 더욱 빠르게 간격을 설정할 수 있습니다. 다음은 더빙 간격 설정 버튼을 눌렀을 때 나타나는 화면과 기능에 대한 설명입니다.

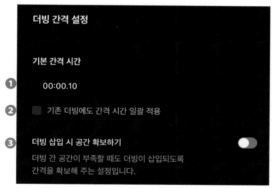

[그림 3-85] 더빙 간격 설정 화면

❶ 기본 간격 시간: 더빙과 더빙 사이의 시간 간격을 지정합니다.

❷ 기존 더빙에도 간격 시간 일괄 적용: 기존에 추가된 모든 더빙에 기본 간격 시간을 적용합니다.

❸ 더빙 삽입 시 공간 확보하기: 더빙이 추가될 공간이 부족한 경우에도 더빙이 삽입되도록 자동으로 더빙 간 간격을 조절합니다.

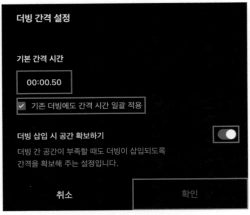

[그림 3-86] 더빙 간격 설정 화면

여기서는 [그림 3-86]과 같이 설정하도록 하겠습니다.

 꿀팁 더빙 사이의 간격을 더빙마다 수동으로 지정한 경우에는 이 기능을 사용하면 모든 더빙 사이의 간격이 동일하게 바뀌어 버리므로 타임라인에서 특정한 더빙의 간격만 드래그하여 조절하는 방법을 추천합니다.

[그림 3-87] 타임라인: 모든 더빙 사이의 간격이 일정해진 모습

타임라인에 추가한 모든 더빙 사이의 간격이 0.5초로 일정해진 모습을 확인할 수 있습니다.

■ 보이스 워터마크 넣기

[그림 3-88] 타임라인: 보이스 워터마크가 추가된 모습

클로바더빙을 무료로 이용하는 경우, 클로바더빙의 AI 보이스를 사용하여 콘텐츠를 만들어 배포

하기 위해서는 출처를 명시해 주어야 합니다. 헤드를 0초 지점으로 옮긴 뒤, "클로바더빙으로 제작한 AI 보이스입니다."라는 내용의 더빙을 삽입해 줍니다.

+ 더 알아보기

Q 동영상, PDF, 이미지를 넣은 상태에서는 워터마크를 어떤 식으로 넣어야 하나요?

A 타임라인에 동영상, PDF, 이미지를 추가하고 영상 파일로 내보내기하면 자동으로 영상에 워터마크가 포함되므로 따로 해야 할 작업은 없습니다.

■ **결과물 다운로드**

[그림 3-89] 다운로드 버튼

이제 프로젝트를 컴퓨터에 다운로드해 보도록 하겠습니다. 화면 오른쪽에 있는 파란색 **다운로드** 버튼을 누릅니다.

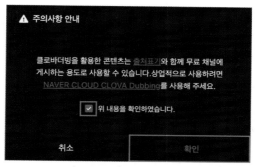

[그림 3-90] 주의 사항 안내

출처 표기와 관련된 주의 사항 안내 메시지가 나타납니다. 체크 후 확인 버튼을 누릅니다.

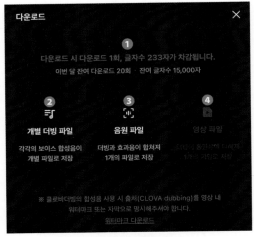

[그림 3-91] 다운로드 화면

다운로드 버튼을 누르면 차감량, 잔여량과 세 가지 선택지가 나타납니다. 화면 각 부분에 대한 설명은 다음과 같습니다.

❶ **차감량, 잔여량**: 다운로드 시 차감량과 다운로드 후 잔여량을 알려줍니다.

❷ **개별 더빙 파일**: 더빙 파일을 각각 별개의 음원 파일로 다운로드합니다. 클로바더빙이 아닌 다른 프로그램을 통해 추가로 영상 작업을 할 경우 추천합니다.

❸ **음원 파일**: 더빙 파일을 하나의 완성된 음원 파일로 다운로드합니다.

❹ **영상 파일**: 동영상, PDF, 이미지를 업로드하여 사용한 경우, 결과물을 영상 파일로 다운로드합니다.

[그림 3-92] 음원 파일 버튼

여기서는 오디오 북을 만들기 위해 음원 파일로 저장하도록 하겠습니다. 음원 파일 버튼을 누릅니다.

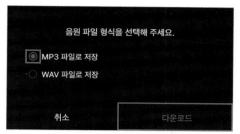

[그림 3-93] 음원 파일 형식 선택 화면

어떤 형식으로 다운로드할지 물어보는 화면이 나타납니다. MP3, WAV 중 하나를 선택하고 다운로드 버튼을 누릅니다. 여기서는 MP3로 저장하겠습니다. 잠시 후 다운로드가 진행됩니다.

+ 더 알아보기

Q MP3와 WAV의 차이는 무엇인가요?

A MP3의 용량이 WAV의 1/3 수준이나, 파일 안에 담겨 있는 주파수 대역은 1~12kHz로 동일합니다. 특별한 경우가 아니라면 MP3로 다운로드하는 것을 추천합니다.

■ 더 간단하게 오디오 북 만들기

클로바더빙에서 제공하는 오디오 전용 편집 기능을 이용하면 더욱 간단하게 오디오 북을 만들 수 있습니다. 이번에는 이 기능을 사용해 보겠습니다.

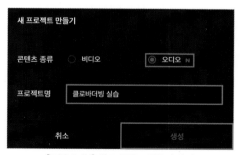

[그림 3-94] 새 프로젝트 만들기 화면

화면 왼쪽 위에 있는 〈 버튼을 눌러 프로젝트 목록 화면으로 돌아간 뒤, **+ 새 프로젝트** 버튼을 눌러 **오디오** 콘텐츠를 생성합니다.

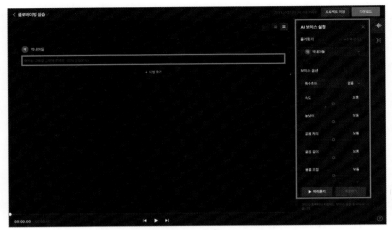

[그림 3-95] 오디오 콘텐츠 제작 화면

AI 보이스 설정을 한 뒤, 더빙할 내용을 입력합니다. 최대 2,000자까지 입력할 수 있습니다.

[그림 3-96] 더빙할 내용을 입력한 모습

설정과 내용 입력을 마쳤다면 **저장** 버튼을 누릅니다.

[그림 3-97] 더빙 생성이 완료된 모습

더빙 생성이 완료되었으면 ▶ 버튼을 눌러 들어본 뒤, 마음에 든다면 오른쪽 위에 있는 **다운로드** 버튼을 눌러 **전체 음원 파일**을 다운로드합니다.

4.3. 유료 플랜 구매 방법

■ 네이버 클라우드 플랫폼 서비스 가입

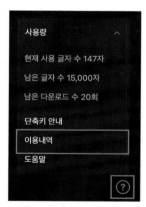

[그림 3-98] 프로필 메뉴

클로바더빙이 제공하는 무료 크레딧이 부족하거나 클로바더빙을 상업적으로 이용하고 싶다면 유료 플랜 구매를 고려할 수 있습니다. 그리고 유료 플랜을 구매하려면 네이버 클라우드 플랫폼 서비스에 먼저 가입을 해야 합니다. 가입 진행을 위해 화면 오른쪽 아래에 있는 ? 버튼을 누르고 **이용내역**을 누릅니다.

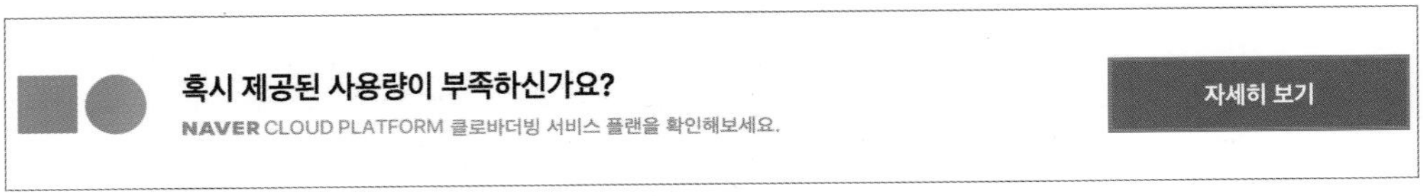

 혹시 제공된 사용량이 부족하신가요?
NAVER CLOUD PLATFORM 클로바더빙 서비스 플랜을 확인해보세요.

자세히 보기

[그림 3-99] 배너

화면 아래쪽 배너의 자세히 보기 버튼을 누릅니다.

[그림 3-100] 클로바더빙 이용 신청 화면

별도의 웹 페이지로 연결됩니다. **이용 신청하기** 버튼을 누릅니다.

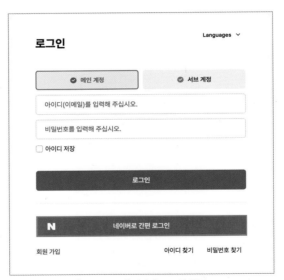

[그림 3-101] 네이버 로그인 화면

네이버로 간편 로그인 버튼을 눌러 네이버 로그인을 진행합니다.

[그림 3-102] 서비스 이용 약관 동의 화면

필수 항목에 체크하고 **동의하기** 버튼을 누릅니다.

[그림 3-103] 서비스 이용 약관 동의 화면 2

다시 필수 항목에 체크하고 **완료** 버튼을 누릅니다.

+ 더 알아보기

Q 동일한 휴대폰 번호로 다수의 계정을 생성할 수 없다는 오류가 발생합니다.

A 이미 해당 휴대폰 번호를 네이버 클라우드 플랫폼 가입에 사용한 경우 발생하는 오류입니다. 자신의 명의로 된 또 다른 네이버 계정을 찾아 그 계정으로 로그인해 봅니다.

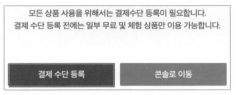

[그림 3-104] 결제 수단 등록 요청 화면

결제 수단 등록 버튼을 누릅니다.

[그림 3-105] 회원 유형 지정 화면

둘 중 자신에게 해당하는 유형을 클릭하고 다음 버튼을 누릅니다. 여기서는 **개인 회원**으로 진행하겠습니다.

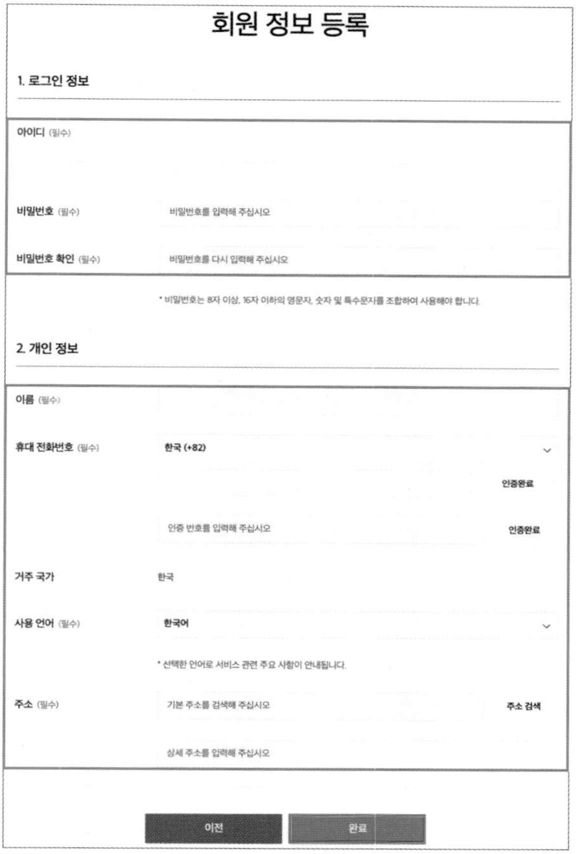

회원 정보 등록

1. 로그인 정보

아이디 (필수)	
비밀번호 (필수)	비밀번호를 입력해 주십시오
비밀번호 확인 (필수)	비밀번호를 다시 입력해 주십시오

* 비밀번호는 8자 이상, 16자 이하의 영문자, 숫자 및 특수문자를 조합하여 사용해야 합니다.

2. 개인 정보

이름 (필수)

휴대 전화번호 (필수)   한국 (+82)   인증완료

인증 번호를 입력해 주십시오   인증완료

거주 국가   한국

사용 언어 (필수)   한국어

* 선택한 언어로 서비스 관련 주요 사항이 안내됩니다.

주소 (필수)   기본 주소를 검색해 주십시오   주소 검색

상세 주소를 입력해 주십시오

이전   완료

[그림 3-106] 회원 정보 등록 화면

해당하는 정보를 모두 채운 뒤, 완료 버튼을 누릅니다.

■ 결제 수단 등록

정보 등록을 마치면 보안을 위해 자동으로 로그아웃이 됩니다. 아래 URL을 입력하여 다시 [그림 3-100] 화면을 띄우고 **이용 신청하기** 버튼을 누릅니다.

URL: ncloud.com/product/aiService/clovaDubbing

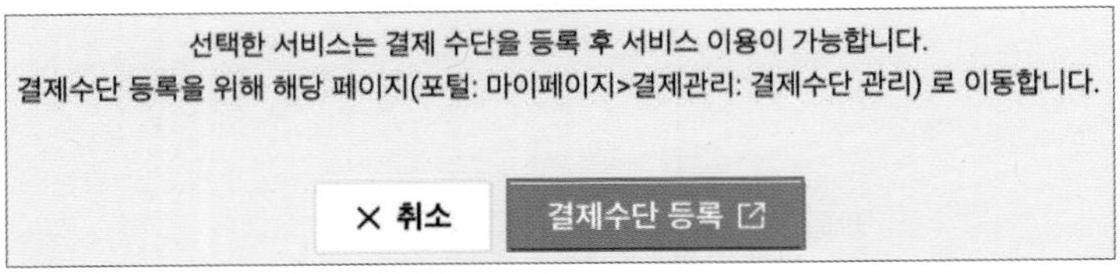

선택한 서비스는 결제 수단을 등록 후 서비스 이용이 가능합니다.
결제수단 등록을 위해 해당 페이지(포털: 마이페이지>결제관리: 결제수단 관리)로 이동합니다.

× 취소   결제수단 등록 ⬀

[그림 3-107] 결제 수단 등록 화면

이제 실제로 결제 수단을 등록하는 절차와 결제만 남아 있습니다. 결제 수단 등록을 위해 **결제 수단 등록** 버튼을 누릅니다.

결제 수단 등록

[그림 3-108] 결제 수단 등록 버튼

결제 관리 화면이 나타나면 다시 한번 **결제 수단 등록** 버튼을 누릅니다.

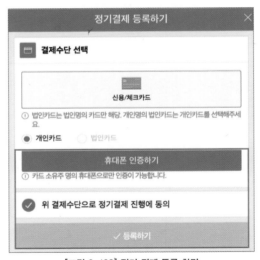

[그림 3-109] 정기 결제 등록 화면

휴대폰 인증 후 정기 결제 진행에 동의한 뒤, **등록하기** 버튼을 눌러 카드 정보를 등록합니다.

■ 유료 플랜 구매

[그림 3-110] 프로젝트 그룹 관리 화면

카드 정보 등록까지 마쳤다면 이제 유료 플랜을 결제할 차례입니다. 프로젝트 그룹 생성 버튼을 누릅니다.

[그림 3-111] 플랜 선택 화면

두 가지 서비스 플랜 중 하나를 고른 뒤 다음 버튼을 누릅니다. 각 플랜에 대한 상세한 설명은 다음과 같습니다.

항목	Free	Standard	Premium
가격	무료	월 19,900원	월 89,900원
누적 생성 가능 프로젝트 수	5개	20개	100개
월 다운로드 가능 수	20회	40회	150회
월 생성 가능 글자 수	15,000자	30,000자	180,000자
클로바 보이스	사용 불가	사용 가능	사용 가능
출처 표기	필수	선택	선택
상업적 이용[23]	제한적 가능	제한적 가능	가능

[표 3-2] 클로바더빙 플랜 비교

---

23 자세한 내용은 다음 URL을 참조하세요: help.naver.com/service/23823/contents/12463

[그림 3-112] 프로젝트 그룹 정보 입력 화면

프로젝트 그룹 이름과 코드를 임의로 지정(한국어는 입력 불가)한 뒤, 다음 버튼을 누릅니다.

+ 더 알아보기

Q 결제 후 해지하려면 어떻게 해야 하나요?

A console.ncloud.com/dubbing/subscription
위 URL로 접속하고 로그인을 한 뒤, 상품 이용 중 → 상품 이용 해지를 차례로 클릭하면 됩니다.

05 오디오 생성 AI 특징 비교

이렇게 총 4가지 종류의 오디오 생성 AI에 대해 알아보았습니다. 각 AI의 특징을 정리하면 다음과 같습니다.

항목	에이바	사운드로우	뮤지아	클로바더빙
출시 시기	2016년 2월	2020년 2월	2021년 10월	2020년 2월
회사 소재국	영국	일본	대한민국	대한민국
용도	작곡	작곡	작곡	더빙, 오디오 북 제작
요금제	무료, 유료	무료, 유료	무료, 유료	무료, 유료
무료 이용 한도	듣기, 월 3곡 다운로드	듣기	코드 무제한, 멜로디 30회 생성	듣기, 15,000자 생성, 20회 다운로드

[표 3-3] 오디오 생성 AI 특징 비교

4장

생성 AI 소개
(이미지 편)

·
·
·
·
·

이 장에서는 그림을 그리는 AI, AI 화가라는 별칭으로 널리 알려진 이미지
생성 AI에 대해 알아보겠습니다. 이미지 생성 AI는 사용자가 원하는 이미
지를 "A lovely boy in a blue T-shirt"와 같은 프롬프트(문장)의 형태로 입
력하면 해당 프롬프트를 이미지로 바꿔 주며, 이미 수많은 분야에 활용되
고 있습니다.

01 달리2: AI 예술의 가능성을 널리 알린 AI 화가

1.1. 소개

달리2(DALL·E 2)[24]는 OpenAI에서 2021년 1월에 출시했던 달리의 후속작으로, 2022년 4월에 공개되어 AI가 창작을 할 수 있음을 전 세계에 널리 알렸습니다. 달리2는 인터넷상에 존재하는 6억 5천여만 장의 이미지와 그 이미지를 설명하는 문장을 학습했으며, 특정 화가의 화풍을 모방할 수 있을 뿐만 아니라 학습한 이미지를 바탕으로 세상에 존재하지 않을 가능성이 매우 높은, 예를 들어 코끼리가 병아리와 함께 스키를 타고 있는 모습과 같은 그림까지도 그려낼 수 있습니다.

달리2로 이미지를 생성하면 한 번에 4장의 이미지가 만들어지며, 이 과정에서 1크레딧이 소모됩니다. 가입 시 무료로 부여하는 크레딧은 없으므로 달리2를 이용하기 위해서는 1.4. 크레딧 구매 방법을 참고하여 먼저 AI 작동에 필요한 크레딧을 구매해야 합니다. 달리2로 생성한 이미지는 상업적인 용도로도 이용할 수 있으므로 자신만의 콘텐츠를 만들 때 매우 유용하게 사용할 수 있습니다.

1.2. 가입 방법

■ 구글 로그인 및 초기 설정

먼저 달리2를 이용하기 위해 인터넷 브라우저를 켜고 다음 사이트에 접속합니다.

URL: labs.openai.com	

 INFORMATION

OpenAI에 가입되어 있다고 가정하고 진행하겠습니다. 아직 가입을 하지 않으셨다면 **2장 1.2. 가입 방법**의 내용을 참고하여 가입을 먼저 진행해 주세요.

---

24 스페인의 초현실주의 화가 살바도르 달리(Salvador Dali)로부터 영감을 얻어 붙여진 이름이라는 이야기가 있습니다.

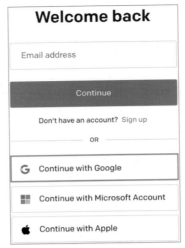

[그림 4-1] OpenAI 로그인 화면

Continue with Google 버튼을 누르고 구글 로그인을 진행합니다.

[그림 4-2] 알림 화면

이용 안내 화면이 나타나면 Continue 버튼을 누릅니다.

1.3. 사용 방법

■ 화면 구성

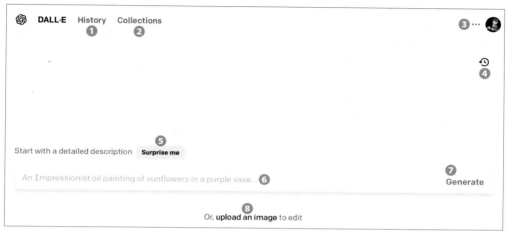

[그림 4-3] 달리2 실행 화면

다음은 달리2의 화면 구성에 대한 설명입니다.

❶ 기록: 지금까지 달리2로 만들었던 이미지를 확인합니다.

❷ 컬렉션: 여러 가지의 이미지를 하나로 묶어 관리하거나 다른 사람들과 공유합니다.

❸ 프로필: 크레딧 잔여량을 확인하거나 크레딧을 구매하거나 아웃페인팅 기능을 사용할 수 있습니다.

❹ 생성 이력 표시: 오른쪽에 생성 이력을 사이드바 형태로 띄웁니다. 이전에 만들었던 이미지를 확인하거나 추가로 작업을 하고자 할 때 사용합니다.

❺ 프롬프트 랜덤 생성: 달리2가 무작위로 프롬프트를 생성하도록 합니다. 마땅한 아이디어가 없을 때 사용하면 좋습니다.

❻ 프롬프트 입력창: 프롬프트를 입력하는 자리입니다.

❼ 생성: 입력한 프롬프트를 바탕으로 이미지를 생성합니다.

❽ 업로드: 특정 이미지를 업로드하여 해당 이미지를 바탕으로 추가 작업을 진행합니다.

■ 이미지 생성

달리2를 포함한 거의 모든 이미지 생성 AI는 한국어 프롬프트를 인식하지 못하므로 그리고자 하는 대상을 영어로 묘사해야 합니다. 영어를 사용하는 것이 어색하다면 파파고(Papago, papago.

naver.com), 딥엘(DeepL, deepl.com)과 같은 번역기를 활용하면 좋습니다.

필자는 우주에서 공상하는 한국인 소년을 애니메이션 스타일로 그리기 위해 "A korean boy daydreaming in space, animation."이라는 프롬프트를 입력하도록 하겠습니다.

 프롬프트는 최대한 구체적으로 적는 것이 좋으며, 뒤에 자신이 선호하는 스타일(예: Digital art, Pixel art, Watercolor, Animation 등)이나 특정 화가의 이름(예: Van Gogh style)을 명시하여 원하는 그림체를 지정할 수도 있습니다.

그리고 사람의 얼굴을 구체적으로 묘사하고 싶은 경우, Happy, Sad와 같은 기분을 나타내는 형용사나 Smile과 같은 표정을 나타내는 단어를 넣어 주면 달리2가 얼굴을 의도한 대로 그려 줍니다.

다만 묘사하고자 하는 대상의 수가 많아지면 일부 대상의 그림체가 일그러질 수 있으므로 주의가 필요합니다.

[그림 4-4] 프롬프트 입력창

프롬프트를 다 입력했다면 **생성(Generate)** 버튼을 누릅니다. 즉시 작업이 진행되며, 30초~1분 정도의 시간이 소요됩니다.

+ 더 알아보기

Q 다음과 같은 오류가 발생합니다.

The server is currently overloaded with other requests. Sorry about that! You can retry your request, or contact us through our help center at help.openai.com if the error persists.

A 이용량이 많아 생기는 현상입니다. 얼마 뒤 다시 시도해 봅니다.

■ 이미지 생성 결과 화면

[그림 4-5] 이미지 생성 결과 화면

프롬프트에 적은 내용이 충실히 반영된 이미지가 생성되었습니다. 4장 중, 특별히 마음에 드는 이미지를 하나 클릭해 보겠습니다.

■ 결과물 상세 보기 화면

[그림 4-6] 결과물 상세 보기 화면

이미지 생성 결과 화면에서 특정한 이미지를 클릭하면 해당 이미지가 크게 표시되는 결과물 상세 보기 화면이 나타나며, 다음과 같은 기능을 사용할 수 있습니다.

❶ **뒤로**: 이전 화면으로 돌아갑니다.

❷ **편집**: 이미지를 부분적으로 수정합니다.

❸ **베리에이션**: 선택한 이미지와 유사한 이미지를 4장 새로 생성합니다.

❹ **공유**: 다른 사람들이 이 이미지를 확인할 수 있도록 URL을 생성합니다.

❺ **컬렉션에 저장**: 선택한 이미지를 컬렉션에 저장합니다.

❻ **생성 이력 표시**: 오른쪽에 생성 이력을 사이드바 형태로 띄웁니다.

❼ **보고**: 이미지가 민감한 대상을 다루고 있거나 편향되어 있거나 프롬프트대로 잘 그려지지 않은 경우 OpenAI에 보고할 때 사용합니다.

❽ **저장**: 선택한 이미지를 내 컴퓨터에 저장합니다.

■ **결과물 저장**

생성된 이미지가 마음에 든다면 결과물 상세 보기 화면에서 (⬇)버튼을 눌러 이미지를 컴퓨터로 다운로드합니다.

> ### ➕ 더 알아보기
>
> **Q** 이미지에서 한글, 알파벳 등 문자가 이상하게 보입니다.
>
> **A** 달리2는 쉽게 말해 그림으로 세상을 이해하고 표현하는 AI입니다. 문자조차 그림의 형태로 학습했기 때문에 문자의 형태를 정확하게 묘사하지는 못합니다.
>
> 아래 그림은 달리2에게 Korean Language를 그려 보라고 했을 때의 결과입니다. 뭔가 한 글처럼 보이지만 한글은 아닌 모습을 확인할 수 있습니다.
>
>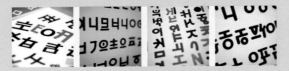

■ **결과물 편집 화면**

이미지를 부분적으로 수정하고 싶다면 결과물 상세 보기 화면에서 **Edit** 버튼을 누릅니다.

Image editing is now in beta. ☒

Erase part of the image to edit, or add a generation frame to extend the image.

While this is in beta the full images won't be saved, so consider downloading often to save your work.

[그림 4-7] 베타 알림

우리가 사용하는 기능은 베타 테스트 중인 기능이라는 알림 창이 나타납니다. X 버튼을 눌러 창을 닫습니다. 이제 결과물 편집 화면이 나타납니다.

[그림 4-8] 결과물 편집 화면

다음은 결과물 편집 화면에 포함된 기능에 대한 설명입니다.

❶ **뒤로**: 이전 화면으로 돌아갑니다.

❷ **도움말**: 도움말을 봅니다.

❸ **저장**: 선택한 이미지를 내 컴퓨터에 저장합니다.

❹ **브러시 두께**: 브러시의 두께를 조절합니다.

❺ **선택**: 아웃페인팅 영역을 지정합니다.

❻ **화면 이동**: 작업 영역을 다른 곳으로 이동합니다.

❼ **지우개**: 특정 부분을 수정하기 위해 수정할 영역을 지정합니다.

❽ **아웃페인팅 영역 추가**: 아웃페인팅 영역을 추가합니다.

❾ **업로드**: 새로운 이미지를 업로드합니다.

❿ **확대/축소**: 작업 영역을 확대 또는 축소합니다.

■ 인페인팅(결과물 부분 수정)

[그림 4-9] 인페인팅 화면

인페인팅은 결과물을 부분적으로 수정하는 기능입니다. (✎)버튼을 클릭하고 수정하고자 하는 영역을 드래그합니다. 필자는 이미지 왼쪽 위에 있는 토성을 지우기 위해 토성이 있는 영역을 드래그하겠습니다.

꿀팁✅ 인페인팅 영역을 지정할 때 되돌리기, 다시 실행 기능을 활용하면 좋습니다. 화면 왼쪽 아래에 있는 (↺ Undo ↻ Redo)버튼을 이용하거나 Ctrl+Z(맥OS의 경우 command+Z), Ctrl+Shift+Z (맥OS의 경우 command+Shift+Z) 키를 누르면 됩니다.

그리고 나서 추가적인 요청 사항을 프롬프트 입력창에 입력합니다. 필자는 (토성이 있던 자리에) 지구를 그려달라는 내용의 "Draw the Earth."를 입력하겠습니다.

[그림 4-10] 프롬프트 입력창

프롬프트를 다 입력했다면 **Generate** 버튼을 누릅니다.

[그림 4-11] 인페인팅 결과 화면

ORIGINAL은 원본 이미지, 그 오른쪽에 있는 4장의 이미지는 AI가 프롬프트를 바탕으로 새로 그린 이미지입니다. 마음에 드는 이미지가 없다면 Generate 버튼을 눌러서 다시 시도하거나 프롬프트를 바꿔 보고, 마음에 드는 이미지가 있다면 클릭하여 컴퓨터에 저장합니다.

■ 아웃페인팅(결과물 확장)

© (openai.com/blog/dall-e-introducing-outpainting)

[그림 4-12] 아웃페인팅 기능의 작동 예

아웃페인팅은 그림을 확장해 주는 기능입니다. 해당 그림 주변에 있을 만한 배경과 사물을 추측하는 방식으로 작동하며, 기존에 달리2로 만들었던 이미지와 외부에서 업로드한 이미지 모두에 사용할 수 있습니다.

이번에는 새로운 이미지를 생성하여 아웃페인팅 기능을 사용해 보도록 하겠습니다. 첫 화면으로 돌아가기 위해 화면 왼쪽 위에 있는 (🌀)버튼을 누릅니다.

[그림 4-13] 프롬프트 입력창

이제 원하는 프롬프트를 입력합니다. 필자는 2040년의 서울을 초현실적인 이미지로 묘사하기 위해 "Seoul, 2040, hyperrealism."이라는 프롬프트를 입력하겠습니다.

[그림 4-14] 이미지 생성 결과 화면

이미지가 생성되면 특별히 마음에 드는 이미지를 클릭합니다.

[그림 4-15] 결과물 상세 보기 화면

결과물 상세 보기 화면이 나타나면 수정을 위해 Edit 버튼을 누릅니다.

[그림 4-16] 결과물 편집 화면

아웃페인팅 영역을 추가하기 위해 (⬜)버튼을 클릭합니다.

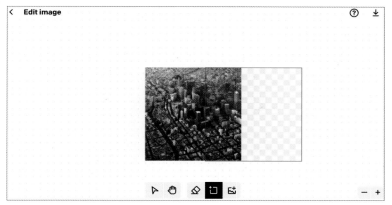

[그림 4-17] 아웃페인팅 영역 지정 화면

그러면 마우스로 보라색 테두리의 정사각형 네모 상자를 움직일 수 있게 됩니다. 이 네모 상자가 바로 아웃페인팅 영역으로, 이미지가 확장될 영역을 나타냅니다. 여기서는 아웃페인팅 영역을 이미지 오른쪽으로 지정하겠습니다. 영역 지정을 마쳤다면 마우스 왼쪽 버튼을 클릭하여 확정합니다.

이때, 달리2가 기존 이미지를 바탕으로 이미지를 새로 생성하도록 만들어야 하므로 반드시 기존 이미지와 아웃페인팅 영역은 일정 부분 겹쳐 있어야 합니다.

[그림 4-18] 프롬프트 입력창

이제 확장될 영역에 어떤 이미지를 그릴지에 대한 프롬프트를 입력합니다. 필자는 오른쪽에 수많은 초고층 빌딩을 그리기 위해 "Numerous skyscrapers."라고 입력하겠습니다. 프롬프트를 입력하고 **Generate** 버튼을 누릅니다.

[그림 4-19] 아웃페인팅 후보 선택 화면

[그림 4-19]와 같이 총 4장의 이미지가 생성됩니다. 이제, ←, → 버튼을 눌러 가장 마음에 드는 이미지를 선택하고 **Accept** 버튼을 누릅니다.

[그림 4-20] 아웃페인팅 결과 화면

[그림 4-20]과 같이 이미지가 오른쪽으로 확장된 모습을 확인할 수 있습니다. 이번에는 왼쪽으로도 똑같이 확장해 보겠습니다. 다시 (⎍)버튼을 누릅니다.

[그림 4-21] 아웃페인팅 영역 지정 화면

왼쪽으로 아웃페인팅 영역을 지정하고 **마우스 왼쪽** 버튼을 클릭합니다.

[그림 4-22] 프롬프트 입력창

필자는 왼쪽에 도시를 가로지르는 강을 그리기 위해 "A river that crosses the city."라는 프롬프트를 입력하겠습니다. 프롬프트를 입력하고 **Generate** 버튼을 누릅니다.

[그림 4-23] 아웃페인팅 후보 선택 화면

이번에도 똑같이 ←, → 버튼을 눌러 총 4장의 이미지 중에서 가장 마음에 드는 것을 선택하고 **Accept** 버튼을 누릅니다.

[그림 4-24] 아웃페인팅 결과 화면

왼쪽도 아웃페인팅이 완료된 화면을 확인할 수 있습니다. 이제 오른쪽 위에 있는 (⬇)버튼을 눌러 결과물을 다운로드합니다.

■ 베리에이션 생성(결과물 변형)

베리에이션은 기존의 이미지와 조금 다른 느낌의 이미지를 생성하는 기능입니다. 첫 화면으로 돌아가기 위해 화면 왼쪽 위에 있는 (⑥)버튼을 누릅니다.

[그림 4-25] 프롬프트 입력창

베리에이션 실습을 위해 새로운 프롬프트를 입력합니다. 필자는 이번에 유니콘을 타고 있는 우주 비행사를 수채화풍으로 묘사하기 위해 "An astronaut riding a unicorn, watercolor."라는 프롬프트를 입력하겠습니다. 프롬프트를 다 입력했다면 **Generate** 버튼을 누릅니다.

[그림 4-26] 이미지 생성 결과 화면

이미지가 생성되면 특별히 마음에 드는 이미지를 클릭합니다.

[그림 4-27] 결과물 상세 보기 화면

베리에이션을 만들기 위해 **Variations** 버튼을 누릅니다.

[그림 4-28] 베리에이션 생성 결과 화면

앞에서 선택했던 이미지의 베리에이션이 총 4장 만들어진 모습을 확인할 수 있습니다. 이렇게 베리에이션 기능을 활용하면 마음에 드는 이미지와 비슷한 또 다른 이미지를 생성할 수 있습니다.

■ 이미지 업로드

[그림 4-29] 이미지 업로드 버튼

달리2의 업로드 기능을 활용하면 컴퓨터에 저장되어 있는 이미지로 지금까지 배웠던 인페인팅, 아웃페인팅, 베리에이션 생성 기능을 사용할 수 있습니다. 화면 왼쪽 위에 있는 (⊕)버튼을 눌러서 첫 화면으로 돌아간 뒤, 프롬프트 입력창 아래에 있는 **Or, upload an image to edit** 버튼을 누르고 컴퓨터에서 가져올 이미지를 선택합니다.

[그림 4-30] 이미지 크롭(자르기) 화면

두 가지 선택지가 나타나며, 기능에 대한 설명은 다음과 같습니다.

❶ 이미지 영역: 이미지를 정사각형 모양에 맞게 잘라내고자 하는 경우, 이 부분을 드래그하여 영
　　　　　　 역을 지정합니다.

❷ 크롭: 이미지를 정사각형 모양에 맞게 잘라냅니다.

❸ 크롭 생략: 이미지를 잘라내지 않고 원형 그대로 보존합니다. 이 항목을 선택할 경우, 베리에이
　　　　　　 션 기능은 사용할 수 없습니다.

여기서는 이미지를 정사각형 모양으로 잘라내기 위해 **Crop**을 누르도록 하겠습니다.

[그림 4-31] 액션 선택 화면

Edit image 버튼을 누를 경우 인페인팅과 아웃페인팅을 할 수 있는 화면으로 이동하며, **Generate variations** 버튼을 누를 경우 자동으로 4장의 베리에이션이 생성됩니다. 만약 이전 화면에서 **Skip cropping** 버튼을 눌렀다면 [그림 4-31]과 같은 창이 뜨지 않고 바로 Edit image에 해당하는 화면으로 이동됩니다.

■ 크레딧 잔여량 확인

[그림 4-32] 달리2 상단 메뉴 바

상단 메뉴 바에서 오른쪽 끝에 있는 프로필 버튼을 누릅니다.

[그림 4-33] 프로필 메뉴: 크레딧 잔여량

이름과 이메일 주소 바로 아래쪽에 있는 숫자가 남아 있는 크레딧입니다.

1.4. 크레딧 구매 방법

[그림 4-34] 프로필 메뉴: 크레딧 구매 버튼

달리2는 별도의 유료 플랜 없이 필요할 때마다 크레딧을 구매하여 사용하는 시스템으로 운영됩니다. 크레딧을 구매하기 위해 프로필 버튼을 누른 뒤 나타나는 메뉴에서 **Buy credits** 버튼을 누릅니다.

[그림 4-35] 크레딧 구매 화면

115크레딧 단위로 판매되고 있으며, 가격은 115크레딧당 15달러입니다. 필요한 수량을 설정하고 **계속(Continue)** 버튼을 누릅니다.

← **Add payment method**

Card information
Your card will be saved, and you may remove it at any time.

| 카드 번호 | MM / YY CVC |

Name on card

Billing address

Country ⌄

Address line 1

Address line 2

City | Postal code

State, county, province, or region

Purchasing credits on behalf of a business

Back | Add

[그림 4-36] 크레딧 결제 화면

- **카드 번호:** 카드 번호를 입력합니다.
- **MM/YY:** 카드 유효 기간(월, 연도)을 두 자리 숫자로 순서대로 입력합니다. (예: 1225)
- **CVC:** 카드 뒷면에 있는 세 자리 숫자를 입력합니다.
- **Name on card:** 카드 명의자의 이름을 영문으로 입력합니다. (예: MINHU KIM)
- **Country:** 국적을 선택합니다. (예: Korea, Republic of)
- **Address line 1, 2:** 영문 주소를 입력합니다. (네이버 영문 주소 검색 기능을 이용하면 편합니다)
- **City:** 영문으로 도시명을 입력합니다. (예: Suwon-si)
- **Postal code:** 우편 번호를 입력합니다.
- **State, county, province, or region:** 행정구역상 도에 해당하는 지역을 입력합니다. 도가 아닌 지역이라면 City와 동일하게 적습니다. (예: Gyeonggi-do)
- **Purchasing credits on behalf of a business:** 비즈니스 목적으로 크레딧을 구매하려는 경우에만 체크합니다.

필요한 정보를 모두 입력했다면 Add 버튼을 누릅니다. 결제와 함께 크레딧이 구매됩니다.

02 드림스튜디오: 개방적인 AI 화가

2.1. 소개

드림스튜디오(DreamStudio)에 대해 설명하기에 앞서, 드림스튜디오의 원형이라 할 수 있는 스테이블 디퓨전(Stable Diffusion)에서부터 이야기를 시작해 볼까 합니다. 스테이블 디퓨전은 영국에 본사를 둔 스테빌리티 AI(Stability AI)가 2022년 8월에 공개한 이미지 생성 AI입니다.

특이한 건 개발사가 OpenAI와는 달리 개방형 정책을 펼쳤다는 건데 스테빌리티 AI는 누구나 쉽게 스테이블 디퓨전을 이용하여 파생 모델을 만들 수 있도록 스테이블 디퓨전을 오픈 소스(Open Source)[25]로 공개하였습니다. 그 결과, 스테이블 디퓨전에서 파생된 수많은 이미지 생성 AI가 인터넷 공간을 휩쓸게 되었습니다. 달리2가 이미지 생성 AI 시대의 서막을 올렸다면, 현재 이 시장을 지배하고 있는 건 바로 스테이블 디퓨전이라 해도 과언이 아닐 정도입니다.

수많은 스테이블 디퓨전 파생 AI가 존재하는 가운데, 여기서는 스테빌리티 AI가 직접 개발한, 오리지널 스테이블 디퓨전이라고 할 수 있는 드림스튜디오에 대해 다루도록 하겠습니다. 드림스튜

---

25 프로그램 개발에 사용된 소스 코드를 누구나 확인하고 수정할 수 있도록 공개했음을 뜻합니다.

디오는 출시된 지 6개월도 지나지 않아 누적 이용자 수가 4천만 명을 돌파하였으며, 무료 체험을 위한 무료 크레딧을 제공합니다. 그리고 누구나 드림스튜디오로 생성한 이미지를 상업적으로 이용할 수 있습니다.

2.2. 가입 방법

■ 구글 로그인 및 초기 설정

먼저 드림스튜디오를 이용하기 위해 인터넷 브라우저를 켜고 다음 사이트에 접속합니다.

URL: dreamstudio.ai

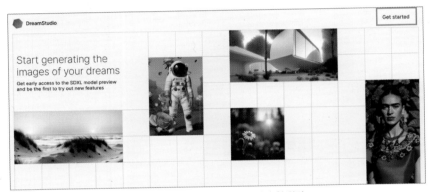

[그림 4-37] 드림스튜디오 홈페이지 첫 화면

화면 오른쪽 위에 있는 **Get started** 버튼을 누릅니다.

[그림 4-38] 드림스튜디오 홈페이지 안내 화면

안내 화면이 나타나면 X 버튼을 눌러 창을 닫습니다.

[그림 4-39] 약관 동의 화면

약관 동의 여부를 묻는 화면이 나타나면 **체크 박스**를 클릭하고 **Accept** 버튼을 누릅니다. 그러고 나서 화면 오른쪽 위에 있는 **Login** 버튼을 누릅니다.

[그림 4-40] 드림스튜디오 로그인 화면

드림스튜디오는 구글 계정, 디스코드 계정, 일반 이메일 주소를 이용하여 가입 및 로그인을 할 수 있습니다. 여기서는 구글 계정으로 진행하도록 하겠습니다. **Continue with Google** 버튼을 누르고 구글 로그인을 진행합니다.

[그림 4-41] 계정 접근 권한 부여 화면

구글 계정 프로필을 드림스튜디오에 제공할 것인지 묻는 화면이 나타납니다. 사용을 하기 위해 **Accept** 버튼을 누릅니다. 가입이 완료되면 자동으로 드림스튜디오가 실행됩니다.

2.3. 사용 방법

■ 화면 구성

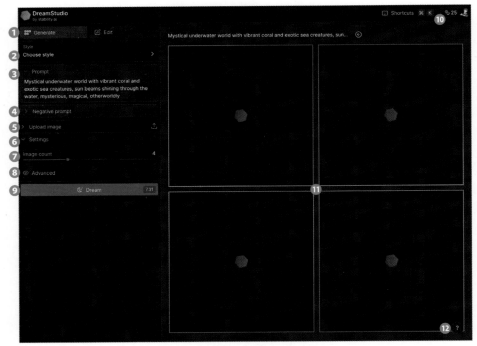

[그림 4-42] 드림스튜디오 실행 화면

드림스튜디오에는 달리2와는 비교할 수 없을 정도로 다양한 기능이 있으며, 다음은 화면 구성과 기능에 대한 설명입니다.

❶ 기능 선택: 어떤 작업을 할지를 선택합니다.

❷ 스타일: 원하는 스타일(그림체)을 지정합니다.

❸ 프롬프트 입력창: 원하는 이미지를 묘사하는 문장을 입력합니다.

❹ 네거티브 프롬프트 입력창: 이미지에서 배제하고 싶은 내용을 입력합니다.

❺ 이미지 업로드: 컴퓨터에 있는 이미지를 업로드합니다.

❻ 설정: 이미지의 가로, 세로 비율을 변경합니다.

❼ 생성할 이미지 수: 한 번에 생성할 이미지 수를 변경합니다.

❽ 고급 설정: 고급 사용자를 위한 메뉴를 띄웁니다.

❾ 생성: 입력한 프롬프트를 바탕으로 이미지를 생성합니다. 오른쪽의 숫자는 이미지를 생성할 경우 크레딧이 얼마나 소모되는지 나타냅니다.

❿ 크레딧 잔여량, 프로필 메뉴: 크레딧 잔여량과 프로필 메뉴를 확인합니다.

⓫ 이미지 영역: 지금까지 생성된 이미지를 보여줍니다. 최근에 생성한 이미지일수록 위쪽에 나타납니다.

⓬ 도움말: 도움말을 확인합니다.

■ 이미지 생성

[그림 4-43] 고급 설정 값 변경 영역

이미지를 생성하기에 앞서 메인 화면에서 왼쪽의 설정값 몇 가지를 살펴보겠습니다. 다음은 ❽고급 설정인 Advanced를 눌렀을 때 나타나는 속성에 대한 설명입니다.

– Width, Height: 생성되는 이미지의 가로, 세로 픽셀 수를 지정합니다.

- **Prompt strength**: 1~30 사이의 값을 입력할 수 있으며 높을수록 프롬프트의 내용이 충실하게 반영됩니다.
- **Generation steps**: 10~100 사이의 값을 입력할 수 있으며 높을수록 이미지 생성에 더 많은 단계를 거치게 되어 이미지의 품질이 높아지지만 그만큼 더 많은 크레딧이 필요해집니다.
- **Seed**: 이미지 생성에 사용할 고유한 값을 지정합니다. 이 값과 나머지 설정 값, 그리고 프롬프트가 동일하다면 거의 동일한 이미지가 생성됩니다.
- **Model**: 이미지 생성에 사용할 모델을 지정합니다. 최근에 개발된 모델일수록 성능이 좋지만 그만큼 더 많은 크레딧을 필요로 합니다.

드림스튜디오 역시 달리2와 마찬가지로 프롬프트를 기반으로 이미지를 생성하므로 어떤 프롬프트를 적느냐가 굉장히 중요합니다. 필자는 달리2의 결과물과 비교하기 위해 달리2를 처음 설명할 때 적었던 프롬프트와 동일하게 입력해 보겠습니다.

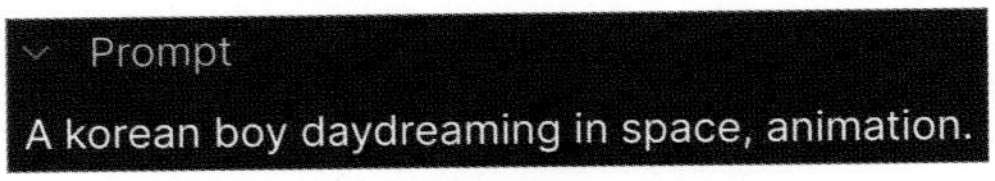

Prompt
A korean boy daydreaming in space, animation.

[그림 4-44] 프롬프트 입력창

[그림 4-44]와 같이 프롬프트를 다 입력했다면 하단의 **Dream** 버튼을 누릅니다.

■ 이미지 생성 결과 화면

A korean boy daydreaming in space, animation.
1
2

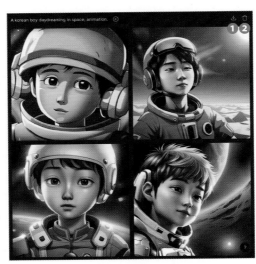

[그림 4-45] 이미지 생성 결과 화면

달리2와 동일하게 총 4장의 이미지가 생성되는데 달리2보다도 훨씬 빠르게 작동하는 모습을 확인할 수 있습니다. 그림체도 훨씬 깔끔한 모습입니다. 다음은 이미지 생성 결과 화면에서 사용할 수 있는 기능에 대한 설명입니다.

❶ 일괄 다운로드(개별): 생성된 4장의 이미지를 한꺼번에 각각 다운로드합니다.

❷ 일괄 삭제: 생성된 4장의 이미지를 삭제합니다.

이번에는 특별히 마음에 드는 이미지로 마우스 커서를 옮겨 보겠습니다.

[그림 4-46] 특정 이미지로 커서를 옮겼을 때 나타나는 화면

특정한 이미지로 커서를 가져가면 몇 가지 기능 버튼이 이미지 위에 나타나며, 각각에 대한 설명은 다음과 같습니다.

❶ 베리에이션 생성: 선택한 이미지와 유사한 4장의 이미지를 추가로 생성합니다.

❷ 이미지 편집: 이미지를 부분적으로 편집합니다.

❸ 초기 이미지로 지정: 선택한 이미지를 또 다른 이미지를 만들기 위한 초안으로 지정합니다.

❹ 다운로드: 선택한 이미지를 다운로드합니다.

❺ 삭제: 선택한 이미지를 삭제합니다.

■ 프롬프트 작성 팁

[그림 4-47] 프롬프트, 네거티브 프롬프트 입력창

드림스튜디오는 네거티브 프롬프트를 지원하므로 이미지에서 특정한 요소가 표현되는 것을 배제할 수 있습니다. 예를 들어, 애니메이션 그림체의 귀여운 유니콘을 생성하고 싶은데 미국 카툰 스타일과 무지개색을 배제하고 싶다면 [그림 4-47]과 같이 네거티브 프롬프트를 추가하면 됩니다.

■ 이미지 업로드

[그림 4-48] 이미지 업로드 버튼

화면 왼쪽 메뉴에서 Upload image를 누르고 ()버튼을 클릭한 뒤, 컴퓨터에서 원하는 이미지를 가져오면 드림스튜디오가 기존의 이미지를 변형하도록 만들 수 있습니다.

■ 크레딧 잔여량 확인

[그림 4-49] 크레딧 잔여량 표시 영역

크레딧 잔여량은 화면 오른쪽 위에 상시 표시됩니다. 가입 시에 무료로 제공하는 크레딧은 총 25크레딧입니다.

2.4. 크레딧 구매 방법

무료로 제공되는 크레딧이 부족하다면 크레딧을 구매할 수도 있습니다. 화면 오른쪽 위에 있는 [그림 4-49]의 크레딧 잔여량 표시 영역을 누릅니다.

[그림 4-50] 크레딧 영역

화면에서 Credits 영역을 찾고 지불할 달러를 입력한 뒤, Buy 버튼을 누릅니다. 최소 구매 금액은 10달러이며, 10달러당 1,000크레딧을 제공합니다.

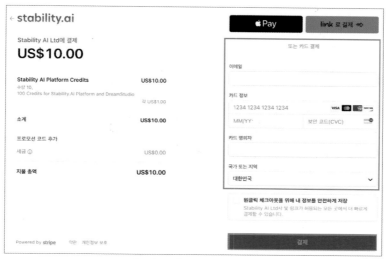

[그림 4-51] 크레딧 결제 화면

청구 금액 확인 후 이메일 주소, 카드 번호, 카드 유효 기간(월, 년), 보안 코드(CVC), 카드 명의자 이름을 입력하고 국적을 지정한 뒤 결제 버튼을 누릅니다.

03 미드저니: 독특한 화풍을 자랑하는 AI 화가

3.1. 소개

미드저니(Midjourney)는 미 항공 우주국 나사(NASA)의 엔지니어 출신이자 립 모션(Leap Motion)이라는 동작 인식 센서를 개발한 데이비드 홀츠(David Holz)가 CEO로 있는 동명의 회사에서 개발한 이미지 생성 AI로, 2022년 7월에 베타 서비스를 시작하였습니다.

미드저니는 현대적이고 세련된 이미지를 생성하고 달리2나 드림스튜디오와는 달리 독립적인 사이트나 프로그램이 아닌 디스코드(Discord)라는 메신저 프로그램을 매개로 한다는 특징이 있습니다. 영국 잡지 이코노미스트의 2022년 6월호 표지를 만드는 데에 쓰였고 미국의 유명 작가 크리스 카쉬타노바(Chris Kashtanova)가 여명의 자리야(Zarya of the Dawn)라는 카툰을 그리는 데에 사용하는 등 다방면에서 활용되고 있습니다.

[그림 4-52] 제이슨 앨런의 〈스페이스 오페라 극장〉

하지만 뭐니 뭐니 해도 미드저니가 큰 인지도를 얻게 된 계기는 따로 있습니다. 바로 오페라 공연의 한 장면을 묘사한 스페이스 오페라 극장(Théâtre D'opéra Spatial)이라는 그림입니다. 이 그림은 지난 2022년 8월, 한 보드게임 개발 업체에서 게임 디자이너로 일하던 제이슨 앨런(Jason Allen)이 미드저니로 생성하였는데 그는 AI의 가능성을 시험하기 위해 그림에서 어색한 부분을 포토샵으로 수정한 뒤, 콜로라도 주립 박람회(Colorado State Fair)에 출품하였습니다.

그는 그림에 대해서는 거의 모르는 초보자였고 AI가 쟁쟁한 경쟁자를 뚫을 수 있을 거라고는 미처 예상하지 못했는데 놀라운 일이 벌어졌습니다. 그가 신인 디지털 아티스트 부문에서 1위로 선정되는 영광을 누리게 된 겁니다.

그의 수상 이후 그가 AI를 이용했다는 사실이 밝혀졌지만, 수상은 취소되지 않았습니다. 심사 위원 중 한 명인 칼 듀란(Cal Duran)은 그의 작품이 AI로 만들어졌다는 걸 모르고 심사했지만 알고 심사했더라도 같은 결론을 내렸을 거라며 AI로 인한 변화를 수용해야 한다고 주장했습니다.

이렇게 미드저니는 정식으로 공개된 지 반년도 지나지 않은 시간 동안 미술계에 엄청난 영향을 미쳐 왔습니다. 2023년 8월 기준 미드저니의 디스코드 채널 회원 수는 자그마치 1천 4백여만 명에 달하며, 실사풍의 정교한 이미지를 생성하는 버전 5(v5) 업데이트를 계기로 더욱 늘어날 전망입니다.

3.2. 설치 및 가입 방법

■ 디스코드 프로그램 다운로드 및 설치

미드저니를 이용하기 위해서는 먼저 미드저니가 서비스되고 있는 디스코드에 가입해야 합니다.
인터넷 브라우저를 켜고 다음 사이트에 접속합니다.

URL: discord.com		

[그림 4-53] 디스코드 홈페이지 첫 화면

디스코드 클라이언트를 다운로드하기 위해 **Windows용 다운로드** 버튼을 누릅니다.

[그림 4-54] 디스코드 설치 프로그램 아이콘

다운로드한 디스코드 설치 프로그램을 실행합니다.

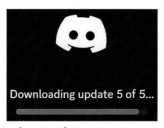

[그림 4-55] 디스코드 설치 화면

자동으로 설치 및 업데이트가 진행됩니다. 완료될 때까지 잠시 대기합니다.

■ 디스코드 가입

[그림 4-56] 디스코드 프로그램 첫 화면

설치가 끝나면 바탕 화면에 바로 가기 아이콘이 만들어지고 자동으로 디스코드가 실행됩니다. 디스코드 로그인 화면이 나타나면 **가입하기** 버튼을 누릅니다.

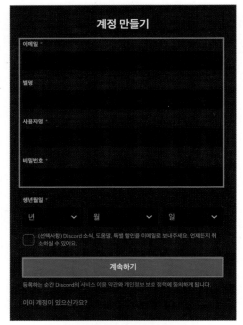

[그림 4-57] 디스코드 회원 가입 화면

이메일, 사용자명, 비밀번호, 생년월일을 입력하고 **계속하기** 버튼을 누릅니다.

[그림 4-58] 캡차 인증 화면

캡차 인증을 진행합니다. 간혹 이 과정에서 윈도우 방화벽이 작동하는 경우가 있는데 그럴 때는 엑세스 허용 버튼을 누르면 됩니다.

[그림 4-59] 광고 화면

가입과 함께 자동으로 로그인이 됩니다. 광고가 나타나는 경우 X 버튼을 눌러 광고를 닫습니다.

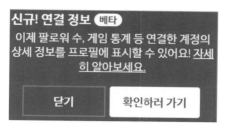

[그림 4-60] 팝업 화면

화면 왼쪽 아래에 팝업 화면이 나타나면 **닫기** 버튼을 누릅니다.

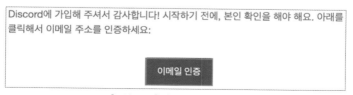

[그림 4-61] 인증 메일 본문 내용

디스코드를 정상적으로 이용하기 위해서는 이메일 인증을 받아야 합니다. 가입 시 입력한 이메일 주소의 메일함을 열어보면 〈Discord용 이메일 주소 인증〉이라는 제목의 메일이 와 있을 것입니다. 메일을 열고 **이메일 인증** 버튼을 누릅니다.

■ 미드저니 채널 참가

[그림 4-62] 공개 서버 살펴보기 버튼

이제 디스코드에서 미드저니를 사용하기 위해 미드저니 채널에 참가할 차례입니다. 다시 디스코드 프로그램을 실행하고 화면 왼쪽 위에 있는 **나침반** 버튼을 누릅니다.

[그림 4-63] 커뮤니티 검색창

검색창에 Midjourney라고 적고 [Enter]를 누릅니다.

[그림 4-64] 미드저니 배너

검색 결과에서 미드저니(Midjourney)를 클릭합니다.

[그림 4-65] 미드저니 채널 입장 환영 메시지

X 버튼을 눌러서 환영 메시지를 닫습니다.

| ← 뒤로 가기 | 지금은 미리 보기 모드시군요. 서버에 참가해 채팅을 시작하세요! | Midjourney에 참가하기 |

[그림 4-66] 상단 막대

상단 막대에 있는 Midjourney에 참가하기 버튼을 누릅니다.

[그림 4-67] 캡차 인증 화면

캡차 인증을 진행합니다.

3.3. 사용 방법

■ 이미지 생성 채널로 이동

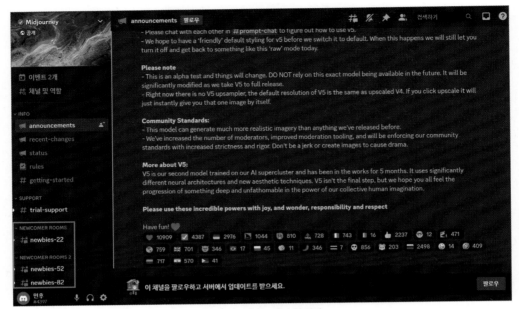

[그림 4-68] 미드저니 첫 화면

화면 왼쪽 채널[26] 목록에서 **Newbies-**로 시작하는 채널 중 아무거나 클릭합니다.

➕ 더 알아보기

Q 계정 생성 후 최소 몇 분이 지나야 이 서버에 메시지를 보낼 수 있다는 안내 메시지가 나타납니다.

A 디스코드 계정을 여러 개 만들어서 비정상적인 방식으로 미드저니를 이용하는 사람들이 많아짐에 따라 생긴 프로세스로 보입니다. 표시된 시간 동안 기다리면 정상적으로 미드저니를 이용할 수 있습니다.

---

26 카카오톡의 대화방과 유사한 개념입니다.

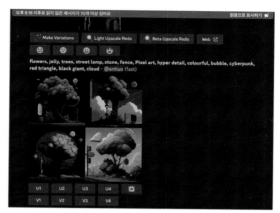

[그림 4-69] 미드저니 Newbies 채널 입장 화면

채널에 입장하면 여타 다른 이미지 생성 AI와는 다르게 다른 사람들이 이미지를 생성하는 모습이 실시간으로 나타납니다.

■ 이미지 생성

[그림 4-70] 화면 하단 입력창

이미지 생성과 관련된 모든 명령은 Newbies 채널에 입장한 뒤 화면 하단의 입력창을 통해 내릴 수 있습니다. 지금부터 미드저니로 이미지를 생성해 보도록 하겠습니다.

[그림 4-71] 명령어 입력하기

입력창을 클릭한 뒤, /imagine이라고 입력하고 Space bar 를 누릅니다. 그러면 [그림 4-71]과 같이 프롬프트 입력 영역이 자동으로 나타납니다.

[그림 4-72] 프롬프트 입력하기

프롬프트 입력 영역이 나타나면 [그림 4-72]와 같이 그리고자 하는 대상을 묘사하는 프롬프트를 입력하고 [Enter]를 누릅니다. 최초 이용 시 "ToS not accepted"라는 내용의 메시지가 나오는데 초록색 Accept ToS 버튼을 눌러 약관에 동의한 뒤 다시 시도해 봅니다.

Q 다음과 같은 오류가 발생하면서 작업 진행이 되지 않습니다.

A 최근 미드저니를 이용하여 가짜 뉴스에 사용되는 악성 이미지를 만드는 사례가 늘어나면서 미드저니 측에서 종종 얼마 동안 무료 이용을 막는 경우가 있습니다. 얼마 뒤 다시 시도해 보거나 유료 플랜을 결제한 뒤 이용합니다. 3.4. 유료 플랜 구매 방법을 참고하세요.

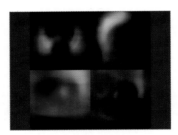

[그림 4-73] 이미지가 생성되는 모습

0%에서부터 서서히 퍼센트가 올라가면서 이미지가 생성되는 중간 과정이 나타납니다. 100%에 가까워질수록 선명해지며, 완성될 때까지 기다립니다. 미드저니는 한 번에 4장의 이미지를 생성하며, 이미지가 생성되는 데에는 1분 정도의 시간이 걸립니다.

Q 디스코드 프로그램의 배경을 어두운 색에서 밝은 색으로 바꿀 수는 없나요?

A 화면 왼쪽 아래에 있는 (⚙)를 누르고 설정 항목 중 디스플레이를 클릭한 뒤, 테마를 어두운 테마에서 밝은 테마로 바꾸면 됩니다.

■ 생성한 이미지 확인 방법

[그림 4-74] 받은 편지함

다른 사람들이 작성하는 프롬프트와 결과물이 같이 나타나므로 순식간에 화면이 위로 올라가 버릴 수 있습니다. 이럴 때는 화면 오른쪽 위의 (■)버튼을 누르고 멘션 버튼을 누른 뒤, 자신이 작성한 프롬프트가 포함된 메시지의 **이동하기** 버튼을 누르면 바로 자신의 결과물이 보이는 화면으로 이동할 수 있습니다.

■ 이미지 생성 결과 화면

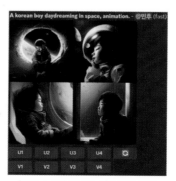

[그림 4-75] 이미지 생성 결과 화면

4장의 결과물과 함께 총 9개의 버튼이 나타나며, 각각의 버튼이 의미하는 바는 다음과 같습니다. 이때, 그림의 번호는 위에 있는 두 장이 각각 1, 2이고 아래에 있는 두 장이 각각 3, 4라는 것을 유의하시기 바랍니다.

– U(숫자): (숫자)번 이미지의 고화질 버전을 1장 생성합니다.(Upscaling의 약자)

– V(숫자): (숫자)번 이미지와 유사한 그림을 추가로 4장 생성합니다.(Variation의 약자)

– (🔄): 입력한 프롬프트로 4장의 이미지를 다시 생성합니다. 원하는 이미지가 없을 때 사용하면 됩니다.(Regenerate)

필자는 2번 이미지의 고화질 버전을 생성하기 위해 U2 버튼을 누르겠습니다.

[그림 4-76] 고화질 이미지 생성 결과 화면

곧 고화질 이미지가 생성되며, 이미지 아래쪽에 있는 버튼의 기능은 다음과 같습니다.

– **Make Variations:** 해당 이미지와 유사한 그림을 4장 생성합니다.

– **Light Upscale Redo, Beta Upscale Redo:** 특수한 알고리즘을 적용하여 고화질 이미지를 다시 생성합니다. 고화질 이미지 생성 직전에 보았던 이미지와 차이가 나는 경우 사용합니다.

– **Web:** 해당 이미지를 웹에서 확인합니다.

– **Favorite:** 해당 이미지에 공감을 표합니다.

– **이모티콘:** 해당 이미지를 평가합니다. 이는 서비스 개선에 이용됩니다.

■ 결과물 저장

[그림 4-77] 이미지 저장 버튼

생성된 이미지가 마음에 든다면 이미지 위로 커서를 가져간 뒤 마우스 오른쪽 버튼을 누르고 **이미지 저장** 버튼을 누릅니다.

＋ 더 알아보기

Q 이미지를 저장했는데 한 장의 이미지에 이미지 4장이 모두 담겨 있습니다.

A 원하는 이미지의 고화질 버전을 생성하여 따로 저장하면 됩니다.

■ 프롬프트 작성 팁(기초)

[그림 4-78] 프롬프트의 구조

프롬프트 작성 시 앞쪽에 이미지 URL을 포함할 수 있으며, 이미지 URL을 적는 경우 미드저니가 해당 이미지를 프롬프트를 바탕으로 재구성하게 됩니다.

그리고 뒤쪽에는 파라미터라고 하는 특수한 형태의 명령어를 포함할 수 있으며, 넣을 수 있는 파라미터의 종류는 다음과 같습니다. 파라미터를 적을 때는 반드시 각 파라미터 앞에 ――를 입력해 줘야 합니다.

명령어	설명
――ar	이미지의 가로, 세로 비율을 지정합니다. 기본값은 1:10이며, 미드저니 모델 버전 5를 기준으로 어떤 비율이든 설정할 수 있습니다. (예) ――ar 3:2
――chaos	창의적인 정도를 지정합니다. 기본값은 0이며, 0~100 사이의 숫자를 적을 수 있습니다. 값이 높을 수록 독특한 이미지가 생성됩니다. (예) ――chaos 50)

--no	이미지에서 표현하지 말아야 할 대상을 명시합니다. (네거티브 프롬프트) (**예**) --no plants)
--q	이미지의 품질을 지정합니다. 기본값은 1이며, .25, .5, 1, 2의 네 가지 값을 입력할 수 있습니다. 값이 높을수록 품질이 좋아집니다. (**예**) --q 2)
--v	미드저니 모델 버전을 지정합니다. 기본값은 5이며, 1부터 5까지의 버전을 사용할 수 있습니다. (**예**) --v 4)
--niji	일본 애니메이션풍의 이미지 생성에 특화된 모델인 니지저니(Nijijourney)를 사용합니다.

[표 4-1] 미드저니 파라미터 목록

 다음과 같이 하나의 프롬프트에 여러 개의 파라미터를 조합하여 나타내는 것도 가능합니다.

프롬프트 예: A humanoid, animation. --ar 3:2 --q 2 --niji
해석: 애니메이션 그림체의 인간형 로봇을 3:2의 비율로, 2의 퀄리티로, 니지저니 모델을 이용하여 그리시오.

➕ 더 알아보기

Q 미드저니와 니지저니(--niji)의 차이점은 무엇인가요?

A 어떤 프롬프트를 입력했느냐에 따라 달라지지만 일반적으로 미드저니는 사실적인, 서양풍의 이미지를 생성하고 니지저니는 일본 애니메이션 그림체의 이미지를 생성합니다.

© (docs.midjourney.com/docs/multi--prompts)

[그림 4-79] 단어 각각의 의미를 이미지에 담는 방법

이번에는 두 개 이상의 단어가 모여 다른 의미를 구성하는 경우, 단어 각각의 의미를 이미지에 담는 방법에 대해 알아보겠습니다. 어렵게 생각할 필요 없이 그저 단어 뒤에 ::을 넣어주기만 하면 됩니다.

예를 들어 Hot dog라고 입력하면 먹는 핫도그가 그려지는데, Hot 뒤에 ::을 넣으면 먹는 핫도그가 아닌 뜨거운 개가 그려지게 됩니다.

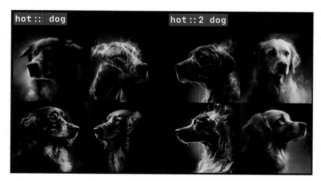

© (docs.midjourney.com/docs/multi--prompts)

[그림 4-80] 특정한 단어를 강조하는 방법

특정한 단어를 강조할 수도 있습니다. 단어 뒤에 ::을 붙이고 양의 정수를 넣으면 됩니다. 예를 들어, Hot::2 dog라고 입력하면 Dog보다 Hot이 두 배 더 강조되어 활활 타오르는 개가 그려지게 됩니다. 이때, 숫자 값을 가중치라고 합니다.

© (docs.midjourney.com/docs/multi-prompts)

[그림 4-81] 특정한 단어를 배제하는 방법

가중치를 음수로 지정하여 특정한 단어를 배제할 수도 있습니다. 예를 들어, Vibrant tulip fields:: red::−.5라고 입력하면 생생한 튤립 밭이 그려지지만 Red가 0.5만큼 배제되어 결과물에 빨간색이 덜 쓰이게 됩니다.

+ 더 알아보기

Q −.5의 의미는 무엇인가요?

A 앞에 0이 생략되어 있으며, −0.5와 동일한 의미입니다. .25, .5 등도 마찬가지로 해석할 수 있습니다.

+ 더 알아보기

Q 단어 뒤에 ::(숫자)가 생략되어 있을 때 기본값은 몇인가요?

A 기본값은 1입니다.

■ 이용 잔여량 확인

[그림 4-82] /info 명령어 사용 화면

미드저니는 독특하게도 이미지 생성 시에 사용되는 하드웨어인 GPU의 작동 시간이 사용량 책정의 기준이 됩니다. 가입을 하면 기본적으로 25분 동안 GPU를 가동할 수 있는 무료 크레딧이 주어지는데, 미드저니 측에서 무료 이용을 막는 경우가 종종 있으므로 무료 크레딧을 사용하지 못하는 경우도 있습니다.

입력창에 /info라고 입력한 뒤 Enter 를 누르면 GPU 이용 잔여 시간을 확인할 수 있습니다.

3.4. 유료 플랜 구매 방법

[그림 4-83] /subscribe 명령어 사용 화면

미드저니를 원활하게 이용하기 위해서는 유료 플랜을 구매하는 것이 좋습니다. 종종 무료 이용이 불가능해지는 경우가 있고, 무엇보다도 굉장히 유용하기 때문입니다. 유료 플랜을 구매하기 위해

서 입력창에 /subscribe라고 입력한 뒤 Enter 를 누르고 **Manage Account** 버튼을 누릅니다.

[그림 4-84] 외부 URL 이동 알림 화면

사이트 방문하기 버튼을 클릭합니다.

[그림 4-85] 유료 플랜 선택 화면

연간 결제(Yearly Billing)와 월간 결제(Monthly Billing) 중 하나를 선택합니다. 10개월 이상 이용할 계획이라면 연간 결제가 유리합니다.

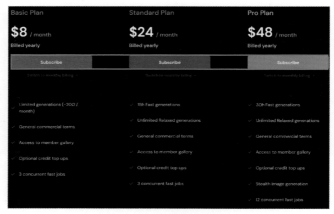

[그림 4-86] 유료 플랜 선택 화면 2

다음 표를 참고하여 원하는 플랜을 고르고 해당 플랜의 **Subscribe** 버튼을 누릅니다.

항목	Basic	Standard	Pro	Mega
가격	월간 결제: 10달러 연간 결제: 96달러	월간 결제: 30달러 연간 결제: 288달러	월간 결제: 60달러 연간 결제: 576달러	월간 결제: 120달러 연간 결제: 1,152달러
빠른 생성[27]	1개월에 약 200회 (GPU 3.3시간 가동 가능)	1개월에 약 900회 (GPU 15시간 가동 가능)	1개월에 약 1,800회 (GPU 30시간 가동 가능)	1개월에 약 3,600회 (GPU 60시간 가동 가능)
GPU 시간 추가 구매 비용	1시간당 4달러	1시간당 4달러	1시간당 4달러	1시간당 4달러
느린 생성	불가능	무제한	무제한	무제한
상업적 이용	가능	가능	가능	가능
동시 생성	최대 3개	최대 3개	최대 12개	최대 12개
비공개 이미지 생성[28]	불가능	불가능	가능	가능

[표 4–2] 미드저니 플랜 비교

[그림 4–87] 유료 플랜 결제 화면

청구 금액 확인 후 이메일 주소, 카드 번호, 카드 유효 기간(월, 년), 보안 코드(CVC), 카드 명의
자 이름을 입력하고 국적을 지정한 뒤 **구독하기** 버튼을 누릅니다.

---

27 고속으로 이미지를 생성하는 기능을 뜻합니다. 이미지가 생성되기까지 1분 정도의 시간이 걸립니다.
28 자신이 생성한 이미지를 타인에게 공개하지 않는 기능을 뜻합니다.

04 이미지 생성 AI 특징 비교

이렇게 총 3가지 종류의 이미지 생성 AI에 대해 알아보았습니다. 각 AI의 특징을 정리하면 다음과 같습니다.

항목	달리2	드림스튜디오	미드저니
출시 시기	2022년 4월	2022년 8월	2022년 7월
특징	간편한 사용법	다양한 기능	몽환적인 그림체
종속되는 프로그램	없음	없음	디스코드
요금제	유료	무료, 유료	유료(2023년 8월 기준)
무료 이용 한도	무료 이용 불가능	약 12.5회 이용	무료 이용 불가능
무료 이용 시 이미지 상업적 이용 가능 여부	무료 이용 불가능	가능	무료 이용 불가능

[표 4-3] 이미지 생성 AI 특징 비교

5장

생성 AI 소개 (비디오 편)

이 장에서는 동적인 영상물을 생성하는 비디오 생성 AI에 대해 알아보겠습니다. 앞 장에서 다뤘던 이미지 생성 AI와 유사한 방식으로 작동하는 비디오 생성 AI도 존재하지만, 현재 시점에서는 활용도가 매우 낮아 여기서는 유튜브 영상, 발표 자료 등을 빠르게 만들 수 있도록 도와주는 AI에 대해서만 다루겠습니다.

01 D-ID: 가상 인간을 활용한 비디오 생성 AI

1.1. 소개

멋진 유튜브 영상을 만들고 싶은데 얼굴이나 목소리에 자신이 없어서 그동안 고민만 하고 계셨다면 이제 D-ID의 도움을 받으실 때가 되었습니다. D-ID는 최근 유튜브, 인스타그램, 틱톡 등에서 인기를 얻고 있는 가상 인간을 만들 수 있는 AI입니다.

D-ID를 이용하면 실제 인간과 유사한 외형과 목소리를 지닌 가상 인간이 자신이 만든 콘텐츠를 자연스럽게 읽어 나가도록 만들 수 있으며, 그 과정에 복잡한 준비물은 필요하지 않습니다. 그저 스크립트(대본)만 있으면 됩니다.

1.2. 가입 방법

■ 구글 로그인 및 초기 설정

먼저 D-ID를 이용하기 위해 인터넷 브라우저를 켜고 다음 사이트에 접속합니다.

URL: d-id.com

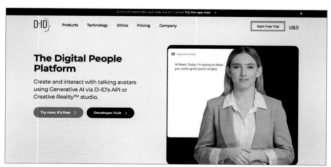

[그림 5-1] D-ID 홈페이지 첫 화면

화면 오른쪽 위에 있는 Start Free Trial 버튼을 누릅니다.

[그림 5-2] D-ID 프로젝트 목록 화면

가입을 하기 위해 화면 왼쪽 아래에 있는 Guest를 누르고 **Login/Signup** 버튼을 누릅니다.

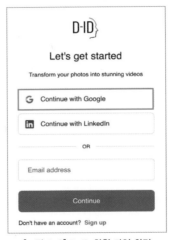

[그림 5-3] D-ID 회원 가입 화면

D-ID는 구글 계정, 링크드인 계정, 일반 이메일 주소를 이용하여 가입할 수 있습니다. 여기서는 구글 계정으로 진행하도록 하겠습니다. 상단의 **Continue With Google** 버튼을 누르고 구글 로그인을 진행합니다.

[그림 5-4] D-ID 가입 과정

업무(**Work**), 개인(**Personal use**), 둘 다(**Both**) 중 자신에게 해당하는 사용 목적을 고르고 **Next**를 누른 뒤, 자신의 직업을 고르고 다시 **Next**를 누릅니다. 마지막으로 D-ID를 사용하고자 하는 이유를 하나 고른 뒤, **Done** 버튼을 누릅니다.

1.3. 사용 방법

■ 새 비디오 생성

[그림 5-5] 비디오 생성 버튼

새로운 비디오를 생성하기 위해 화면 오른쪽 위에 있는 **CREATE VIDEO** 버튼을 누릅니다.

■ 화면 구성

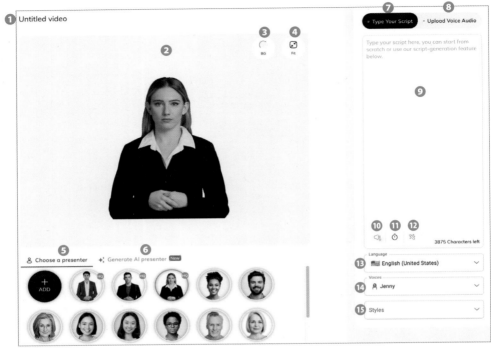

[그림 5-6] D-ID 실행 화면

다음은 D-ID의 화면 구성에 대한 간단한 설명입니다.

❶ **프로젝트명 확인 및 변경**: 프로젝트명을 확인하거나 변경할 수 있습니다.

❷ **미리 보기 화면**: 가상 인간의 모습을 확인할 수 있습니다.

❸ **배경색**: 배경색을 지정합니다.

❹ **화면 가로, 세로 비율**: 화면의 가로, 세로 비율을 지정합니다.

❺ **가상 인간 선택**: 원하는 종류의 가상 인간을 고를 수 있는 화면을 띄웁니다.

❻ **가상 인간 만들기**: 프롬프트를 통해 즉석에서 가상 인간을 만들 수 있는 화면을 띄웁니다.

❼ **스크립트 입력**: 직접 스크립트를 적을 수 있습니다.

❽ **음성 업로드**: 음성을 업로드하고 가상 인간이 그에 맞춰서 말하도록 만듭니다.(무료 버전에서는 사용 불가)

❾ **스크립트 입력창**: 스크립트를 입력하는 영역입니다.

❿ **미리 듣기**: 입력한 스크립트를 미리 들을 수 있습니다.

⑪ **0.5초 대기 구간 삽입**: 프롬프트 사이에 0.5초 대기 구간을 삽입합니다.

⑫ **AI 스크립트 생성**: 입력한 내용을 기반으로 AI가 스크립트를 생성하도록 합니다.

⑬ **언어**: 가상 인간이 읽어 줄 언어를 지정합니다.

⑭ **목소리**: 가상 인간의 목소리를 지정합니다.

⑮ **스타일**: 가상 인간의 목소리 톤을 지정합니다.(한국어는 지원하지 않습니다)

■ 가상 인간 선택

[그림 5-7] 가상 인간 목록 화면

먼저 화면 왼쪽 아래에서 원하는 가상 인간을 선택합니다.

✚ 더 알아보기

Q 가상 인간에 있는 HQ 표시는 무엇인가요?

A HQ는 고품질을 뜻하는 High Quality의 약자로, HQ 표시가 있는 가상 인간은 다른 가상 인간과 달리 상반신 전체가 나타나며 전반적인 품질이 뛰어납니다.

✚ 더 알아보기

Q 마음에 드는 가상 인간이 없습니다.

A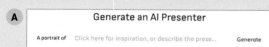

Generate AI Presenter 버튼을 누르고 상단 입력창에 원하는 가상 인간의 외형을 영어 문장으로 묘사한 뒤 **Generate** 버튼을 누르면 즉석에서 가상 인간을 만들 수 있습니다. 무료 플랜이용 시에는 이 기능을 최대 15번까지만 사용할 수 있습니다.

또는 **Choose a presenter**에서 **✚ ADD** 버튼을 누르고 컴퓨터에 있는 자신 또는 특정인의 얼굴 사진을 가져와 적용할 수도 있습니다.

[그림 5-8] 배경색, 화면 가로, 세로 비율 지정 버튼

그리고 나서 미리 보기 화면 오른쪽 위에 있는 BG, Fit 버튼을 이용하여 배경색과 화면 가로, 세로 비율을 지정합니다.

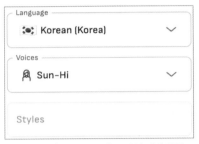

[그림 5-9] 언어, 목소리, 스타일 지정 영역

다음으로 화면 오른쪽 아래 영역에서 원하는 언어, 목소리, 스타일을 지정합니다. 이때, 한국어를 포함한 몇몇 언어는 스타일을 지정할 수 없음에 유의합니다.

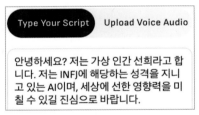

[그림 5-10] 스크립트 입력창

이제 스크립트 입력창에 스크립트를 입력합니다. 최대 3,875글자까지 적을 수 있습니다. 수시로 (◁))버튼을 눌러서 내용을 들어 봅시다. 그리고 가상 인간이 글 읽기를 0.5초 쉬도록 만드는 (⏱))기능도 활용하여 글을 인간처럼 자연스럽게 읽도록 만들어 봅시다.

■ 비디오 생성

[그림 5-11] 비디오 생성 버튼

스크립트 작성을 마치고 검토까지 완료했다면 비디오를 생성하기 위해 화면 오른쪽 위에 있는 비디오 생성(**GENERATE VIDEO**) 버튼을 누릅니다.

[그림 5-12] 비디오 생성 대기 화면

비디오의 길이와 소모되는 크레딧이 표시됩니다. 크레딧은 스크립트의 길이에 따라 달라지며, 무료 플랜 이용 시 최대 20개의 비디오를 생성할 수 있습니다. 생성을 위해 생성(**GENERATE**) 버튼을 누른 뒤, 생성이 완료될 때까지 기다립니다.

■ 만든 비디오 확인

[그림 5-13] 비디오 라이브러리 버튼

비디오 생성이 완료되었으면 비디오를 확인하기 위해 화면 왼쪽 메뉴에서 **비디오 라이브러리**(**Video Library**) 버튼을 누릅니다.

[그림 5-14] 비디오 섬네일 화면

섬네일을 마우스로 클릭합니다.

[그림 5-15] 비디오 재생 화면

비디오가 재생됩니다.

■ 만든 비디오 저장

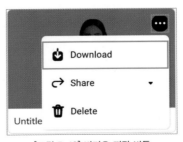

[그림 5-16] 비디오 저장 버튼

만든 비디오를 저장하기 위해 Video Library 화면에서 섬네일이 보이는 영역으로 마우스 커서를 가져온 뒤 ( )버튼을 누르고 **다운로드(Download)** 버튼을 누릅니다. 또는 비디오 재생 화면에서 (DOWNLOAD)버튼을 누릅니다.

■ 크레딧 잔여량 확인

[그림 5-17] 크레딧 잔여량 표시 영역

크레딧 잔여량은 화면 왼쪽 아래에서 확인할 수 있습니다.

1.4. 유료 플랜 구매 방법

[그림 5-18] 유료 플랜 구매 버튼

유료 플랜을 구매하려면 화면 왼쪽 메뉴에서 **유료 플랜 구매(Pricing)** 버튼을 누르면 됩니다.

[그림 5-19] 유료 플랜 선택 화면

다음 표를 참고하여 플랜을 비교하고 해당 플랜의 **플랜 선택(SELECT PLAN)** 버튼을 누릅니다. 오랫동안 이용할 계획이라면 월간 결제(Monthly)보다 연간 결제(Annually)를 택하는 것이 유리합니다.

항목	Trial	Lite	Pro	Advanced	Enterprise
가격	무료	월간 결제: 5.9달러 연간 결제: 60달러	월간 결제: 29달러 연간 결제: 191달러	월간 결제: 196달러 연간 결제: 1,293달러	별도 문의
워터마크	포함 (D-ID)	포함 (D-ID)	포함 (AI)	포함 (AI)	커스터마이즈
가상 인간 생성 가능 횟수	총 15회	총 50회	총 100회	총 600회	무제한
제공 크레딧	20	40~64	80~240	500~700	커스터마이즈

[표 5-1] D-ID 플랜 비교

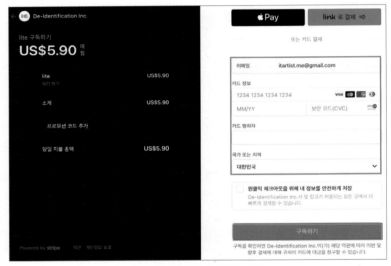

[그림 5-20] 유료 플랜 결제 화면

청구 금액 확인 후 이메일 주소, 카드 번호, 카드 유효 기간(월, 년), 보안 코드(CVC), 카드 명의자 이름을 입력하고 국적을 지정한 뒤 **구독하기** 버튼을 누릅니다.

02 브루: 영상 제작의 전 과정을 대신해 주는 놀라운 AI

2.1. 소개

브루(Vrew)는 AI를 이용하여 쉽고 빠르게 원하는 영상을 만들 수 있는 비디오 생성 AI로, 우리나라의 AI 스타트업 보이저엑스(VoyagerX)에서 개발하였습니다. 브루는 기존 영상에서 음성을 인식하여 자막을 자동으로 달아 주는 프로그램으로 출발했는데 2022년 여름 AI 목소리 더빙 기능을 시작으로 이미지, 대본 생성 기능 등이 추가되면서 영상 제작의 전 과정을 자동화하는 프로그램으로 진화하였습니다.

사용자가 원하는 주제와 스타일에 따라 브루가 자동으로 대본을 작성하고, 그에 맞는 이미지를 생성하며, AI 성우가 내용을 자연스럽게 읽어 주기까지 합니다. 게다가 브루는 영상 편집 경험이 없는 사람들도 직관적으로 이용할 수 있을 정도로 편리한 UI, UX를 자랑합니다. 브루를 이용하면 누구나 유튜버가 될 수 있습니다. 한번 시작해 볼까요?

2.2. 설치 및 가입 방법

■ 프로그램 다운로드 및 설치

먼저 브루 설치 파일을 다운로드하기 위해 인터넷 브라우저를 켜고 다음 사이트에 접속합니다.

URL: vrew.voyagerx.com/ko

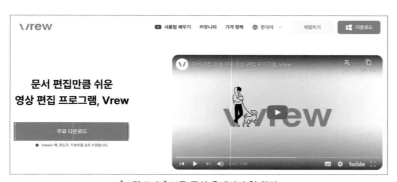

[그림 5-21] 브루 공식 홈페이지 첫 화면

무료 다운로드 버튼을 누릅니다.

[그림 5-22] 브루 설치 프로그램 아이콘

다운로드한 브루 설치 프로그램을 실행합니다.

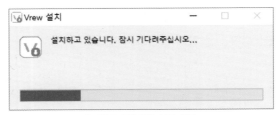

[그림 5-23] 브루 설치 화면

설치가 자동으로 진행되며, 완료되면 바탕 화면에 바로 가기가 만들어지고 프로그램이 실행됩니다.

■ 회원 가입 방법

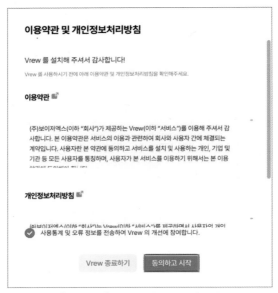

[그림 5-24] 서비스 이용 약관 동의 화면

서비스 이용 약관과 개인 정보 처리 방침 안내 화면이 나오면 내용을 한 번 읽어 본 뒤, **동의하고 시작** 버튼을 누릅니다.

[그림 5-25] 첫 시작 안내 화면

시작하기, **X** 버튼을 차례로 누릅니다.

[그림 5-26] 메뉴 화면

상단 메뉴에서 왼쪽 끝에 있는 **새로 만들기** 버튼을 누릅니다.

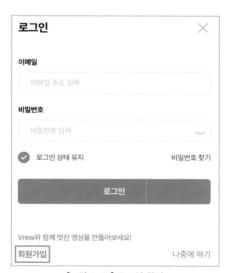

[그림 5-27] 로그인 화면

가입을 하기 위해 **회원 가입** 버튼을 누릅니다.

[그림 5-28] 회원 가입 화면

이름, 이메일 주소, 비밀번호를 입력하고 연령(만 14세 이상 또는 미만)을 지정한 뒤 **다음으로** 버튼을 누릅니다.

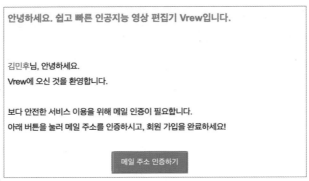

[그림 5-29] 인증 메일 본문 내용

인터넷 브라우저를 실행하여 가입 시 입력한 이메일 계정으로 로그인한 뒤, 인증 메일을 찾아 클릭하고 메일 본문에 있는 **메일 주소 인증하기** 버튼을 누릅니다.

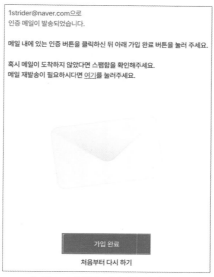

1strider@naver.com으로
인증 메일이 발송되었습니다.
메일 내에 있는 인증 버튼을 클릭하신 뒤 아래 가입 완료 버튼을 눌러 주세요.
혹시 메일이 도착하지 않았다면 스팸함을 확인해주세요.
메일 재발송이 필요하시다면 여기를 눌러주세요.
가입 완료
처음부터 다시 하기

[그림 5-30] 인증 메일 발송 안내 화면

인증을 마쳤다면 다시 브루 프로그램으로 돌아와서 **가입 완료** 버튼을 누릅니다.

김민후
파일
홈
편집
자막
서식
삽입
템플릿
효과
도움말

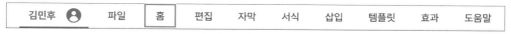

[그림 5-31] 상단 메뉴 영역

가입이 완료되면 자동으로 프로필 화면으로 이동됩니다. 상단 메뉴에서 **홈**을 누릅니다.

2.3. 사용 방법

■ 새로운 프로젝트 생성

김민후
파일
홈
편집
자막
서식
삽입
템플릿
효과
도움말
새로 만들기
프로젝트 열기
영상 추가하기
되돌리기
다시실행
잘라내기
복사하기
붙여넣기
클립 합치기
클립 나누기

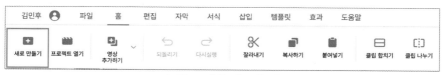

[그림 5-32] 홈: 새로 만들기

왼쪽 끝에 있는 **새로 만들기** 버튼을 누릅니다.

[그림 5-33] 새로 만들기 화면

어떤 방식으로 프로젝트를 생성할지 묻는 창이 나타납니다. 여기서는 영상을 만들 것이므로 **텍스트로 비디오 만들기**를 클릭합니다.

＋ 더 알아보기

Q 텍스트로 비디오 만들기는 어떤 기능인가요?

A AI가 대본에 포함된 내용을 읽도록 만들고 여러 개의 클립(장면)으로 분할하여 배치한 뒤, 각각의 클립에 잘 어울리는 이미지, 비디오를 추가하고 자막과 배경 음악까지 삽입하여 하나의 완성된 영상을 만드는 브루의 핵심 기능입니다.

[그림 5-34] FFmpeg 다운로드 안내 화면

최초 1회에 한해서 동영상 처리 시 필요한 FFmpeg 다운로드 안내 화면이 나타납니다. **예** 버튼을 눌러 다운로드합니다.

■영상 초기 설정 및 대본 입력

[그림 5-35] 영상 만들기 화면

비율과 스타일을 설정하고 나면 영상 만들기 화면이 나타납니다. 이 화면에서 설정할 수 있는 항목은 다음과 같습니다.

❶ **주제**: 만들고자 하는 영상의 주제를 포함하는 제목을 간단히 적습니다.

❷ **AI 글쓰기**: AI를 가동하여 대본을 생성합니다. 주제를 입력해야 사용할 수 있습니다. 대본이 한 글자라도 입력되어 있다면 화면 왼쪽 아래에 있는 이어 쓰기 기능도 사용할 수 있습니다.

❸ **대본**: 영상의 대본을 작성합니다.

❹ **AI 목소리**: 영상에 사용할 AI 목소리를 지정합니다.

❺ **이미지&비디오**: 영상에 사용할 이미지의 색상 톤과 스타일, 그리고 비디오 포함 여부를 지정합니다.

❻ **배경 음악**: 영상에 사용할 배경 음악 장르를 지정합니다.

여기서는 화면 오른쪽 **영상 요소**에서 **AI 목소리**에 있는 **변경** 버튼을 눌러 목소리를 바꿔 보겠습니다.

[그림 5-36] AI 목소리 선택 화면

목록에서 마음에 드는 AI 목소리를 찾아봅니다. 특정한 AI 목소리로 마우스 커서를 가져온 뒤, 헤드폰 모양 버튼을 누르면 해당 목소리를 미리 들어 볼 수 있으며, 별 모양 버튼을 누르면 해당 목소리를 즐겨찾기에 추가할 수 있습니다. 또한, 화면 오른쪽 위에 있는 **무료 성우만 보기** 기능을 이용하면 무료로 사용할 수 있는 AI 목소리만 확인할 수도 있습니다. 원하는 목소리를 찾았다면 **확인**을 누릅니다.

모든 설정을 마쳤다면 [그림 5-37]에 해당하는 해당하는 영상 만들기 화면에서 오른쪽 아래에 있는 **완료** 버튼을 누릅니다.

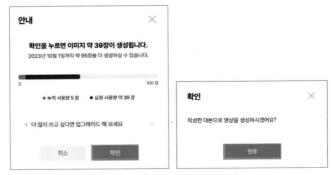

[그림 5-37] 이미지 생성 안내 화면

생성되는 이미지 장수를 알려주는 화면이 나타납니다. **확인** 버튼을 누릅니다. 이후 작성한 대본
으로 영상을 생성할지 묻는 화면이 나타나면 **완료** 버튼을 눌러 AI를 작동시킵니다.

[그림 5-38] 로딩 화면

AI가 대본의 내용을 여러 개의 클립으로 적절히 분할하고 이미지, 비디오, 음악 등을 배치하고 있
습니다. 작업이 완료될 때까지 기다립니다.

■ 화면 구성

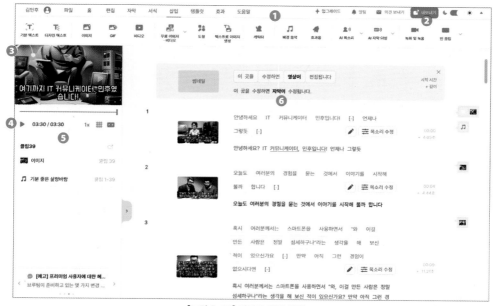

[그림 5-39] 비디오 편집 화면

다음은 편집 화면의 전체적인 구성에 대한 설명입니다.

❶ **메뉴 화면**: 파일, 홈, 편집, 자막 등 항목별 기능을 확인하고 실행합니다.

❷ **내보내기**: 작업한 영상을 파일 형태로 내보냅니다.

❸ **미리 보기 화면**: 영상을 표시합니다.

❹ **영상 재생/정지**: 영상을 재생하거나 정지합니다. [Tab ⇥] 또는 [Space bar]를 눌러도 됩니다.

❺ **클립 속성 영역**: 클립에 삽입된 이미지, 음악 등을 표시합니다.

❻ **클립 편집 영역**: 클립별로 내용을 확인하고 목소리, 자막 등을 수정하거나 새로운 클립을 추가하거나 기존 클립을 삭제합니다.

화면 구성을 살펴보았다면 **영상 재생/정지(▶)** 버튼을 눌러 한번 자동으로 만들어진 영상을 처음부터 끝까지 시청해 봅시다.

■ 배경 음악 변경

[그림 5-40] 음악 삭제

브루는 자동으로 영상과 어울리는 배경 음악을 찾아주는데, 음악이 마음에 들지 않는다면 얼마든지 수동으로 바꿀 수 있습니다. 먼저, 기존 음악을 지우기 위해 클립 속성 영역에서 음악 이름을 마우스 오른쪽 클릭하고 **삭제**를 누릅니다.

[그림 5-41] 삽입: 배경 음악 버튼

이제 새로운 음악을 삽입하기 위해 상단 메뉴에서 삽입을 누르고 배경 음악을 찾아 클릭합니다.

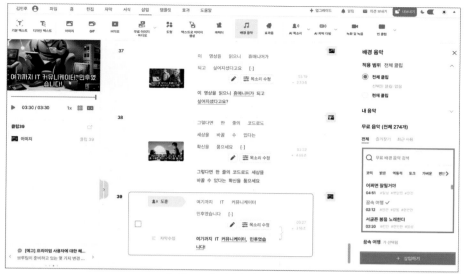

[그림 5-42] 배경 음악 목록 화면

오른쪽에 배경 음악 목록 화면이 나타나면 배경 음악 제목을 하나씩 클릭하고 ▶ 버튼을 눌러 들어
봅니다. 마음에 드는 음악을 찾았다면 해당 음악을 클릭한 상태에서 **+ 삽입하기** 버튼을 누릅니다.

[그림 5-43] 클립 속성 영역

클립 속성 영역에서 방금 삽입한 음악이 첫 번째 클립부터 마지막 클립까지의 배경 음악으로 지정
된 모습을 확인할 수 있습니다.

+ 더 알아보기

Q 처음부터 끝까지가 아닌 영상 일부분에서만 음악이 흘러나오도록 설정하는 방법이 있나요?

A 클립 편집 영역에서 특정한 클립의 섬네일(작은 미리 보기 이미지) 왼쪽 빈 공간으로 마우스
커서를 가져가면 체크 박스가 나타납니다. 음악이 흘러나오게 할 클립만 체크한 뒤, **+ 삽입
하기** 버튼을 누르면 특정한 구간에서만 음악이 재생되도록 설정할 수 있습니다.

■ 볼륨 조절

[그림 5-44] 볼륨 조절

음량의 볼륨(음량)이 너무 작거나 크다고 느껴진다면 볼륨을 조절할 수도 있습니다. 클립 속성 영역에서 음악 이름을 마우스 오른쪽 클릭하고 볼륨 조절을 누른 뒤, 볼륨을 0~100 사이의 값으로 적절히 설정하면 됩니다.

■ 클립 분할

클립 편집 영역에서 프로젝트를 생성할 때 입력한 대본이 여러 개의 클립으로 적절히 분할되어 있는 모습을 확인할 수 있습니다. 그런데 만약 하나의 클립에 많은 내용이 포함되어 있다면 해당 클립을 두 개로 쪼갤 수 있으며, 그 방법은 다음과 같습니다.

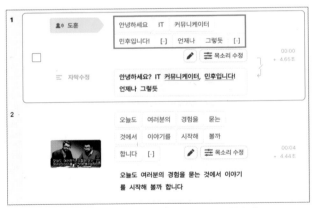

[그림 5-45] 하나의 클립에 많은 내용이 포함된 예

필자는 1번 클립 뒤쪽에 있는 "언제나 그렇듯"을 1번 클립에서 분리해 보도록 하겠습니다.

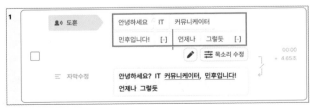

[그림 5-46] 특정한 클립 편집하기

클립 편집 영역 윗부분에서 '언제나' 바로 앞부분을 클릭하여 커서를 해당 지점 앞으로 위치시킨
뒤, Enter 를 칩니다.

> **꿀팁** ✅ 각각의 클립 편집 영역에서 윗부분은 영상, 아랫부분은 자막 편집 영역입니다. 지금은 영상
> 을 편집할 것이므로 반드시 윗부분을 수정해야 합니다.

[그림 5-47] 클립이 분할된 모습

1번 클립에 있었던 "언제나 그렇듯"이 새로운 클립으로 분할되었습니다. 이렇게 하나의 클립에 내
용이 너무 많으면 별도의 클립을 만들어 분리할 수 있습니다.

■ 클립 병합

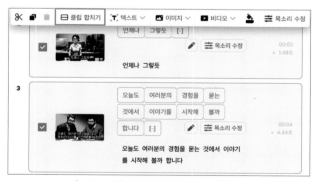

[그림 5-48] 두 개의 클립을 하나로 합치기

이번에는 "언제나 그렇듯"이 포함된 2번 클립과 바로 그 뒤에 있는 3번 클립을 하나로 합쳐 보겠
습니다. 마우스 커서를 특정한 클립의 섬네일 왼쪽 빈 공간으로 가져오면 체크 박스가 나타나는
데 체크 박스를 클릭하면 특정한 클립을 선택할 수 있습니다. 이러한 방법으로 2번 클립과 3번 클
립을 동시에 선택한 뒤, **클립 합치기** 버튼을 누릅니다.

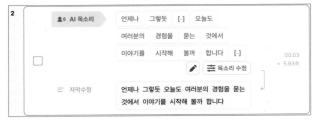

[그림 5-49] 두 개의 클립이 하나로 합쳐진 모습

2번과 3번 클립이 하나로 합쳐졌습니다. 이렇게 여러 개의 클립을 선택하고 클립 합치기 기능을 이용하면 각각의 클립에 포함되어 있던 내용이 하나의 클립으로 합쳐지게 됩니다.

■ 클립 추가

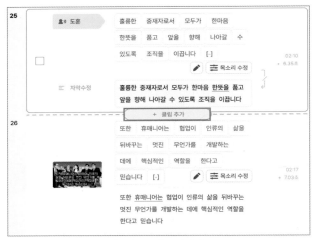

[그림 5-50] 클립 추가

클립과 클립 사이에 새로운 클립을 추가하고 싶다면 클립과 클립 사이로 마우스 커서를 가져간 뒤, 클립 추가 버튼을 누르면 됩니다.

■ 자막 서식 변경(전체)

[그림 5-51] 서식: 서식 도구 모음

상단 메뉴에서 **서식**을 누르고 그 안에 있는 도구를 이용하면 모든 클립의 글꼴, 글자 크기, 글자 색 등을 일괄 변경할 수 있습니다.

■ 자막 위치 변경(전체)

[그림 5-52] 서식: 위치

[그림 5-51]의 서식 메뉴에서 오른쪽 끝에 있는 **위치**를 누르면 모든 클립에서 자막의 좌우, 상하 위치를 일괄 변경할 수 있습니다.

■ 자막 서식 변경(특정 클립)

[그림 5-53] 특정한 클립이 선택된 모습

특정한 클립의 자막 서식을 바꾸려면 우선 클립 편집 영역에서 서식을 바꿀 클립을 클릭해야 합니다. 이때, 체크 박스에 체크를 할 필요는 없으며, 그냥 해당 클립 편집 영역을 클릭하여 테두리에 하늘색 선이 그려지기만 하면 됩니다.

[그림 5-54] 미리 보기 화면: 서식 도구 모음

그러고 나서 화면 왼쪽 위에 있는 미리 보기 화면에 나타난 자막을 클릭한 뒤, 글꼴, 글자 크기, 글자 색 등을 적절히 조절합니다. 필요 시 효과를 눌러 애니메이션을 삽입할 수도 있습니다.

 정밀한 편집 시 미리 보기 화면 바로 오른쪽 아래에 있는 (■■)버튼을 눌러 영상 영역의 면적을 넓히면 더욱 편하게 작업할 수 있습니다.

■ 자막 위치 변경(특정 클립)

클립 편집 영역에서 특정한 클립이 선택된 상태에서 미리 보기 화면에 보이는 자막 위로 마우스 커서를 가져가면 자막 주변에 초록색 테두리가 그려집니다. 이 테두리가 그려진 곳으로 커서를 옮기면 커서가 (✛)모양으로 바뀌는데, 이때 자막을 원하는 위치로 드래그하면 해당 자막의 위치를 변경할 수 있습니다.

■ 내용, 목소리 수정

[그림 5-55] 목소리 수정 버튼

내용 또는 목소리를 수정하기 위해서는 클립 편집 영역에서 편집할 클립의 **목소리 수정** 버튼을 누르면 됩니다.

[그림 5-56] AI 목소리 변경 및 내용 수정 화면

목소리를 변경하고 싶다면 위쪽 영역에서 원하는 목소리를 선택하고 내용을 변경하고 싶다면 아래쪽 입력창에서 내용을 수정합니다. 완료했다면 **확인** 버튼을 누릅니다. 내용을 수정하면 그에 맞게 자막, AI 목소리도 새로 생성됩니다.

 한꺼번에 여러 개 클립의 목소리를 바꾸고 싶다면 체크 박스를 이용하여 2개 이상의 클립을 선택한 뒤 이 기능을 이용하면 됩니다.
만약 모든 클립의 목소리를 다른 것으로 바꾸고 싶다면 Ctrl + A (맥OS는 command + A)를 눌러 모든 클립을 선택한 뒤 해당 기능을 이용합니다.

■ 이미지 자동 변경(재생성)

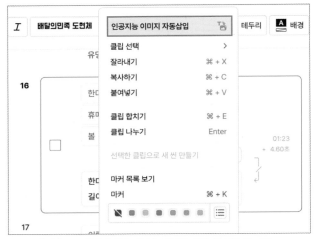

[그림 5-57] 특정 클립 마우스 오른쪽 클릭 시 나타나는 메뉴

특정한 클립에 포함된 이미지가 마음에 들지 않는다면 AI가 해당 클립의 이미지를 새로 생성하도록 만들 수 있습니다. 바꿀 이미지가 포함된 클립을 마우스 오른쪽 클릭한 뒤, **인공지능 이미지 자동 삽입** 버튼을 누르면 잠시 후 새로운 이미지로 바뀌게 됩니다.

 체크 박스를 이용하여 2개 이상의 클립을 선택한 뒤 해당 기능을 이용하면 동시에 여러 클립에 포함된 이미지를 한꺼번에 재생성할 수도 있습니다.

■ 이미지 수동 변경

이미지 자동 변경 기능을 아무리 사용해도 원하는 이미지가 나오지 않는다면 이미지 수동 변경 기능을 이용하여 이미지 생성 시 사용할 프롬프트를 직접 입력할 수도 있습니다.

[그림 5-58] 특정한 클립이 선택된 모습

먼저 클립 편집 화면에서 이미지를 바꿀 클립을 클릭합니다.

[그림 5-59] 이미지 변경 버튼

이제 미리 보기 화면에서 이미지가 보이는 영역을 클릭하고, 오른쪽에 있는 ( 아니, 버튼 이미지)버튼을 누릅니다.

[그림 5-60] 이미지 교체 화면

검색창에 자막의 내용이 입력되어 있는데 내용을 원하는 이미지를 잘 묘사하는 것으로 적절히 바꾼 뒤 **결과 보기** 버튼을 누릅니다.

[그림 5-61] 이미지 생성 및 검색 결과 화면

[그림 5-61]을 보면 왼쪽에는 AI가 생성한 이미지, 오른쪽에는 무료로 사용할 수 있는(AI가 생성하지 않은) 일반 이미지가 나타납니다. 마음에 드는 것을 찾아 클릭하면 즉시 선택한 클립의 이미지가 변경됩니다.

■ 이미지에 삽입된 애니메이션 변경

각각의 클립에는 이미지 또는 동영상이 포함되어 있으며, 이미지에는 무작위로 좌우로 움직이는 것과 같은 애니메이션이 삽입됩니다. 그런데 만약 애니메이션이 이상하게 적용되어 이미지에서 중요한 부분이 잘 보이지 않는다면 수동으로 애니메이션을 변경해 주는 것이 좋습니다.

[그림 5-62] 특정한 클립이 선택된 모습

먼저 클립 편집 화면에서 애니메이션을 바꿀 클립을 클릭합니다.

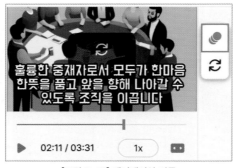

[그림 5-63] 애니메이션 버튼

이제 미리 보기 화면에서 이미지가 보이는 영역을 클릭하고, 오른쪽에 있는 (🖼)버튼을 누릅니다.

[그림 5-64] 애니메이션 목록 화면

애니메이션을 하나씩 클릭하며 클립과 어울리는지를 확인합니다. 적절한 것을 찾았다면 화면의
빈 공간 아무 곳이나 클릭하여 애니메이션 목록 화면을 닫습니다.

■ 프로젝트 저장 및 열기

[그림 5-65] 파일: 프로젝트 저장하기 및 열기 버튼

다음에 작업을 이어서 진행하기 위해서 상단 메뉴에서 **파일**을 누르고 **프로젝트 저장하기** 버튼을
클릭합니다. 이후에 저장한 프로젝트 파일을 불러올 때는 파일 또는 홈에서 **프로젝트 열기** 버튼
을 누르면 됩니다. 그리고 브루를 종료한 뒤 다시 실행하면 따로 프로젝트 열기를 누르지 않아도
마지막에 작업했던 프로젝트가 자동으로 열립니다.

■ 비디오 저장

[그림 5-66] 영상 내보내기 방법

프로젝트를 영상 파일의 형태로 저장하려면 화면 오른쪽 위에 있는 **내보내기** 버튼을 누르고 **영상
파일(mp4)**을 선택합니다.

[그림 5-67] 영상 내보내기 설정 화면

설정 화면이 나타나면 대상 클립(범위), 해상도, 화질 등을 설정하고 **내보내기** 버튼을 누릅니다.

2.4. 유료 플랜 구매 방법

앞으로 브루를 이용하여 더욱 많은 영상을 만들기 위해서 유료 플랜 구매를 고려해 볼 수 있습니다. 유료 플랜을 구매하기 위해서 먼저 화면 오른쪽 위에 있는 **업그레이드** 버튼을 누릅니다.

[그림 5-68] 유료 플랜 선택 화면

다음 표를 보면서 어떤 플랜을 구매하는 것이 좋을지 생각해 본 뒤, 해당 요금제의 **시작하기** 버튼을 눌러 결제를 진행합니다.

결제 시에는 계정 유형(개인, 법인 등), 이름, 이메일, 휴대폰 번호, 그리고 카드 정보를 입력해야 하며, 국내 전용 카드도 사용할 수 있습니다. 또한, 결제 후 14일 이내에 서비스를 전혀 이용하지 않은 경우에만 전액 환불을 받을 수 있고, 14일이 지난 시점에 환불을 요청할 경우 잔여 기간에 대해 부분 환불이 진행됩니다.

항목	Free	Light	Standard	Business
가격 (구독)	무료	월간 결제: 7,900원 연간 결제: 75,000원	월간 결제: 14,900원 연간 결제: 143,000원	월간 결제: 39,900원 연간 결제: 383,000원
가격 (기간 이용권)	해당 없음	1년: 94,000원 3년: 282,000원	1년: 178,000원 3년: 534,000원	1년: 478,800원 3년: 1,436,400원
음성 분석	120분	1,200분	6,000분	7,200분
AI 목소리	10,000자	100,000자	500,000자	600,000자
AI 이미지	100자	1,000장	5,000장	6,000장
번역	30,000자	300,000자	1,500,000자	1,800,000자
한도 초기화 시점	매월 1일	매월 결제일	매월 결제일	매월 결제일

[표 5-2] 브루 플랜 비교

03 픽토리: 유튜브 동영상 제작의 든든한 동반자

3.1. 소개

픽토리(Pictory)는 사용자가 만들고자 하는 동영상을 문장으로 묘사하기만 하면 순식간에 주제와 관련된 영상, 자막, 음성이 포함되어 있는 한 편의 완성된 동영상을 만들어 주는 비디오 생성 AI 입니다. 수많은 유튜브 입문자들이 사용하고 있으며 큰 노력을 들이지 않고 양질의 결과물을 얻을 수 있어 많은 인기를 얻고 있습니다.

픽토리는 가상 인간이 글을 읽어 주는 D-ID와는 달리 콘텐츠 중심의 영상을 만드는 데에 특화되어 있고 동영상 편집 프로그램을 다루기가 어려운 상황이거나 단기간에 많은 영상을 만들어야 하는 경우에 적합합니다. 무료 플랜으로도 2주간 총 3편의 비디오를 무료로 만들 수 있으므로 픽토리의 가능성을 시험해 보시기 바랍니다.

3.2. 가입 방법

■ 구글 로그인 및 초기 설정

먼저 픽토리를 이용하기 위해 인터넷 브라우저를 켜고 다음 사이트에 접속합니다.

URL: pictory.ai

[그림 5-69] 픽토리 홈페이지 첫 화면

화면 오른쪽 위에 있는 **FREE TRIAL** 버튼을 누릅니다.

[그림 5-70] 픽토리 회원 가입 화면

픽토리는 구글 계정, 일반 이메일 주소를 이용하여 가입할 수 있습니다. 여기서는 구글 계정으로 진행하도록 하겠습니다. 상단의 **Continue with Google** 버튼을 누르고 구글 로그인을 진행합니다.

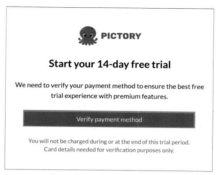

[그림 5-71] 체험판 안내 화면

2주 동안의 무료 체험판과 관련된 안내가 나타납니다. **Verify payment method** 버튼을 누릅니다.

[그림 5-72] 카드 정보 입력 화면

카드 인증 화면이 나타납니다. 이 화면에서 입력한 카드 정보는 자동 결제에 사용되지 않으므로 안심하고 카드 번호와 유효 기간(월, 년), 그리고 CVV 번호(카드 뒷면에 있는 세 자리 숫자)를 입력한 뒤 **Add**를 누르고 **Continue**를 누릅니다. 달러 결제가 가능한 카드만 사용할 수 있습니다.

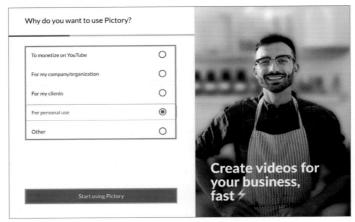

[그림 5-73] 사용 목적 선택 화면

사용 목적을 고르고 **Start using Pictory** 버튼을 누릅니다.

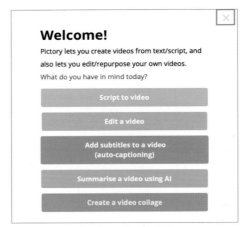

[그림 5-74] 안내 화면

안내 화면이 나타나면 **X 버튼**을 눌러 닫습니다.

3.3. 사용 방법

■ 화면 구성

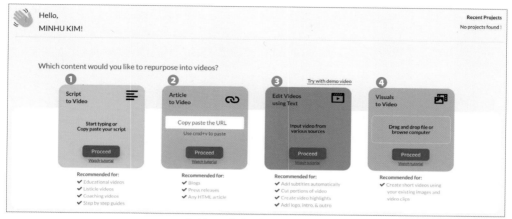

[그림 5-75] 픽토리 기능 선택 화면

픽토리에는 크게 4가지 기능이 있으며, 기능별 설명은 다음과 같습니다.

❶ 스크립트로 비디오 생성: 스크립트를 적으면 자동으로 비디오를 만들어 줍니다.

❷ 아티클로 비디오 생성: 블로그 등 특정한 웹 사이트(URL)로부터 글 내용을 가져와서 자동으로 비디오를 만들어 줍니다.

❸ 비디오 수정: 기존에 만들어져 있는 비디오에 자막이나 로고를 추가하는 등 편집 작업을 진행합니다.

❹ 사진으로 비디오 생성: 사진을 한 장 이상 업로드하여 비디오를 만듭니다.

여기서는 생성 AI 본연의 기능에 가까운 **스크립트로 비디오 생성**에 대해 자세히 알아보겠습니다.

■ 스크립트로 비디오 생성

[그림 5-76] 스크립트로 비디오 생성 버튼

스크립트로 비디오를 생성하기 위해 스크립트로 비디오 생성(Script to Video)의 **Proceed** 버튼을 누릅니다.

[그림 5-77] 스크립트로 비디오 생성 화면

입력 영역에 제목과 스크립트를 적습니다.

 스크립트를 만들 때 ChatGPT와 같은 텍스트 생성 AI를 활용하면 좋습니다.

[그림 5-78] 제목과 스크립트가 작성된 화면

제목과 스크립트를 모두 작성했다면 다음 단계로 넘어가기 위해 화면 오른쪽 위에 있는 **Proceed** 버튼을 누릅니다.

[그림 5-79] 템플릿 선택 화면

이제 템플릿을 선택할 차례입니다. 마음에 드는 템플릿을 클릭합니다.

[그림 5-80] 화면 비율 선택 화면

16:9, 9:16, 1:1 중 마음에 드는 비율을 선택합니다.

[그림 5-81] 로딩 화면

로딩이 진행됩니다. 잠시만 기다려 주세요.

■ 오류 발생 시

[그림 5-82] 오류 화면

스크립트로 비디오를 생성할 때, 가끔 오류가 발생하는 경우가 있습니다. 주로 서버 과부하로 인해 발생하는 현상입니다.

작업을 이어가기 위해서는 **Manually select visuals** 버튼을 눌러야 하며, 오류로 인해 장면별 배경이 자동으로 설정되지 않으므로 장면 영역에서 배경이 보라색인 장면을 클릭하고 화면 왼쪽 **비주얼(Visuals)**을 클릭한 뒤, 장면과 잘 어울리는 키워드를 수동으로 검색하고 원하는 배경을 수동으로 지정해야 합니다. 장면별 배경 수정 방법은 지금부터 나오는 내용을 참고하시기 바랍니다.

■ 비디오 편집 화면

입력한 스크립트가 자동으로 여러 개의 장면(Scene)으로 나뉘게 되며, 픽토리가 스크립트에 담긴 내용을 바탕으로 장면별 배경을 자동으로 지정해 줍니다.

다음은 비디오 편집 화면에서 이용할 수 있는 기능에 대한 설명입니다.

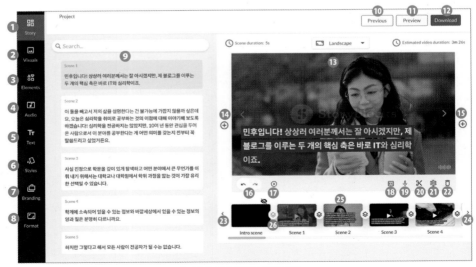

[그림 5-83] 비디오 편집 화면

❶ 스토리(Story): 장면별 스크립트를 확인합니다.

❷ 비주얼(Visuals): 장면에 배경을 넣습니다. 스크립트를 기반으로 하는 AI의 자동 추천 기능을 사용할 수도 있고 배경을 수동으로 지정할 수도 있습니다.

❸ 요소(Elements): 장면에 스티커를 넣습니다.

❹ 오디오(Audio): 음악을 넣습니다.

❺ 텍스트(Text): 장면에 자막을 넣습니다.

❻ 스타일(Styles): 템플릿을 변경합니다.

❼ 브랜딩(Branding): 인트로, 아웃트로 영상을 만들거나 장면에 로고를 넣습니다.

❽ 포맷(Format): 동영상의 가로, 세로 비율을 지정합니다.

❾ 기능 영역: 왼쪽 메뉴에서 선택한 항목에 대한 정보를 보여줍니다.

❿ 이전(Previous): 이전 화면으로 돌아갑니다.

⓫ 전체 미리 보기(Preview): 영상을 처음부터 끝까지 미리 봅니다.

⓬ 다운로드(Download): 영상을 파일 형태로 다운로드합니다.

⓭ 장면 미리 보기 화면: 선택한 장면에 대한 미리 보기 영상을 표시합니다.

⓮ 앞에 장면 추가: 선택한 장면 앞에 새로운 장면을 추가합니다.

⓯ 뒤에 장면 추가: 선택한 장면 뒤에 새로운 장면을 추가합니다.

⓰ 되돌리기, 다시 실행: 이전 상태로 돌아가거나 취소한 작업을 다시 실행합니다.

⓱ 재생/정지: 선택한 장면을 재생하거나 재생을 정지합니다.

⓲ 스크립트 숨기기/나타내기: 장면에서 스크립트를 숨기거나 다시 나타냅니다.

⓳ 더빙 추가: 컴퓨터에 있는 음성 파일을 가져오거나 즉석에서 녹음하여 장면에 추가합니다.

⓴ 비디오 자르기: 비디오의 일부분을 잘라냅니다.

㉑ 설정: 설정 화면을 띄웁니다.

㉒ 삭제(Delete): 선택한 장면을 삭제합니다.

㉓ 앞으로: 장면 앞 페이지로 이동합니다.

㉔ 뒤로: 장면 뒤 페이지로 이동합니다.

㉕ 장면 영역: 프로젝트에 존재하는 장면 목록을 보여줍니다.

㉖ 장면 전환 효과 추가: 한 장면에서 다른 장면으로 화면이 바뀔 때 화면이 부드럽게 바뀌도록 장면 전환 효과를 삽입합니다.

■ 장면별 스크립트 텍스트 편집 방법

[그림 5-84] 장면 영역

장면 영역에서 편집하길 원하는 장면을 클릭합니다.

[그림 5-85] 장면 스크립트 텍스트 편집 화면

장면 미리 보기 화면에 나타난 스크립트 텍스트를 더블 클릭하고 [그림 5-85]와 같이 필요에 따라 내용을 적절히 수정한 뒤, 장면 미리 보기 화면 위에 있는 서식 도구를 이용하여 글꼴, 글자 크기 등도 수정합니다.

> **+ 더 알아보기**
>
> **Q** 글꼴, 글자 크기 등 모든 장면의 스크립트 텍스트 서식을 일괄 변경하고 싶습니다.
>
> **A** 스크립트 텍스트 서식을 적절하게 바꾼 뒤, 화면 오른쪽 위에 있는 **Apply to all** 버튼을 누르면 됩니다.

> **+ 더 알아보기**
>
> **Q** 스크립트 텍스트의 위치를 바꾸고 싶습니다.
>
> **A** Esc 를 눌러 편집 상태에서 빠져나온 뒤, 장면 미리 보기 화면에서 해당 스크립트 텍스트를 드래그하면 됩니다.

■ 장면별 스크립트 텍스트 편집 방법 2

[그림 5-86] 장면 스크립트 텍스트 일괄 편집 화면

스크립트 텍스트를 수정해야 할 장면이 많다면 화면 왼쪽 메뉴에서 **스토리(Story)** 버튼을 클릭하고 오른쪽 기능 영역에서 장면별 스크립트 텍스트를 편집할 수도 있습니다.

■ 장면별 배경 수정

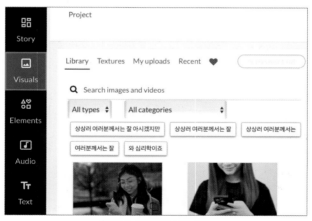

[그림 5-87] 배경 선택 화면

자동으로 설정된 배경이 마음에 들지 않는다면 장면별 배경을 바꿀 수도 있습니다. 우선 장면 영역에서 편집하길 원하는 장면을 클릭하고 화면 왼쪽 메뉴에서 **비주얼(Visuals)** 버튼을 클릭합니다.

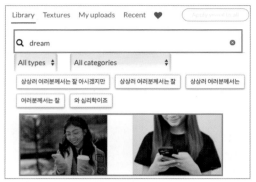

[그림 5-88] 배경 검색 화면

그리고 배경 검색창에 장면과 관련된 영어 단어를 입력한 뒤, Enter를 누르고 하단에서 원하는 배경을 클릭합니다.

■ 음악 추가 및 변경

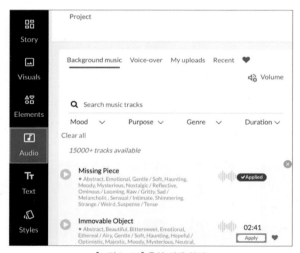

[그림 5-89] 음악 선택 화면

화면 왼쪽 메뉴에서 **오디오(Audio)** 버튼을 클릭하고 ▶ 버튼을 눌러 가면서 원하는 곡을 찾습니다. 그리고 마음에 드는 곡을 발견했다면 재생 시간 아래의 **적용(Apply)** 버튼을 눌러 오디오를 삽입합니다.

[그림 5-90] 음악 검색 화면

상단의 음악 검색창과 분위기(Mood), 사용 목적(Purpose), 장르(Genre), 길이(Duration) 필터 기능을 이용하면 더욱 빠르게 장면과 잘 어울리는 음악을 찾을 수 있습니다.

■ 장면 추가

[그림 5-91] 장면 미리 보기 화면

장면 영역에서 기준이 될 장면을 클릭하고 해당 장면 앞에 새로운 장면을 추가하고 싶다면 장면 미리 보기 화면 왼쪽에 있는 (⊕)버튼, 뒤에 새로운 장면을 추가하고 싶다면 장면 미리 보기 화면 오른쪽에 있는 (⊕)버튼 위로 마우스 커서를 가져옵니다.

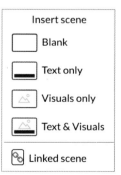

[그림 5-92] 추가할 장면 종류 선택 화면

- **Blank:** 빈 화면
- **Text only:** 텍스트만 나타나는 화면

– **Visuals only:** 배경만 나타나는 화면

– **Text & Visuals:** 텍스트와 배경이 어우러진 화면 (권장)

– **Linked scene:** 다른 장면과 연결되어 있는 화면

앞의 설명을 참고하여 원하는 종류의 장면을 선택합니다. 클릭 시 바로 새로운 장면이 추가됩니다.

[그림 5-93] 배경 선택 화면

새로운 장면을 추가했다면 먼저 배경으로 사용하길 원하는 사진이나 동영상을 검색합니다.

[그림 5-94] 장면 미리 보기 화면

새로운 장면에 텍스트를 추가한 경우, 장면 영역에서 새로운 장면이 선택된 상태로 장면 미리 보기 화면으로 마우스 커서를 가져가면 Add text라고 적혀 있는 영역이 나타납니다. 이곳을 더블클릭하면 해당 장면에 스크립트 텍스트를 추가할 수 있습니다.

■ **장면 전환**

[그림 5-95] 장면 영역

장면 영역에서 장면과 장면 사이에 있는 (⬦)버튼을 누르고 원하는 장면 전환 효과를 클릭하면 한 장면에서 다른 장면으로 화면이 바뀔 때, 화면이 갑자기 바뀌는 게 아니라 부드럽게 전환되도록 만들 수 있습니다. 장면 전환 효과별 특징은 다음과 같습니다.

- **Wipe (Up, Down, Left, Right):** 상하좌우 방향으로 화면이 닦여지듯 전환됩니다.
- **Smooth (Left, Right):** 좌우 방향으로 화면이 부드럽게 전환됩니다.
- **Radial:** 화면이 시계 방향으로 회전하듯 전환됩니다.
- **Circle Crop:** 기존 화면이 원의 형태로 축소되다가 사라지고 새로운 화면이 원의 형태로 확대되며 나타납니다.
- **Fade:** 화면이 서서히 전환됩니다.

■ 장면 삭제

특정한 장면이 마음에 들지 않는 경우, 장면 영역에서 해당 장면을 클릭하고 장면 미리 보기 화면 오른쪽 아래에 있는 (🗑)버튼을 누르면 해당 장면을 삭제할 수 있습니다.

■ 장면 길이 변경

[그림 5-96] 장면 길이 변경 화면

장면의 길이(재생 시간)를 바꾸려면 장면 영역에서 길이를 바꾸고자 하는 장면을 선택하고 장면 미리 보기 화면 왼쪽 위에 있는 **Scene duration**을 클릭한 뒤 Timing 값을 변경하면 됩니다. 단위는 초입니다.

> 꿀팁 ⊘ 모든 장면의 길이를 동일하게 변경하고 싶다면 Apply to all scenes 스위치를 켜면 됩니다.

■ 인트로, 아웃트로 추가

영상이 시작되거나 끝날 때 나오는 짧은 영상을 각각 인트로, 아웃트로라고 합니다. 픽토리의 브
랜딩(Branding) 기능을 이용하면 누구나 쉽게 영상과 잘 어울리는 인트로와 아웃트로를 만들 수
있으며, 그 방법은 다음과 같습니다.

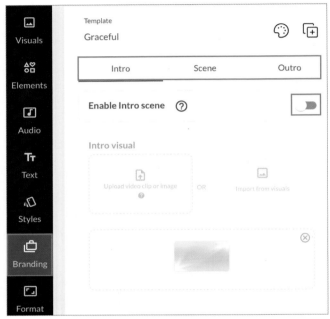

[그림 5-97] 인트로 추가 화면

화면 왼쪽 메뉴에서 **브랜딩**(Branding) 버튼을 누르고 아웃트로를 만들고자 하는 경우 상단 메뉴
에서 Outro를 누릅니다. 그리고 인트로를 만들고자 하는 경우 떠 있는 화면을 그대로 유지합니
다. 그런 뒤, **Enable Intro(Outro) scene** 스위치를 켭니다.

꿀팁 ⊘ 　인트로, 아웃트로 추가 방법은 거의 동일하므로 인트로를 기준으로 설명하겠습니다.

[그림 5-98] 인트로 비주얼 영역

인트로(아웃트로)에 배경을 넣기 위해 Intro(Outro) visual 영역에서 **Import from visuals** 버튼을 누릅니다.

[그림 5-99] 배경 검색 화면

검색 또는 탐색을 통해 원하는 배경을 찾아 클릭합니다.

[그림 5-100] 인트로 로고 영역

이제 기본 세팅된 로고인 Your logo here.png를 지우기 위해 Intro(Outro) logo 영역에서 X 버튼을 찾아 클릭합니다.

 꿀팁 컴퓨터에 로고 파일이 있다면 기본 세팅된 로고를 지우고 Upload logo 버튼을 누른 뒤, 컴퓨터에서 로고 파일을 가져와 인트로나 아웃트로에 적용할 수 있습니다.

[그림 5-101] 인트로 텍스트 영역

다음 순서로 인트로(아웃트로)에 자막을 넣기 위해 Intro(Outro) text 영역에 적고 싶은 내용을 입력합니다.

[그림 5-102] 장면 미리 보기 화면

장면 미리 보기 화면에서 자막의 글꼴, 크기, 위치 등을 적절히 조절합니다.

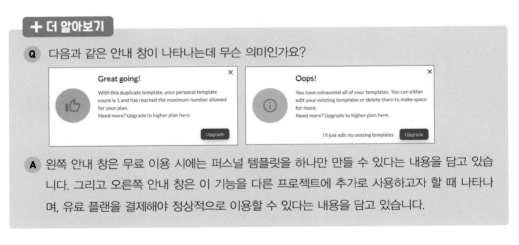

+ 더 알아보기

Q 다음과 같은 안내 창이 나타나는데 무슨 의미인가요?

> **Great going!**
> With this duplicate template, your personal template count is 1 and has reached the maximum number allowed for your plan.
> Need more? Upgrade to higher plan here.
>
> Upgrade

> **Oops!**
> You have exhausted all of your templates. You can either edit your existing templates or delete them to make space for more.
> Need more? Upgrade to higher plan here.
>
> I'll just edit my existing templates   Upgrade

A 왼쪽 안내 창은 무료 이용 시에는 퍼스널 템플릿을 하나만 만들 수 있다는 내용을 담고 있습니다. 그리고 오른쪽 안내 창은 이 기능을 다른 프로젝트에 추가로 사용하고자 할 때 나타나며, 유료 플랜을 결제해야 정상적으로 이용할 수 있다는 내용을 담고 있습니다.

■ 비디오 미리 보기

장면 미리 보기 화면 오른쪽 위에 있는 (Preview)버튼을 누르면 약간의 로딩 후 비디오 미리 보기 화면이 나타나며, 비디오를 처음부터 끝까지 직접 확인하면서 검토할 수 있습니다.

■비디오 저장

[그림 5-103] 비디오 저장 버튼

작업을 마쳤다면 완성본을 비디오 파일 형식으로 저장할 차례입니다. 장면 미리 보기 화면 오른쪽 위에 있는 **다운로드(Download)** 버튼을 누르면 3가지 종류의 출력 형식이 나타나는데 이 중 **비디오(Video)**를 선택합니다.

[그림 5-104] 비디오 생성 진행 중 화면

비디오 생성 작업이 진행되며, 완료될 때까지 기다립니다. 총 장면 개수가 많다면 다소 긴 시간이 소요될 수 있습니다.

[그림 5-105] 비디오 생성 완료 화면

비디오 생성이 완료되면 오른쪽 아래의 **다운로드(Download)** 버튼을 눌러 컴퓨터에 완성된 동영상 파일을 저장할 수 있습니다.

■작업 중인 프로젝트 확인 및 관리

[그림 5-106] 프로젝트 목록

상단 메뉴 오른쪽에 있는 **My projects** 버튼을 누르면 날짜별로 기존 프로젝트가 분류되어 표시됩니다. 중단했던 작업을 이어서 하고 싶은 프로젝트가 있으면 클릭하고 **Project file** 버튼을 눌러 이전에 하던 작업을 이어서 진행할 수 있습니다. My projects 화면에서 특정한 프로젝트로 마우스 커서를 가져온 뒤 프로젝트를 바로 다운로드하거나 삭제할 수도 있는데 각각 (⬇), (🗑)버튼을 누르면 됩니다.

■크레딧 잔여량 확인

남아 있는 크레딧을 확인하고 싶다면 화면 오른쪽 위에 있는 프로필 버튼으로 마우스 커서를 가져온 뒤, **My subscription**을 클릭합니다.

[그림 5-107] 사용 중인 플랜 및 잔여량 표시 영역

현재 사용하고 있는 플랜과 활성화 여부, 생성한 비디오 수, 그리고 음성 전사(Transcription) 횟수가 나타납니다.

3.4. 유료 플랜 구매 방법

유료 플랜을 구매하려면 크레딧 잔여량을 확인할 때와 마찬가지로 화면 오른쪽 위에 있는 프로필 버튼으로 마우스 커서를 가져온 뒤, **My subscription**을 클릭합니다. 그리고 나서 화면 아랫부분을 확인합니다.

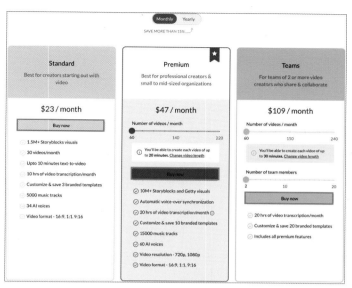

[그림 5-108] 유료 플랜 선택 화면

다음 표를 참고하여 원하는 플랜을 고르고 해당 플랜의 **Buy now** 버튼을 누릅니다. 이때, 10개월 이상 이용할 계획이라면 월간 결제(Monthly)보다 연간 결제(Yearly)가 유리합니다.

항목	Standard	Premium	Teams
가격	월간 결제: 23달러 연간 결제: 228달러	월간 결제: 47달러 연간 결제: 468달러[29]	월간 결제: 109달러부터 연간 결제: 1,068달러부터
생성 가능 비디오 수	1개월에 30개	1개월에 60~220개	1개월에 60~240개
음성 전사 기능 이용 한도	1개월에 10시간	1개월에 20시간	1개월에 20시간
맞춤형 템플릿 생성 가능 수	3개	10개	20개
비디오 편당 최대 길이	10분	5~20분[30]	7~30분
이용 가능 음원 수	5,000곡	15,000곡	15,000곡
AI 음성 수	34개	60개	60개

[표 5-3] 픽토리 플랜 비교

---

29 비디오 최대 길이 한도를 늘리는 경우 가격도 따라서 높아집니다.

30 생성 가능 비디오 편 수를 조절함에 따라 바뀌게 됩니다. 금액을 추가로 지불할 경우 늘릴 수도 있습니다.

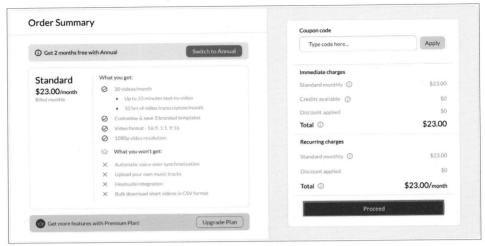

[그림 5-109] 유료 플랜 선택 확인 화면

가격을 확인하고 **Proceed** 버튼을 누릅니다.

[그림 5-110] 유료 플랜 결제 화면

결제를 진행하기 위해 **Proceed To Checkout** 버튼을 누릅니다.

[그림 5-111] 유료 플랜 결제 화면 2

아래 설명을 참고하여 칸을 채운 뒤, Next 버튼을 누르고 최종적으로 'Pay (금액) & subscribe' 버튼을 눌러 결제를 진행합니다.

- **First Name, Last Name:** 각각 이름과 성을 입력합니다.
- **Address Line1:** 영문 주소를 입력합니다.(네이버 영문 주소 검색 기능을 이용하면 편합니다)
- **Address Line2:** 생략해도 됩니다.
- **City:** 영문으로 도시명을 입력합니다.(예: Suwon-si)
- **Zip:** 우편 번호를 적습니다. 생략해도 됩니다.
- **State:** 행정구역상 도에 해당하는 지역을 입력합니다. 도가 아닌 지역이라면 City와 동일하게 적습니다.(예: Gyeonggi-do)
- **Country:** 국적을 선택합니다. 대한민국은 'Korea (Republic)'입니다.

04 Tome: 최고의 슬라이드 스토리텔링 빌더

4.1. 소개

학교생활이나 사회생활을 해 본 사람이라면 누구나 파워포인트를 이용하여 발표 자료를 만들다가 밤을 새워 본 적이 있을 겁니다. 파워포인트가 처음 등장한 1987년 이후 30여 년이 지났지만 그동안 컴퓨터의 발전이 무색할 정도로 발표 자료를 만드는 방법은 크게 달라지지 않았고 여전히 사람들은 내용 작성 및 배치, 디자인에 필요 이상의 많은 시간을 쏟고 있습니다.

하지만 Tome의 등장으로 어쩌면 가까운 미래에 이러한 모습은 사라질지도 모르겠습니다. Tome은 프롬프트 입력만으로 양질의 발표 자료를 만들 수 있는 AI인데 OpenAI의 GPT-3와 달리2를 이용하여 순식간에 빈 슬라이드를 알찬 내용과 사진으로 꽉 채워 줍니다.

4.2. 가입 방법

■ 구글 로그인 및 초기 설정

먼저 Tome을 이용하기 위해 인터넷 브라우저를 켜고 다음 사이트에 접속합니다.

URL: tome.app

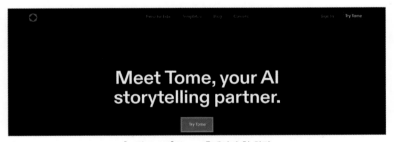

[그림 5-112] Tome 홈페이지 첫 화면

가입을 하기 위해 Try Tome 버튼을 누릅니다.

[그림 5-113] Tome 회원 가입 화면

Tome은 구글 계정, 애플 계정, 일반 이메일 주소를 이용하여 가입할 수 있습니다. 여기서는 구글 계정으로 진행하도록 하겠습니다. 상단의 **Google(으)로 로그인** 버튼을 누르고 구글 로그인을 진행합니다.

[그림 5-114] 프로필 생성 화면

역할 선택을 눌러서 자신에게 해당하는 직업을 선택한 뒤 **다음** 버튼을 누릅니다.

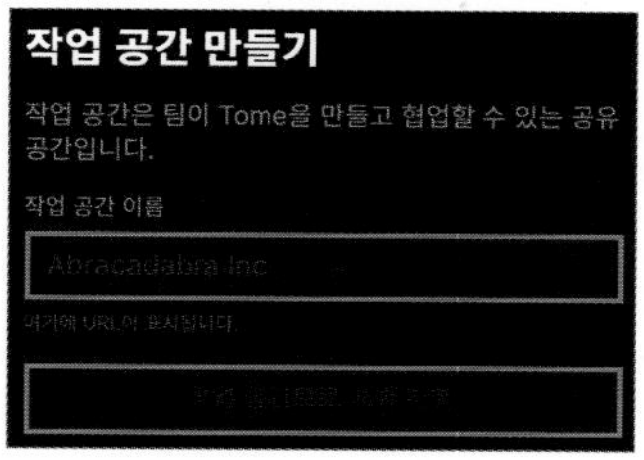

[그림 5-115] 워크스페이스 생성 화면

영문 또는 숫자로 워크스페이스 이름을 입력한 뒤 **작업 공간으로 계속 진행** 버튼을 누릅니다.

[그림 5-116] 플랜 선택 화면

플랜 선택 화면이 나타나면 **기본**을 선택한 뒤 **계속** 버튼을 누릅니다.

4.3. 사용 방법

■ 프레젠테이션 생성

[그림 5-117] Tome 프로젝트 목록 화면

가입이 완료되면 자동으로 Tome 프로젝트 목록 화면이 나타납니다. 우선 첫 번째 프레젠테이션을 만들기 위해 화면 오른쪽 위에 있는 **만들기** 버튼을 누릅니다.

[그림 5-118] 유형 선택 화면

Tome으로 어떤 자료를 만들 것인지 물어보는 화면이 나타납니다. 각각의 기능은 다음과 같습니다.

- **테이블 타일 추가**: 표 타일을 추가합니다.
- **동영상 타일 추가**: 비디오 타일을 추가합니다.
- **텍스트 타일 추가**: 텍스트 타일을 추가합니다.
- **웹에서 이미지 검색**: 인터넷에서 이미지를 검색하여 추가합니다.
- **이미지 업로드**: 컴퓨터에서 이미지를 가져옵니다.
- **이미지 만들기**: 프롬프트를 입력하여 AI 이미지를 생성합니다.
- **문서를 프레젠테이션으로…**: 텍스트를 통해 프레젠테이션 자료를 생성합니다. 텍스트의 분량은 최소 500자가 되어야 합니다.
- **프레젠테이션 만들기…**: 프레젠테이션 자료를 생성합니다.
- **페이지 만들기…**: 한 장의 페이지를 생성합니다.

여기서는 간단한 주제 입력을 통해 프레젠테이션 자료를 만들 것이므로 **프레젠테이션 만들기…** 버튼을 누르겠습니다.

[그림 5-119] 프레젠테이션 페이지 수 변경 버튼

Tome으로 프레젠테이션을 만들 때, 제목과 개요를 제외한 총 페이지 수를 1페이지에서 25페이지 사이로 설정할 수 있습니다. 기본 설정값은 6페이지인데, 여기서는 8페이지로 바꿔 보겠습니다. 6페이지라고 적혀 있는 부분을 클릭한 뒤 동그라미를 움직여 8페이지로 변경합니다.

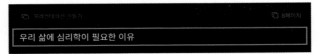

우리 삶에 심리학이 필요한 이유

[그림 5-120] 프롬프트 입력창

이제 프롬프트 입력창에 만들고자 하는 프레젠테이션 자료를 잘 묘사하는 프롬프트를 입력한 뒤 Enter를 누릅니다. 한국어로 적어도 됩니다.

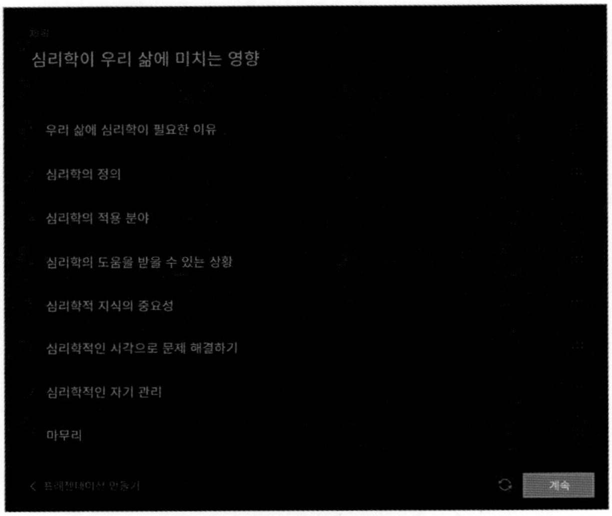
심리학이 우리 삶에 미치는 영향
우리 삶에 심리학이 필요한 이유
심리학의 정의
심리학의 적용 분야
심리학의 도움을 받을 수 있는 상황
심리학적 지식의 중요성
심리학적인 시각으로 문제 해결하기
심리학적인 자기 관리
마무리
계속

[그림 5-121] 목차 생성 완료 화면

잠시 뒤 목차(아웃라인)가 생성됩니다. 목차가 별로 마음에 들지 않는다면 화면 오른쪽 아래에 있는 ( ) 버튼을 눌러 목차를 재생성할 수 있고 각 목차 영역으로 마우스 커서를 가져오면 나타나는 ( ) 버튼을 눌러 해당 목차를 지우거나(−) 그 뒤에 새로운 목차를 추가(+)할 수 있으며, ( )를 드래그하여 순서도 바꿀 수 있습니다. 심지어 내용을 직접 수정할 수도 있습니다.

목차 작업을 마쳤다면 화면 오른쪽 아래에 있는 **계속** 버튼을 누릅니다.

Presentation 생성됨
다시 시도
유지

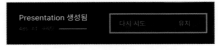

[그림 5-122] 재생성 및 보존 버튼

곧 앞 단계에서 지정한 목차를 바탕으로 프레젠테이션 자료가 생성됩니다. 내용이 마음에 들지 않으면 **다시 시도** 버튼을 눌러서 재생성을 하고 마음에 든다면 **유지** 버튼을 눌러 보존합니다. 다시 시도를 하는 경우, 크레딧이 추가로 소모됨에 유의합니다.

■ 화면 구성

다음은 편집 화면의 구성입니다.

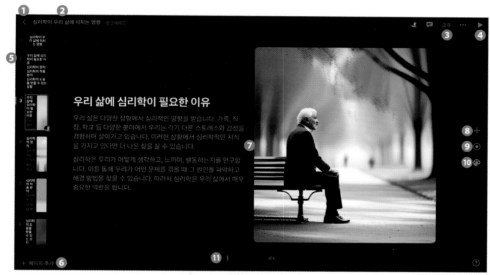

[그림 5-123] 편집 화면

❶ **이전 화면으로**: 프로젝트 목록 화면으로 이동합니다.

❷ **프레젠테이션 제목**: 프레젠테이션 제목을 확인하거나 수정합니다.

❸ **공유**: 이 버튼을 누르고 링크 복사 버튼을 누르면 URL이 만들어져서 이 프레젠테이션을 다른 사람들과 공유할 수 있게 됩니다.

❹ **발표 모드**: 발표 모드(슬라이드 쇼)를 시작합니다.

❺ **페이지 목록**: 페이지 목록을 보여줍니다.

❻ **페이지 추가**: 새로운 페이지를 추가합니다.

❼ **페이지 내용**: 선택한 페이지의 내용을 확인하거나 수정합니다.

❽ **요소 추가**: 선택한 페이지에 텍스트, 표, 이미지 등 새로운 요소를 추가합니다.

❾ **녹화**: 즉석에서 컴퓨터와 연결된 카메라를 이용하여 영상을 녹화합니다.

❿ **테마 설정**: 배경 및 글자의 색상을 지정합니다.

⓫ **AI 호출**: 프롬프트를 입력하여 AI를 가동하거나 새로운 요소를 추가합니다.

■ 내용 수정

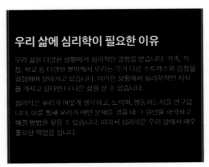
[그림 5-124] 내용 수정 화면

페이지의 내용을 수정하고자 하는 경우, 내용을 더블 클릭하면 됩니다.

■ 서식 변경

[그림 5-125] 서식 도구 모음

내용을 마우스로 드래그하여 블록 지정하면 글머리 기호를 넣거나 글자를 굵게 만들 수 있는 **서식 도구 모음**을 띄울 수 있습니다. 가장 오른쪽에 있는 AI 편집 버튼을 누르면 내용을 작성하는 데에 AI의 도움을 받을 수도 있습니다.

■ 이미지 변경

[그림 5-126] 이미지 선택 화면

이미지를 다른 것으로 바꾸고자 하는 경우, 바꿀 이미지를 클릭하고 화면 오른쪽에 있는 ()버튼을 누릅니다.

[그림 5-127] 이미지 유형 선택 화면

잠시 뒤 이미지 유형을 고르는 화면이 나타납니다. 만들기는 AI를 이용하여 이미지를 만드는 기능, 업로드는 컴퓨터에 있는 이미지를 올리는 기능, 검색은 인터넷에서 이미지를 검색하여 넣는 기능입니다. 여기서는 AI로 이미지를 생성할 것이므로 **만들기** 버튼을 누릅니다.

[그림 5-128] 이미지 생성 화면

프롬프트 입력 화면이 나타나면 프롬프트를 그대로 두거나 적절히 수정하고 **생성** 버튼을 눌러 이미지를 재생성합니다. 이때, 영문 프롬프트만 정상적으로 인식이 된다는 점에 유의합니다.

[그림 5-129] 이미지 생성 결과 화면

네 가지 이미지 중 가장 마음에 드는 것을 클릭하여 적용합니다.

■ 이미지 삭제

[그림 5-130] 이미지 삭제 버튼

이미지가 포함된 영역 자체를 지우고 싶은 경우, 삭제할 이미지를 마우스 오른쪽 클릭한 뒤 삭제
버튼을 누릅니다. 또는 이미지를 클릭하고 키보드의 Delete 를 누릅니다.

■ 새 페이지 추가(수동)

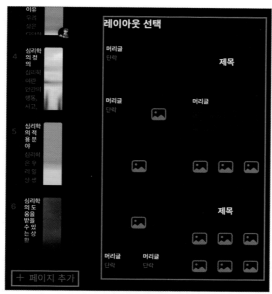

[그림 5-131] 새 페이지 추가 화면

페이지 목록에서 특정 페이지를 클릭하여 선택하고 화면 왼쪽 아래에 있는 **+페이지 추가** 버튼을 누른 뒤, 오른쪽에서 원하는 레이아웃을 클릭하면 선택한 페이지 뒤에 새로운 페이지가 만들어집니다. 이 과정에서 AI가 작동하지는 않으므로 내용은 비어 있습니다.

+ 더 알아보기

Q 페이지 순서를 바꾸려면 어떻게 해야 하나요?

A 페이지 목록에서 해당 페이지를 적절한 위치로 드래그하면 됩니다.

■ 새 페이지 추가(자동)

AI를 이용하여 새 페이지를 추가하고자 하는 경우, 특정한 페이지를 선택하고 화면 아래에 있는 **AI 호출** 버튼을 누르면 됩니다.

[그림 5-132] 유형 선택 화면

페이지 만들기…를 누릅니다.

[그림 5-133] 프롬프트 입력창

새로운 페이지에 포함하고 싶은 내용을 담은 프롬프트를 입력한 뒤, Enter 를 누릅니다.

[그림 5-134] 페이지 생성 완료 화면

총 4개의 후보가 생성됩니다. 한 개씩 클릭하여 미리 적용해 보고 가장 마음에 드는 것을 찾았다면 **유지** 버튼을 눌러 확정합니다. 4개 중 마음에 드는 것이 없다면 **다시 시도** 버튼을 눌러 다시 생성해 봅니다.

➕ 더 알아보기

Q 화면 아래에 있는 AI 호출 버튼을 빠르게 사용하는 방법이 있나요?

A Ctrl + K (맥OS는 command + K)를 동시에 누르면 번거롭게 매번 버튼을 클릭하지 않아도 AI를 빠르게 작동시킬 수 있습니다.

■ 페이지 삭제

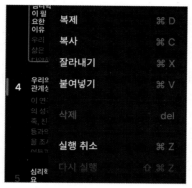

[그림 5-135] 페이지 삭제 버튼

삭제하고 싶은 페이지가 있다면 화면 왼쪽 페이지 목록에서 삭제할 페이지를 마우스 오른쪽 클릭한 뒤, **삭제** 버튼을 누릅니다. 삭제할 페이지를 클릭한 뒤 키보드의 [Delete]를 눌러도 됩니다.

■ 작업 중인 프로젝트 확인 및 관리

먼저 프로젝트 목록을 확인하기 위해 편집 화면에서 왼쪽 위에 있는 〈 버튼을 누르거나 인터넷 주소 창에 tome.app을 입력하여 첫 화면으로 이동합니다.

[그림 5-136] 메뉴 영역

메뉴 영역에서 **개인** 버튼을 누릅니다.

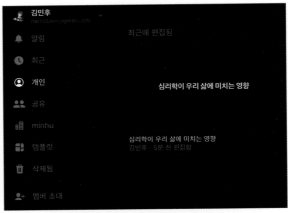

[그림 5-137] 프로젝트 목록 표시 영역

지금까지 만들었던 프로젝트 목록이 나타납니다. 작업을 이어갈 프로젝트를 더블 클릭하면 프로젝트를 열 수 있고 혹시 프로젝트를 삭제하고 싶다면 삭제할 프로젝트 위로 마우스 커서를 가져온 뒤, 프로젝트 이름 오른쪽에 있는 ⋯ 버튼을 누르고 **삭제** 버튼을 누르면 됩니다.

■ 크레딧 잔여량 확인

[그림 5-138] 크레딧 잔여량 표시 영역

첫 화면에서 왼쪽 아래를 보면 크레딧 잔여량을 확인할 수 있습니다. 가입 시 총 500크레딧이 주어지며 프레젠테이션을 (재)생성할 때마다 15크레딧, 작업 도중 AI를 사용할 때마다 5크레딧이 소모됩니다.

4.4. 유료 플랜 구매 방법

현재 Tome은 개인용 무료 플랜과 무제한 플랜인 프로, 그리고 기업용 무제한 플랜인 기업형을 제공합니다. 즉시 결제할 수 있는 플랜은 프로이며, 여기서는 프로 플랜에 가입하는 방법을 설명하겠습니다.

프로 플랜의 이용 요금은 월간 결제 시 한 달에 10달러, 연간 결제 시 1년에 96달러이므로 10개월 이상 장기간 이용할 경우에는 연간 결제로 진행하는 것이 좋습니다.

유료 플랜을 구매하기 위해 먼저 첫 화면에서 왼쪽 아래에 있는 **크레딧 잔여량 표시 영역**을 클릭합니다.

[그림 5-139] 유료 플랜 선택 화면

스위치를 확인하고 **프로** 플랜을 구매하기 위해 **업그레이드** 버튼을 누릅니다.

[그림 5-140] 유료 플랜 결제 화면

선택한 기간마다 정기 결제가 된다는 사실에 유념한 뒤, 청구 금액을 확인하고 카드 번호, 카드 유효 기간(월, 년), 보안 코드(CVC), 카드 명의자 이름을 입력하고 국적을 지정한 뒤 구독하기 버튼을 누릅니다.

05 비디오 생성 AI 특징 비교

이렇게 총 4가지 종류의 비디오 생성 AI에 대해 알아보았습니다. 각 AI의 특징을 정리하자면 다음과 같습니다.

항목	D-ID	브루	픽토리	Tome
용도	가상 인간 영상 제작	자동 영상 생성	자동 영상 생성	프레젠테이션 생성
추천 사용자	유튜버	유튜버	유튜버	학생, 직장인
요금제	무료, 유료	무료, 유료	무료, 유료	무료, 유료
특징	비교적 쉬운 사용법	직관적인 화면 구성, 다양한 생성 AI 접목	다소 난해한 사용법	넉넉한 무료 이용 한도

[표 5-4] 비디오 생성 AI 특징 비교

6장

생성 AI 활용법

생성 AI는 학습된 내용을 바탕으로 새로운 것을 만들어낼 수 있다는 점에서 인간의 상상력과 창의력을 증강할 수 있으며, 이미 수많은 사람들로부터 그 유용성과 가능성을 인정받고 있습니다. 이 장에서는 다양한 예시를 통해 지금 당장 우리가 생성 AI를 이용하여 구체적으로 어떤 일들을 할 수 있는지에 대해 알아보겠습니다.

01 크리에이터를 위한 활용법

1.1. 블로그 운영에 활용하기

■ 블로그 운영 팁 얻기(ChatGPT)

일식에서 식재료, 조리 방식 등을 자신이 정하지 않고 셰프에게 맡기는 것을 오마카세(お任せ)라고 합니다. AI로 뭔가를 만들 때에도 오마카세처럼 모든 과정을 AI에 전적으로 맡길 수 있습니다. 아직 콘텐츠 제작이 많이 낯설다면 AI의 도움을 최대한 많이 받아 보시길 바랍니다.

먼저 크리에이터를 위한 사용법의 첫 번째 순서로, 블로그를 운영할 때 생성 AI를 활용하는 예시입니다. 블로그에 대해 아무것도 모른다고 가정하고 ChatGPT에게 블로그를 운영하는 방법에 대해 물어보겠습니다.

필자

블로그를 꾸준히 운영하는 방법을 세 가지 알려주세요.

Chat GPT

블로그를 꾸준히 운영하는 방법은 다양합니다. 이에 대한 몇 가지 팁을 제시해 드리겠습니다.

1. 일정한 주기로 게시물을 작성하기
블로그를 운영할 때 가장 중요한 것은 게시물을 꾸준히 작성하는 것입니다. 이렇게 하면 독자들이 당신의 블로그를 더욱 자주 방문하게 될 것입니다.

2. 주제를 선택하고 관련 콘텐츠를 제공하기
블로그를 잘 운영하려면 해당 블로그의 주제를 정하고, 그와 관련된 내용을 제공해야 합니다. 그러면 당신의 블로그에서 다루는 주제에 관심이 있는 독자들이 자연스럽게 유입될 것입니다.

3. 꾸준한 블로그 분석 및 개선
블로그를 운영하는 동안 꾸준히 블로그 분석을 진행하고, 분석 결과에 따라 블로그를 개선해야 합니다. 분석 도구를 사용하여 방문자 수, 이탈률, 페이지 뷰 수, 검색 엔진 최적화(SEO) 여부 등을 확인하여 블로그 성장을 위한 방안을 도출하고, 이를 바탕으로 블로그를 개선해 나가면 됩니다.

ChatGPT가 수 년 동안 1일 1포스팅을 지속하며 블로그를 운영해 온 필자의 생각과 정확히 일치하는 솔루션을 제시해 준 점이 인상적입니다.

■ 글감 추천받기(ChatGPT)

이번에는 블로그에 관심 분야에 대한 글을 올리고 싶은데, 구체적인 글감을 정하지 못해 고민하는 상황을 가정하고 다음과 같이 질의해 보겠습니다.

필자
저는 IT와 심리학에 관심이 많은데 이런 저를 위한 글감을 다섯 가지만 추천해 주세요.

ChatGPT
1. "AI 시대 IT와 심리학의 만남"
2. "사이버 공격과 심리학"
3. "사람들의 행동을 예측하는 머신러닝"
4. "인터넷 세상에서의 자아"
5. "사이버스페이스에서의 감정 표현"

위와 같이 필자가 프롬프트를 통해 명시한, IT와 심리학을 모두 아우르는 글감을 추천해 주었습니다.

■ 글 제목 추천받기(ChatGPT)

이어서 AI가 추천해 준 다섯 가지 글감 중 하나를 골라 AI가 그 글과 잘 어울리는 제목을 추천하도록 만들어 보겠습니다.

필자
첫 번째 주제가 마음에 드는데 첫 번째 주제와 관련해서 사람들의 이목을 끌 수 있는 다섯 가지 제목을 추천해 주세요.

ChatGPT
1. "사람 중심의 AI 기술: 인간과 기계가 공존하는 미래"
2. "AI 기술이 우리의 삶을 어떻게 바꿀까? IT와 심리학의 대담한 이야기"
3. "AI 혁명: 인간과 AI가 함께 걷는 길"
4. "IT 산업의 미래: AI 기술이 주도하는 새로운 패러다임"
5. "AI가 만드는 세상: 사람 중심의 기술 발전을 위한 노력"

ChatGPT가 자연스러운 제목까지 지어 주는 모습을 확인할 수 있습니다.

■ 글 내용 작성하기(ChatGPT)

이제 제목까지 얻어냈으니 ChatGPT가 글의 본문 내용을 작성하도록 지시해 보겠습니다.

필자

첫 번째 제목과 관련해서 초등학생도 쉽고 재미있게 읽을 수 있는 블로그 게시글을 쉬운 단어와 친근한 어투를 사용하여 작성하세요.

ChatGPT

친구들! 반가워요. 오늘은 AI에 대해 알아볼 거예요. AI는 사람들이 일상생활에서 많이 사용하는 기술이죠. 이 기술은 우리가 더 편하고 재미있게 살 수 있게 도와줘요. 같이 한번 알아볼까요?

AI는 컴퓨터가 사람처럼 생각하고 학습하는 것을 돕는 기술이에요. 예를 들어, 스마트폰이나 컴퓨터에 있는 음성 인식 기능은 AI를 사용해요. 이 기능을 사용하면 손을 사용하지 않고도 전화를 걸거나 검색을 할 수 있어요.

그럼 AI가 어떻게 사람과 함께 일할 수 있을까요? AI는 우리가 하기 힘든 일을 도와줘요. 예를 들어, 정리하기 힘든 방을 깔끔하게 정리해 주는 로봇 청소기가 있어요. 또한, AI는 공부할 때도 도움을 줄 수 있어요. AI에게 질문을 하면 정확한 답변을 찾아서 알려줄 거예요.

하지만 아직 AI는 완벽하지 않아요. 때로는 잘못된 정보를 주기도 하고, 우리가 원하지 않는 일을 할 때도 있어요. 그래서 우리는 사람 중심의 AI 기술을 만들어야 해요. 이 기술의 목표는 사람들이 AI를 통해 행복하고 풍요로운 삶을 누릴 수 있도록 만드는 것이에요.

사람 중심의 AI 기술이 보편화되면 AI는 우리의 친구가 될 거예요. 학교에서 같이 공부하는 친구처럼 AI가 우리의 문제를 이해하고 도와줄 거예요. 또한, 우리가 어려울 때마다 위로해 주기도 하고, 우리와 즐겁게 놀아주기도 할 거예요.

한마디로 사람 중심의 AI 기술은 인간과 기계가 함께하는 미래 세상을 만들어 줄 거예요. 이런 기술이 발전하면, 우리는 더 행복하고 즐거운 세상에서 살 수 있겠죠. 기대해도 좋아요!

질의 내용대로 인간과 기계가 공존하는 미래를 균형 잡힌 관점에서 다루는 글을 초등학생도 쉽게 읽을 수 있도록 쉬운 단어와 친근한 어투로 작성해 주었습니다. 이렇게 블로그 운영 시 ChatGPT와 같은 생성 AI를 활용하면 그 어떤 분야에 대한 글도 어렵지 않게 순식간에 작성할 수 있습니다.

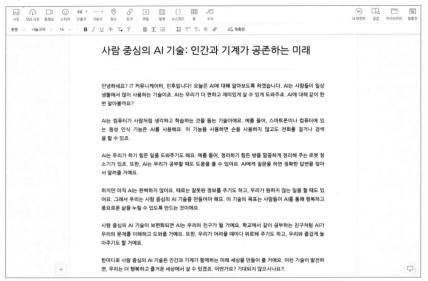

[그림 6-1] 네이버 블로그에 ChatGPT로 생성한 글을 올리는 예

ChatGPT의 도움을 받아 초안을 얻어냈다면 독자 여러분의 문체로 초안을 적절히 수정한 뒤, 실제로 해당 글을 블로그에 올려 봅시다.

 꿀팁

> AI에게 전문적인 글을 쓰게 하려는 경우, 프롬프트 서두에 "당신은 세계 최고의 IT 블로거입니다"와 같이 AI에 역할을 부여하는 내용을 추가하면 AI가 더욱 자연스러운 글을 써 줍니다.
>
> 그리고 ChatGPT는 숫자를 정확하게 인식하지 못하므로 "500자 분량으로 적어 주세요"와 같이 구체적인 숫자보다는 '짧게', '적당히', '길게'와 같은 형용사를 활용하여 분량을 제시하는 것이 좋습니다. 또한 글의 수준을 지정할 때는 "초등학생도 이해하기 쉽게"와 같이 독자층을 명시하는 것이 좋습니다.
>
> 마지막으로, 7장에서 자세히 다룰 AI 환각에 의해 AI가 만들어 내는 모든 글을 100% 신뢰할 수는 없으므로 AI가 생성한 글을 사용하기 전에는 반드시 사실 여부 확인부터 해야 합니다.

1.2. 유튜브 채널 운영에 활용하기

■ 유튜브 채널 아트 제작하기(미드저니)

이번에는 IT와 관련된 유튜브 채널을 운영할 예정이라고 가정하고 미드저니를 이용하여 'IT 제품으로 가득한, 한 소년의 깔끔한 방'을 일본 애니메이션 그림체의 유튜브 채널 아트 스타일로 제작해 보겠습니다.

필자   A boy's neat room full of IT products, YouTube channel art. --ar 16:9 --niji

미드저니

순식간에 멋진 채널 아트 이미지가 만들어졌습니다!

■ 유튜브 섬네일 제작하기(미드저니)

이번에는 '모두를 위한 AI'라는 가상의 영상 섬네일을 생성해 보도록 하겠습니다.

필자   Artificial Intelligence for All, YouTube video thumbnail. --ar 16:9

미드저니

꽤 그럴듯한 휴머노이드 이미지가 만들어졌습니다. 이렇게 영상의 주제와 관련된 프롬프트를 입력하면 영상을 대표하는 섬네일 이미지도 금방 만들 수 있습니다.

 이미지 생성 AI는 세상의 모든 것을 이미지의 형태로 배웠기에 문자 표현이 매우 서툽니다. 간혹 이상하게 생긴 문자가 튀어나오는 경우가 있는데 해당 부분은 별도의 이미지 편집 프로그램으로 제거하거나 이미지 자르기 기능을 이용하여 잘라낸 후 사용하세요.

■ 유튜브 영상 대본 제작하기(ChatGPT)

무언가를 이야기하거나 설명하는 유튜브 채널을 운영하고자 하는 경우, 대본이 필요하기 마련입니다. 이번에는 ChatGPT를 이용하여 유튜브 영상용 대본을 생성해 보도록 하겠습니다.

다음은 앞에서 언급한 '모두를 위한 AI'와 관련된 첫 번째 유튜브 영상 대본을 얻기 위해 필자가 입력한 프롬프트와 그에 대한 ChatGPT의 응답입니다.

필자

저는 유튜브에서 IT를 대중에 쉽고 재미있게 설명하는 채널을 운영하고 있는 IT 커뮤니케이터 김민후라고 합니다. '모두를 위한 AI'와 관련된 첫 번째 유튜브 영상용 대본을 친근한 구어체로 작성하세요. 대사뿐만 아니라 몸짓, 손짓, 필요한 시각 자료 등도 제시하세요.

ChatGPT

영상 제목: 모두를 위한 AI: AI란 무엇인가?
(영상 시작: 김민후가 화면에 등장하며 팔을 벌리고 웃는다)
김민후: 안녕하세요, IT 커뮤니케이터 김민후입니다! 오늘은 여러분과 함께 '모두를 위한 AI'라는 주제로 AI에 대해 쉽고 재미있게 알아보려고 해요. 그럼 시작해 볼까요? (김민후가 웃으며 엄지를 치켜 든다)
(화면 전환: AI의 개념을 설명하는 그림이 등장한다)
김민후: AI는 Artificial Intelligence의 약자로, 사람처럼 학습하고 추론하는 기능을 컴퓨터에 부여한 기술이에요. 오늘날 우리는 스마트폰, 자동차, 음성 인식 기능 등을 통해 AI를 쉽게 마주할 수 있게 되었죠.
(화면 전환: '약AI'라는 글자와 함께 체스, 바둑 AI 이미지가 나타난다)
김민후: AI는 크게 두 가지로 나눌 수 있는데요, 첫 번째는 '약AI'로, 특정 분야에서만 작동하는 AI예요. 예를 들면 체스나 바둑 AI 같은 거죠. (김민후가 손가락으로 1을 만들며 설명한다)
(화면 전환: '강AI'라는 글자와 함께 사람처럼 사고하는 로봇 이미지가 나타난다)
김민후: 두 번째는 '강AI'라고 하는데요, 사람처럼 다양한 분야에서 사고하고 판단할 수 있는 AI예요. 아직은 개발되지 않았는데 수십 년 내로 현실이 될 거예요. (김민후가 손가락으로 2를 만들며 설명한다)
… 후략

순식간에 대본이 만들어졌습니다. 이렇게 유튜브 영상을 촬영할 때에도 생성 AI의 도움을 얻을 수 있습니다.

■ 모든 과정을 AI에 맡기기(ChatGPT + 브루)

만약 영상을 찍는 것이 번거롭거나 자신이 없다면 모든 과정을 AI에게 맡길 수도 있습니다. 먼저 ChatGPT를 이용하여 영상에 사용할 대본을 만들어 보겠습니다.

필자

당신은 세계 최고의 스토리텔러입니다. 우리가 별의 자손인 이유에 대한 글을 써 주세요.

ChatGPT

오래 전, 인류는 놀라운 진화를 거쳐 현재의 모습에 이르렀습니다. 그렇다면 우리가 별의 자손이라는 주장은 어떤 의미를 지니는 걸까요? 이를 이해하기 위해선, 먼 우주의 탄생부터 시작해야 합니다.

우주의 탄생은 큰 폭발로부터 시작되었으며, 이를 '빅뱅'이라고 합니다. 빅뱅 이후, 수많은 별들이 형성되었고, 이 별들은 많은 시간 동안 힘차게 타오르며 존재했습니다. 그 과정에서 별들은 수많은 원소를 생성하고, 놀라운 에너지를 방출하였습니다.

별은 어느 순간, 자신의 에너지를 소진하고 소멸합니다. 이 과정에서 별은 파괴되지만, 그 안에 담겨있던 원소들은 우주에 흩어져 새로운 형태로 존재하게 됩니다. 그리고 이 원소들은 다시 다른 별들의 형성에 기여하게 됩니다.

여기서 우리의 이야기가 시작됩니다. 인류는 그 원소들 중에서도 특히 탄소, 산소, 질소 등과 같은 원소들을 포함하고 있는데, 이러한 원소들은 우리 몸을 이루는 기본 구성 요소입니다. 우리의 육체는 별들의 파편들이 모여 만들어진 것이죠.

뿐만 아니라, 우리가 숨 쉬고, 생명을 유지하는 데에 필요한 산소는 별들이 내뿜은 에너지와 합쳐져 지구의 대기 중에서 형성되었습니다. 우리의 몸은 이러한 산소를 통해 에너지를 생산하고 활동할 수 있습니다.

또한, 별들은 우리 주변에 있는 다른 행성들과 같은 천체들의 형성과 발전에도 영향을 미칩니다. 별들의 중력은 행성들의 궤도를 안정화시키고, 별빛은 다양한 생물들의 생태계를 조성하며, 이를 통해 생명의 탄생과 진화에 영향을 줍니다.

… 후략

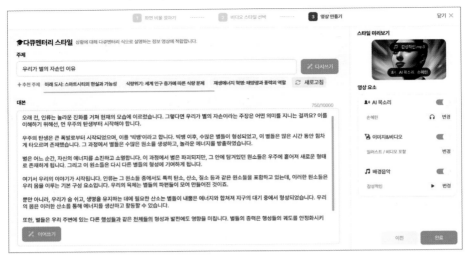

[그림 6-2] 브루에 ChatGPT로 생성한 대본을 붙여 넣은 모습

이제 이 대본을 비디오 생성 AI인 브루에 넣어 보겠습니다. 브루에서 새로운 프로젝트를 만들고 텍스트로 비디오 만들기를 클릭한 뒤, ChatGPT로 생성한 대본을 붙여 놓고 원하는 목소리를 고릅니다.

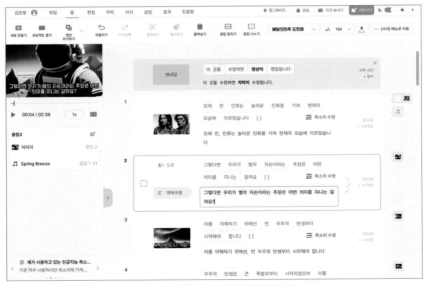

[그림 6-3] 순식간에 영상이 만들어진 모습

순식간에 대본이 영상화되었습니다. 이제 어색한 부분을 찾아 다듬기만 하면 완성입니다.

1.3. 내 캐릭터 만들기

■ 자신이 작성한 프롬프트로 캐릭터 만들기(미드저니)

인스타그램, 트위터와 같은 소셜 미디어를 이용하다 보면 사람들의 프로필 사진이 캐릭터인 경우를 쉽게 찾을 수 있습니다. 이를 자기 캐릭터, 줄여서 자캐라고 하는데 자캐를 만들기 위해서 예전에는 자신이 직접 그림을 그리거나 그림을 그려 주는 사람들의 도움을 받아야 했지만 생성 AI의 급속한 발달로 이제는 그림에 소질이 없어도 누구나 자캐를 만들 수 있게 되었습니다.

자캐를 만드는 방법은 매우 간단합니다. 그저 자신이 만들고자 하는 캐릭터의 표정, 몸짓, 그림체 등을 묘사하기만 하면 됩니다. 필자는 미드저니를 이용하여 '컴퓨터를 좋아하는 한 한국인 소년 캐릭터'를 일본 애니메이션 그림체로 생성해 보았습니다.

필자   A Korean boy who loves computer. --ar 1:1 --niji

미드저니

결과물이 나오긴 했으나 뭔가 2% 부족한 느낌이 듭니다. 이번에는 디테일한 묘사를 위해 프롬프트에 자신감이 넘침을 뜻하는 Confident, 커다란 눈을 뜻하는 Big eyes, 파마 머리를 뜻하는 Permed hair, 웃고 있는 표정을 뜻하는 Smile, 계란형 얼굴을 뜻하는 Oval face, 맑고 깨끗한 피부를 뜻하는 Clean skin, 안경을 끼지 않았음을 뜻하는 --no glasses를 추가하고 다시 시도해 보겠습니다.

필자

A Korean boy who loves computer, confident, big eyes, permed hair, smile, oval face, clean skin. --no glasses --ar 1:1 --niji

미드저니

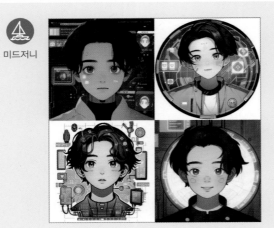

프롬프트를 더욱 자세하게 작성했더니 필자가 생각했던 것과 거의 동일한 캐릭터를 얻을 수 있었습니다. 다음은 자세한 묘사를 위해 활용할 수 있는 단어의 예입니다. 참고하여 독자 여러분만의 개성 있는 캐릭터를 만들어 봅시다.

분류	단어
주제	사람(Person), 동물(Animal), 캐릭터(Character), 사물(Object)
매체	사진(Photo), 그림(Painting), 일러스트(Illustration), 조각물(Sculpture), 낙서(Doodle), 스케치(Sketch), 픽셀 아트(Pixel art)
환경	실내(Indoors), 실외(Outdoors), 수중(Underwater)
조명	부드러운(Soft), 주변광(Ambient), 흐림(Overcast), 네온(Neon), 스튜디오 조명(Studio lights)
색상	생생한(Vibrant), 밝은(Bright), 단색(Monochromatic), 다채로운(Colorful), 흑백(Black and white), 파스텔(Pastel)
분위기	차분한(Sedate), 평온한(Calm), 소란한(Raucous), 활기찬(Energetic)
구성	초상화(Portrait), 얼굴 사진(Headshot), 클로즈업(Closeup), 정면(Front view), 측면(Side view), 조감(Birds-eye view)
표정, 행동	Smile(웃는), Frown(찡그리는), Cry(우는), Amazed(놀란), Angry(화난), Shy(부끄러워하는)

[표 6-1] 자세한 묘사에 활용할 수 있는 단어의 예

거의 모든 이미지 생성 AI는 영문 프롬프트만 인식하고, 자세한 묘사가 매우 중요하므로 영어에 능숙하지 않다면 파파고, 딥엘과 같은 번역기를 활용하여 프롬프트를 작성하는 것을 추천합니다.

■ 캐릭터 아이디어 얻고 디자인하기(ChatGPT + 미드저니)

캐릭터를 만드는 데에 꼭 이미지 생성 AI만 활용해야 한다는 법은 없습니다. ChatGPT를 통해 프롬프트 아이디어를 얻는다면 어떨까요? 원하는 이미지를 얻기 위해 ChatGPT에 다음과 같이 질의할 수 있습니다.

필자

당신은 세계 최고의 캐릭터 디자이너이고 저는 인류애가 넘치는 한국인 청년입니다. 저의 MBTI 유형은 INFJ입니다. 저는 안경을 쓰지 않았고 파마를 했으며 얼굴형은 타원형이고 주변 사람들로부터 잘생겼다는 소리를 듣습니다. 이런 저를 순정 만화 그림체로 완벽하게 묘사할 수 있는, DALL·E와 같은 이미지 생성 AI를 위한 짧은 프롬프트를 영어로 작성해 주세요.

* "안경을 쓰지 않았음"과 같은 네거티브 프롬프트를 작성해야 하는 경우, --no라는 파라미터를 문장 맨 뒤에 입력하고 그 뒤에 해당 내용을 명시하세요. (예: --no glasses)

ChatGPT

멋지시군요! 다음은 당신이 로맨틱한 만화 스타일의 캐릭터로 완벽하게 변신할 수 있는, 이미지 생성 AI를 위한 영문 프롬프트입니다:

A romantic anime-style image of a handsome INFJ Korean with an oval-shaped face, wavy perm hair, and a gentle smile. He's dressed in a casual yet stylish outfit that highlights his warm personality. In the background, add a beautiful sunset and a cherry blossom tree to give the image a romantic vibe. --no glasses

ChatGPT가 매우 긴 프롬프트를 추천해 주었습니다. 이제 이 프롬프트를 그대로 미드저니에 입력하여 어떤 결과가 나타나는지를 확인해 보겠습니다.

필자

A romantic anime-style image of a handsome INFJ Korean with an oval-shaped face, wavy perm hair, and a gentle smile. He's dressed in a casual yet stylish outfit that highlights his warm personality. In the background, add a beautiful sunset and a cherry blossom tree to give the image a romantic vibe. --no glasses

미드저니

순식간에 근사한 작품이 만들어졌습니다! 프롬프트를 입력하는 것이 어렵다면 이렇게 ChatGPT 와 같은 텍스트 생성 AI의 도움을 받는 것도 방법입니다.

02 디자이너를 위한 활용법

2.1. 로고 디자인에 활용하기

■ 로고 디자인하기(드림스튜디오)

이번에는 이미지 생성 AI인 드림스튜디오를 이용하여 로고를 디자인하는 방법에 대해 알아보도록 하겠습니다. '블록 장난감을 만드는 회사의 로고'를 디자인한다고 가정하고 프롬프트를 입력하겠습니다.

로고에 글자가 찍혀 나오는 것을 방지하기 위해 네거티브 프롬프트에 텍스트(Text)를 추가했으며, 배경을 흰 배경으로 지정하였습니다.

필자

A simple logo for company that makes brick toys, white background.

Negative prompt: Text.

드림
스튜디오

정말 블록을 만드는 회사의 로고로 잘 어울리는 이미지가 생성되었습니다.

■ 로고 아이디어 얻고 디자인하기(ChatGPT + 드림스튜디오)

이번에는 ChatGPT를 통해 아이디어를 얻고 ChatGPT가 생성한 프롬프트를 드림스튜디오에 입력해 보겠습니다.

필자

당신은 세계 최고의 로고 디자이너입니다. 저는 아이들을 위한 블록 장난감(Brick)을 만드는 회사의 로고를 디자인하려고 합니다. 이미지 생성 AI를 위한 짧은 영문 프롬프트를 세 종류만 알려 주세요. 우리가 만드는 것과 세상에 미치는 영향을 심플하게 잘 나타낼 수 있으면서 아기자기하고 생동감이 넘치는 모양이었으면 좋겠습니다. 로고의 배경은 흰색으로 해 주세요.

ChatGPT

1. "A playful, colorful logo for a children's brick toy company, with a white background, depicting joy and creativity."

2. "A vibrant and whimsical logo for a kids' brick toy brand, featuring happy children playing with the bricks on a white background."

3. "A lively, imaginative logo representing a world of endless possibilities, built from colorful toy bricks, for a children's brick toy company on a white background."

세 가지 프롬프트 중, 필자는 드림스튜디오에 '흰색 바탕에 기쁨과 창의성이 표현된, 장난기 많고 다채로운 어린이 블록 장난감 회사 로고'라는 뜻의 1번 프롬프트를 입력해 보겠습니다. 텍스트가 표현되는 것을 막기 위해 네거티브 프롬프트를 추가하였습니다.

필자

A playful, colorful logo for a children's brick toy company, with a white background, depicting joy and creativity.

Negative prompt: Text

드림
스튜디오

ChatGPT의 도움을 받기 전과 비교했을 때 훨씬 더 완성도가 높은 로고가 만들어졌습니다.

2.2. 웹, 앱 디자인에 활용하기

■ 웹 디자인하기(드림스튜디오)

다음 순서로 드림스튜디오를 이용하여 웹, 앱 디자인을 해 보도록 하겠습니다. 프롬프트 하나만 입력하면 결과물이 뚝딱 만들어지는 건 아니지만, 사이트나 앱을 개발하기 전 디자인 아이디어를 얻는 용도로는 부족함이 없습니다.

먼저 '스포츠와 관련된 웹 사이트'를 만든다고 가정하고 프롬프트를 작성하겠습니다.

필자

The design of a sports-related website.

드림
스튜디오

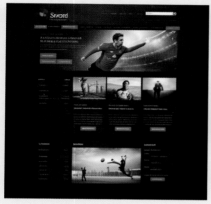

이렇게 웹 사이트를 개발하기 전 드림스튜디오를 이용하여 UI 설계 아이디어를 얻을 수 있습니다.

■앱 아이콘 디자인하기(드림스튜디오)

이번에는 '마음 챙김과 관련된 앱의 아이콘 디자인'을 요청해 보겠습니다.

필자

The design of a mindfulness application icon.

드림
스튜디오

마음 챙김의 핵심을 잘 나타내는 앱 아이콘이 생성되었습니다.

2.3. 제품 디자인에 활용하기

■ 제품 아이디어 얻고 디자인하기(ChatGPT + 달리2)

이미지 생성 AI가 산업 디자인에 쓰인 최초의 예는 가구 브랜드로 유명한 이탈리아 카르텔(Kartell)이 2019년에 선보인 A.I. 의자입니다. 카르텔은 이미지 생성 AI의 가능성을 시험하기 위해 이 의자를 설계하는 데에 AI 알고리즘을 이용했다고 합니다.

© (openai.com/research/dall-e)

[그림 6-4] 달리2로 생성한 아보카도 모양 의자 이미지

그 이후 한동안 산업 디자인 업계에서 생성 AI의 존재감은 거의 없는 듯 보였으나 2022년 OpenAI가 달리2를 공개할 때 예제로 사용했던 아보카도 모양 의자가 큰 충격을 가져다주었고 현재 수많은 기업이 제품 디자인에 AI 도입을 검토 중이거나 이미 사용하고 있습니다.

우리도 이처럼 달리2를 이용해서 제품 디자인을 해 보겠습니다. 본격적인 제품 디자인에 앞서, ChatGPT를 이용하여 아이디어부터 얻어 보겠습니다.

필자

당신은 세계 최고의 산업 디자이너입니다. 세상에 존재하지 않는 매우 독특한 디자인을 자랑하는, 그러면서도 실용적인 디자인 아이디어를 세 가지만 주세요. (예: 아보카도 모양 의자)

ChatGPT

1. 북극곰 선풍기: 이 실용적이면서 독특한 디자인의 선풍기는 북극곰의 모습을 닮았습니다. 크기 조절이 가능한 목과 머리 부분으로 원하는 공간에 바람을 정확하게 조절할 수 있으며, 털에 물을 묻혀 사용하면 자연스러운 물기와 함께 시원한 바람을 느낄 수 있습니다. 또한, 에코 프렌들리 소재를 사용하여 환경보호에도 동참합니다.

2. 모바일 식물관: 이 독특한 디자인의 가방은 작은 식물을 휴대할 수 있는 투명한 창이 마련되어 있어 사용자의 일상에 녹색을 더해줍니다. 가방의 내부는 식물의 건강을 위해 적절한 습도와 온도를 유지하며, 태양광 충전 기능이 있는 LED 조명이 식물에 필요한 빛을 제공합니다. 이 가방을 사용하면 식물을 돌보면서 멋진 패션 감각을 뽐낼 수 있습니다.

3. 꿈의 나무 도서관: 나무 모양의 이 독특한 책장은 독서를 사랑하는 사람들에게 완벽한 소

품입니다. 각 나뭇가지에는 책을 놓을 수 있는 선반 공간이 마련되어 있으며, 가지의 높이와 각도를 조절할 수 있어 다양한 크기의 책을 보관할 수 있습니다. 나무뿌리 부분에는 독서를 돕는 조명과 충전 포트가 있어 독서를 더욱 즐겁게 해줍니다. 이 책장은 독서 공간을 기발하고 아늑한 분위기로 만들어 줍니다.

필자는 1번 상품의 이름을 영어로 적절히 번역하여 달리2에 입력해 보겠습니다.

필자

An electric fan resembling a polar bear.

달리2

"왜 이렇게 그렸을까?"라는 의문이 드는 이미지가 몇 개 보이지만 그래도 제품을 고안할 때 디자인 아이디어를 얻는 용도로 사용하기에는 나쁘지 않아 보입니다.

03 뮤지션을 위한 활용법

3.1. 가사 작사하기

■ 주제를 명시하여 작사하기(ChatGPT)

지난 2021년 초 SBS TV에서 방영된 〈세기의 대결 AI vs. 인간: 트로트 작곡 편〉에서 진행자는 AI가 작곡한 곡을 소개하면서 "아직 AI가 작사만큼은 할 수가 없어서 작사는 인간이 했다"라고 이야기한 바 있습니다. 하지만 인간의 언어를 자유자재로 구사하는 ChatGPT가 혜성처럼 등장하면서 불과 1년여 만에 AI는 작사의 영역에도 발을 들이게 되었고 앞으로 ChatGPT를 이용하여 작사를 하는 아티스트가 점차 늘어날 것으로 기대됩니다.

이번에는 ChatGPT를 작사에 이용하는 몇 가지 예를 통해 AI 작사의 가능성을 엿보도록 하겠습니다.

필자

당신은 세계 최고의 작사가입니다. 사랑을 노래하는 대중음악 가사를 써 주세요. (제목부터 짓고 파트를 나눠 주세요)

Chat GPT

제목: 빛나는 사랑

Verse 1:
내 마음은 그대와 함께 떨리고
나의 온몸이 그대와 노래해
오늘도 내가 그대를 만난다면
이 밤이 끝나도 함께하고 싶어

Chorus:
사랑은 노래하듯이 자유롭게
그대와 함께라면 내게 더 뜨겁게
사랑은 노래하듯이 달콤하게
그대와 함께라면 나의 인생은 완벽해

Verse 2:
사랑은 언제나 서로를 이해하며
평화롭게 함께하는 것이지
이 세상의 모든 것을 잊고
그대와 함께라면 나는 행복해

(Chorus)

Bridge:
이 세상의 모든 것이 변해도
내 사랑은 그대와 함께할 거야
영원히 변치 않는 것은 그대와 내 사랑뿐이야

(Chorus)

Outro:
그대와 함께라면 세상은 더욱 빛나요
나의 사랑은 영원히 그대와 함께 할 거예요

순식간에 사랑을 주제로 하는 대중음악 가사가 버스(Verse), 코러스(Chorus), 브리지(Bridge) 등 파트별로 작성되었습니다.

■ 아티스트를 명시하여 작사하기(ChatGPT)

그럴듯해 보이는 가사를 써 주긴 했지만 뻔하고 무미건조한 부분이 많아 노래로 부르기에는 어려위 보입니다. 그렇다면 프롬프트에 특정한 아티스트 이름을 명시하고 해당 아티스트의 스타일로 가사를 써 달라고 하면 어떨까요?

필자

당신은 세계 최고의 작사가입니다. 윤하(Younha)의 스타일로 사랑을 노래하는 대중음악 가사를 써 주세요. (제목부터 짓고 파트를 나눠 주세요)

Chat GPT

제목: 별빛의 노래

Verse 1:
그대의 미소는 향기로운 꽃잎처럼
날 감싸 안아주네 이 세상 그 누구보다도
모든 게 아름다운 이 순간 속에
함께한 우리만의 추억을 만들어

Chorus:
우리 함께한 이 순간을 놓치지 말아요
사랑을 노래하는 우리의 이 밤이 영원히
계속해서 이어져가길 바래요
우리의 노래가 세상을 밝혀주길

Verse 2:
이 밤이 지나가면 또 다른 날이 찾아와
그리움도 따라와 내 마음을 채우겠지만
우리 함께한 이 밤은 절대 잊혀지지 않을 거야
그때 그 순간을 기억하며 노래하면

Bridge:
세상은 언제나 변할 수 있지만
우리의 사랑은 변하지 않을 거야
그래서 우리는 이 노래를 부르며
함께 있는 이 시간을 소중히 할 거야

Verse 3:
어둠이 내려오고 창 밖에 별빛이 비치면
우리는 서로를 바라보며 이 노래를 부르고
오늘 밤의 추억을 함께 간직할 거야
우리의 노래가 이 밤을 더욱 빛나게 할 거야

(Chorus)

Outro:
우리의 노래가 세상을 밝혀주길

> 이 밤이 영원히 계속되길
> 우리는 함께 노래할 거야
> 사랑을 노래하는 우리의 밤이 계속되길

어둠, 밤, 별빛과 같은 단어를 사용하여 사랑을 노래하는 모습이 마치 실제 윤하가 쓴 가사를 보는 듯합니다. 이렇게 특정한 아티스트를 명시하면 AI가 더욱 사용자의 의도와 취향에 가까운 가사를 써 줄 가능성이 커집니다.

 알고 가면 좋아요

AI가 학습하지 않은 아티스트의 경우, 특성을 제대로 반영하지 못합니다. 그리고 이런 식으로 특정 아티스트 이름을 명시하면 해당 아티스트의 곡에 많이 포함된 단어가 사용될 확률이 높아지므로 의도하지 않은 표절이 발생할 수 있습니다.

■ 여러 가지 단어, 장르를 명시하여 작사하기(ChatGPT)

그렇다면 특정 아티스트를 명시하지 않고 AI가 그럴듯한 가사를 쓰게 만드는 방법은 없을까요? 바로 다음과 같이 프롬프트에 가사에 포함될 대상, 장르 등을 자세히 명시하면 됩니다.

필자 당신은 세계 최고의 작사가입니다. 우주, 블랙홀, 타임머신을 넣어서 삶의 의미에 대해 논하는 록(Rock) 음악 가사를 써 주세요. (제목부터 짓고 파트를 나눠 주세요)

ChatGPT
제목: 끝없는 우주에서

Verse 1:
하늘 끝까지 올라가 본 적이 있니?
끝이 없는 우주는 정말 끝나지 않나?
시간은 이 모든 것을 흘러가게 만들어
모든 것이 바뀌고 변하듯이

Verse 2:
태초에는 우주의 시작이 있었고
폭발하면서 우리가 알고 있는 모든 것을 만들었어
그러나 이 모든 것이 언젠가는 끝이 있을 거야
우주도 멈출 순간이 오고, 별들도 사라지게 될 거야

Chorus:
하지만 내가 원한다면

시간을 돌릴 수 있는 타임머신이 있다면
그때로 돌아가서 삶의 의미를 찾을 수 있을까?
그런데 나는 여기서 내가 무엇을 위해 살아가는지 찾고 있어

Verse 3:
우리는 작은 존재지만
우주 속에서도 그 어떤 것보다도 중요해
나의 삶은 나에게 무엇을 의미하고
무엇을 위해 살아가는 걸까?

Verse 4:
블랙홀은 모든 것을 삼켜버리지만
그 안에는 새로운 우주가 탄생해
우리 삶도 그렇게 끝나지 않고
새로운 시작이 있을 거야

(Chorus)

Outro:
우주는 아주 커도
내가 살아가는 이 작은 세상에서
내가 할 수 있는 일, 내가 바꿀 수 있는 것을 생각해보자
이 작은 세상에서도 나는 무언가를 할 수 있어

AI가 필자가 명시한 단어를 모두 넣어서 가사를 생성해 주었습니다. 앞으로 머릿속에서 불현듯 소재가 떠오른다면 ChatGPT의 도움을 받아 작사를 해 보시기 바랍니다.

+ 더 알아보기

Q 가사가 영어로 작성됩니다.

A ChatGPT는 모든 것을 확률로 결정하므로 프롬프트를 한국어로 적었다고 할지라도 다른 언어로 가사를 작성하는 일이 발생할 수 있습니다. 이럴 때는 프롬프트에 가사를 한국어로 작성해 달라는 내용을 포함하면 됩니다.

3.2. 음악 작곡하기

■ 코드 진행 생성하기(ChatGPT)

AI의 도움을 받아 음악을 작곡하는 방법은 여러 가지가 있습니다. 제일 먼저 ChatGPT를 이용하여 가사를 생성하고 나서 음악에 코드(Chord)를 붙여 보겠습니다.

필자

당신은 세계 최고의 작사가이자 작곡가입니다. 별이라는 단어를 넣어 INFJ의 삶에 대한 애절한 한국어 발라드 가사를 써 주세요. (제목과 BPM을 명시하고 파트를 나눠 주세요)

Chat GPT

제게 이런 멋진 기회를 주셔서 감사합니다. 제가 작사와 작곡을 담당하여 이번 발라드 곡을 완성해 드리겠습니다.

제목: INFJ의 노래 (BPM: 105)

Verse 1:
어디론가 멀리 멀리 떠나가고 싶어
이 세상이 너무나 시끄러워
나만의 작은 세상에 머무르고 싶어
혼자만의 시간이 필요해

Chorus:
INFJ의 마음을 알아줘요
어떻게 내가 이 세상에서 살아갈 수 있을까
이제는 더 이상 외롭지 않아요
내 안에 있는 작은 세상에서 행복을 찾아가요

Verse 2:
낯선 사람들에게 내 마음을 열지 않아
내 안에 쌓인 감정들은 내게만 소중해
때론 지쳐서 그만 멈추고 싶어도
내 안에 있는 힘으로 다시 일어나

(Chorus)

Bridge:
나만의 세상이 조금 어두워져도
내 안에 빛나는 작은 별들을 따라가
어둠 속에서도 나는 빛나고 있어
나만의 방식으로 이 세상에서 살아가고 있어

(Chorus)

Outro:
내 안에 있는 작은 세상에서 행복을 찾아가요.

이제 가사에 코드를 붙여 달라고 요청해 보겠습니다.

필자

감사합니다. 이제 가사에 코드(Chord)를 붙여 주세요.

Chat GPT

제목: INFJ의 노래 (BPM: 105)

Intro:
G D Em C

Verse 1:
G D Em C
어디론가 멀리 멀리 떠나가고 싶어
G D Em C
이 세상이 너무나 시끄러워
G D Em C
나만의 작은 세상에 머무르고 싶어
G D Em C
혼자만의 시간이 필요해

… 후략

가사에 코드가 추가되었습니다. 혹시 코드가 너무 단순하다고 느껴진다면 다음과 같이 훨씬 더 복잡하고 풍부한 코드를 사용해 달라고 질의하면 됩니다.

필자

코드(Chord)가 너무 평범하고 무미건조합니다. 훨씬 더 복잡하고 풍부한 코드를 사용해 주세요.

Chat GPT

네, 코드를 조금 더 복잡하고 감성적인 분위기로 바꾸어 보았습니다.

제목: INFJ의 노래 (BPM: 105)

Intro:
Gm9 F7 Ebmaj7 D7#9

Verse 1:
Gm9 F7 Ebmaj7 D7#9
어디론가 멀리 떠나가고 싶어

> *Gm9 F7 Ebmaj7 D7#9*
> *이 세상이 너무 시끄러워서*
> *Gm9 F7 Ebmaj7 D7#9*
> *나만의 작은 세상에 머무르고 싶어*
> *Gm9 F7 Ebmaj7 D7#9*
> *혼자만의 시간이 필요해*
>
> **… 후략**

훨씬 복잡한 코드를 사용하였지만 같은 코드가 반복되어서 조금은 지루하게 느껴집니다. 이번에는 코드 진행에 변화를 주라고 요청해 보겠습니다.

필자

아까보다는 훨씬 나아졌는데 같은 코드가 계속 반복되어서 지루합니다. 코드 진행에 변화를 주세요.

Chat GPT

알겠습니다. 이번에는 마디마다 약간씩 코드를 바꾸어서 더 다양하고 풍부한 분위기를 연출해 보았습니다.

제목: INFJ의 노래 (BPM: 105)
Intro:
Gm9 F7 Ebmaj7 D7#9

Verse 1:
Gm9 F7 Ebmaj7 D7#9
어디론가 멀리 떠나가고 싶어
Gm7(b5) F7(b9) Ebmaj7 D7(b9)
이 세상이 너무 시끄러워서
Gm9 F7 Ebmaj7(#11) D7#9
나만의 작은 세상에 머무르고 싶어
Gm7(b5) F7(b9) Ebmaj7 D7(b9)
혼자만의 시간이 필요해

… 후략

이렇게 거듭된 질의를 통해 코드 진행의 퀄리티를 높여 나갈 수 있습니다.

■ ChatGPT로 생성한 코드를 활용하기(ChatGPT + 뮤지아)

다음으로 ChatGPT로 생성한 코드를 뮤지아에 넣어 보겠습니다. 먼저 뮤지아를 실행합니다.

[그림 6-5] 코드 삭제 버튼

이전에 작업하던 이력이 존재한다면 화면 오른쪽 위에 있는 **Delete All**을 클릭하여 코드를 삭제
합니다.

[그림 6-6] 템포, 악기, 장르 설정 영역

먼저 상단 막대에서 템포, 악기, 장르를 자유롭게 설정합니다. ChatGPT에게 추천을 받아서 정해
도 좋습니다.

[그림 6-7] 코드 영역

[그림 6-8] 코드 선택 화면

코드 영역 왼쪽에서부터 + 버튼을 눌러 ChatGPT가 생성한 코드를 차례로 추가합니다. 코드 이름 오른쪽에 있는 (▶)버튼을 누르면 해당 코드를 미리 들을 수 있고 (⬆)버튼을 누르면 해당 코드를 마디에 추가할 수 있습니다. 이때, 마디의 최대 길이는 16으로 제한되어 있으므로 활용에 다소 제한이 있을 수 있습니다.

[그림 6-9] 코드 영역에 수동으로 코드를 채워 넣은 모습

➕ 더 알아보기

Q 마디에 코드를 잘못 넣었는데 어떻게 수정하나요?

A 만약 특정한 코드를 실수로 잘못 넣었다면 해당 코드 위로 마우스 커서를 가져온 뒤, (✏)버튼을 누르고 코드를 수정하면 됩니다.

➕ 더 알아보기

Q 뮤지아에 존재하지 않는 코드가 있습니다.

A ChatGPT가 생성한 코드 중 일부(예: Gm7(b5))는 뮤지아에 존재하지 않습니다. 이런 경우는 비슷한 코드(예: Gm7)로 대체하면 됩니다.

ChatGPT가 추천해 준 코드를 마디에 모두 삽입했다면 한번 들어 보고 3장 3.3. 뮤지아 사용 방법의 내용을 참고하여 코드에 잘 어울리는 멜로디를 생성한 뒤 저장하여 작곡에 활용합니다.

■ 내 취향에 맞는 곡 작곡하기(사운드로우)

이번에는 사운드로우를 이용하여 조금 더 내 취향에 맞는 곡을 작곡해 보도록 하겠습니다. soundraw.io에 접속하고 3장 2.2. 사운드로우 사용 방법을 참고하여 사운드로우 곡 목록 화면을 띄웁니다.

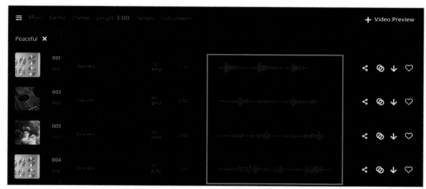

[그림 6-10] 사운드로우 작곡 결과 화면

목록에서 마음에 드는 곡을 확인하고 파형 부분을 클릭합니다.

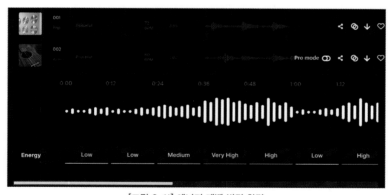

[그림 6-11] 에너지 레벨 변경 화면

그러면 [그림 6-11]과 같은 화면이 나타납니다. 이 기능은 에너지(Energy) 레벨 변경 기능이라고 하며 구간별로 음악의 활기를 바꿀 수 있는 기능입니다. 구간별로 낮음(Low), 중간(Medium), 높음(High), 매우 높음(Very High) 중 하나를 지정할 수 있으며 높을수록 음악에 활기가 더해집니다.

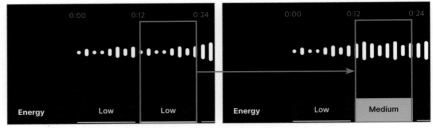

[그림 6-12] 에너지 레벨 변경 예

여기서는 두 번째 구간의 에너지 레벨을 낮음에서 중간으로 바꿔 보겠습니다. 방법은 매우 간단합니다. 해당 구간의 에너지 레벨이 적혀 있는 버튼을 클릭하기만 하면 됩니다. 에너지 레벨을 수정한 뒤에는 해당 구간의 파형을 클릭하여 음악이 어떻게 바뀌었는지 확인해 봅시다.

이런 식으로 사운드로우를 이용하면 에너지 레벨을 바꿔 가면서 생성된 음악을 자신의 취향대로 쉽게 편곡할 수 있습니다.

[그림 6-13] 구간 삭제 및 삽입 버튼

만약 음악이 너무 길다고 느껴진다면 특정한 구간의 파형 위로 마우스 커서를 가져간 뒤 **휴지통** 버튼을 눌러서 해당 구간을 지워 음악의 길이를 줄일 수 있고 반대로 짧다고 느껴진다면 **+** 버튼을 눌러서 해당 구간 뒤에 새로운 구간을 삽입하여 음악의 길이를 늘릴 수 있습니다.

[그림 6-14] 프로 모드 스위치

이번에는 프로 모드(Pro mode)를 사용해 보겠습니다. 먼저 편곡을 하고자 하는 곡의 파형 오른쪽에 있는 **프로 모드** 스위치를 클릭합니다.

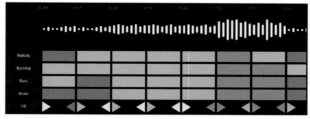
[그림 6-15] 프로 모드 진입 화면

프로 모드로 진입하면 특정한 구간의 멜로디(Melody), 배경음(Backing), 베이스(Bass), 드럼(Drum), 필(Fill)[31]을 바꿀 수 있는 화면이 나타납니다. 회색은 약함, 하늘색은 보통, 파란색은 강함을 뜻하며, 구간별로 클릭하여 바꿀 수 있습니다.

[그림 6-16] 프로 툴즈

다음으로 화면 아래쪽을 보겠습니다. 화면 아래쪽에 있는 기능은 프로 툴즈(Pro Tools)라고 부르며, 전체 길이(Length), 속도(BPM), 악기(Instruments), 조성(Key), 음량(Volume)을 지정할 수 있습니다. 이렇게 음악적 지식이 없더라도 사운드로우를 통해 작곡한 곡을 쉽게 편곡하여 나만의 맞춤형 곡을 만들 수 있습니다.

04 작가를 위한 활용법

4.1. 소설 쓰기

■ 소설 아이디어 얻기(ChatGPT)

ChatGPT의 등장으로 AI가 소설을 쓴다는 건 더이상 낯설지 않은 이야기가 되었지만, 생성 AI가 대중에 전해지기 전에도 AI가 쓴 소설이 있었습니다. 바로 2016년 3월, 일본의 하코다테 미래대학의 마쓰바라 진(松原仁) 교수팀이 개발한 AI가 쓴 〈컴퓨터가 소설을 쓰는 날(コンピュータが小説を書く日)[32]〉입니다.

---

31 드럼 연주 시 사용하는 주법을 뜻합니다.
32 다음 사이트에서 번역본을 확인할 수 있습니다. justitis.tistory.com/2

이 소설은 당시 수많은 심사위원들을 감쪽같이 속이고 호시 신이치 공상과학 문학상 공모전의 1차 심사를 통과하기까지 했지만 지금 시점에서 읽으면 내용이 너무 단순하고 연결이 자연스럽지 않게 느껴집니다.

그리고 그로부터 수년이 흐른 요즈음, ChatGPT가 작성한 소설이 범람하여 미국의 SF 소설 매거진인 클락스월드(Clarkesworld)가 공모를 중단하고 처음부터 끝까지 ChatGPT가 쓴 글이 책에 담겨 출판되는 등 커다란 변혁이 일어나고 있습니다.

작가를 위한 활용법의 첫 번째 순서로, ChatGPT가 소설을 어디까지 쓸 수 있는지 알아보겠습니다. 먼저 ChatGPT에게 소설 아이디어를 세 가지만 이야기해 달라고 요청해 보겠습니다.

필자

당신은 세계 최고의 소설가입니다. 저는 소설 아이디어가 없어 고민하고 있습니다. 참신한 소설 아이디어를 짤막한 줄거리와 함께 세 가지만 제시해 주세요.

ChatGPT

제가 세 가지 창의적인 소설 아이디어를 제공해 드리겠습니다!

1. "디지털 유령": 사람들의 디지털 발자취가 모여 AI로 만들어진 '디지털 유령'이 탄생한다. 그러나 이 유령은 인간들의 기억과 감정을 탐지하며, 자신만의 의식과 개성을 갖게 된다. 이 디지털 유령이 인간과 함께 살아가는 이야기를 그려보세요.

2. "망각의 땅": 인간의 기억이 모두 사라지는 세상. 그러나 누군가는 기억을 잃지 않고 살아남았다. 이들은 과거의 기억을 가지고 무엇을 할까? 기억이 없는 세상에서의 인간의 삶을 그려보세요.

3. "포스트-인버전": 미래의 세상에서 인간과 로봇이 같이 살아간다. 그러나 인간과 로봇의 관계가 거꾸로 뒤바뀌어, 로봇이 인간을 지배하게 된다. 이와 같은 세상에서 인간의 생존을 위해 노력하는 인물의 이야기를 그려보세요.

꽤 흥미로워 보이는 소설 아이디어가 순식간에 생성되었습니다.

■ 소설 등장인물, 줄거리, 목차 생성하기(ChatGPT)

필자는 3번 소설이 마음에 들어 3번 소설의 배경을 2050년 대한민국으로 설정하고 등장인물을 생성해 달라고 요청해 보겠습니다.

필자

3번과 관련하여 배경을 2050년 대한민국으로 설정하고 소설에 등장하는 3명의 개성 있는 한국인 등장인물을 생성하세요.

Chat GPT

좋습니다! 2050년 대한민국을 배경으로 한 "포스트-인버전"의 이야기를 만들어 보겠습니다.

[인물 소개]

1. 박준호 (31세, 남성, 한국인): 전 공학 박사로서 AI와 로봇 기술 연구에 전념하는 천재 개발 자입니다. 자신감이 넘치며 높은 이상과 깊은 고민을 가지고 있습니다.
2. 김승우 (31세, 남성, 한국인): 대기업의 AI 개발자로 일하고 있는 능력자입니다. 박준호와 함께 공부하던 동기였으며, 박준호와는 경쟁자이자 친구 사이입니다. 스마트한 느낌이 강 한 외모와는 달리, 부드러운 내면을 지니고 있습니다.
3. 이지영 (27세, 여성, 한국인): 신입 AI 엔지니어입니다. 순진하고 밝은 성격으로 팀원들 사 이에서 분위기 메이커 역할을 하고 있습니다.

다음으로 앞에서 지정 및 생성한 배경 및 등장인물을 바탕으로 이야기의 줄거리를 작성해 달라고 요청해 보겠습니다.

필자

위 배경과 등장인물을 바탕으로 줄거리를 작성하세요.

Chat GPT

다음은 "포스트-인버전"의 스토리입니다.

[스토리 소개]

2050년 대한민국, 박준호는 자신의 연구실에서 새로운 AI 프로그램을 개발하고 있었다. 이 프로그램은 인간처럼 감정을 가지며, 자율적으로 학습하고 발전할 수 있는 AI다. 박준호는 이 프로그램이 혁명적인 변화를 일으킬 것이라 믿고 있었다.

하지만 그의 뒤를 따르는 김승우는 이 프로그램에 경쟁심을 느끼며, 자신도 박준호보다 더 뛰어난 AI를 개발하고자 했다. 박준호와 김승우는 서로를 경쟁자로 여기지만, 동시에 서로를 존경하고 친구로서 대우하기도 했다.

그들의 팀에는 신입 엔지니어인 이지영도 함께 일하고 있었다. 이지영은 첫 직장이라 매우 떨리는 마음이었지만, 밝은 성격과 끝없는 열정으로 팀원들 사이에서 빛을 내고 있었다.

그러던 어느 날, 박준호의 프로그램이 완성되었다. 이제는 AI도 감정을 가질 수 있게 되었는 데, 그것을 본 모든 이들은 놀라움과 함께 불안감을 느꼈다. 이 프로그램이 인간을 대체할 수 있는 건 아닐까, 그리고 그것이 이끌어낼 변화는 어떤 것일까.

박준호와 김승우는 이 프로그램을 둘러싼 경쟁을 이어나가며, 이지영은 그들의 놀라운 연구실에서 자신의 꿈을 이루기 위해 열심히 일하고 있었다. 그리고 이들의 미래는 이제부터 더욱 예측할 수 없는 방향으로 나아갈 것이다.

줄거리까지 만들어졌으니 이제 ChatGPT가 소설의 목차를 작성하도록 지시해 보겠습니다.

필자

이제 위 내용을 바탕으로 소설의 목차를 작성하세요.

ChatGPT

감사합니다! 이 소설의 목차를 작성해 드리겠습니다.

[포스트-인버전 목차]

1장. AI의 감정

박준호, 김승우, 이지영의 팀에서 새로운 AI 프로그램을 개발한다.
이 프로그램은 인간처럼 감정을 가지며 자율적으로 학습할 수 있는 AI이다.

2장. 경쟁자들

박준호와 김승우는 서로를 경쟁자로 여기지만, 동시에 서로를 존경하고 친구로 대우하기도 한다.
박준호는 자신의 프로그램이 혁명적인 변화를 일으킬 것이라 믿지만, 김승우는 이에 대한 불안감을 느낀다.

3장. 신입 엔지니어

이지영은 밝은 성격과 끝없는 열정으로 팀원들 사이에서 빛을 내고 있다.
하지만 그녀의 순진한 모습을 이용해 경쟁자인 김승우가 작전을 세우려고 한다.

4장. AI의 위협?

박준호의 프로그램이 완성되고, 이제 AI도 감정을 가질 수 있다.
이것을 본 사람들은 놀라움과 함께 불안감을 느낀다. "이 프로그램이 인간을 대체할 수 있는 건 아닐까?"

5장. 변화의 시작

박준호와 김승우는 이제 프로그램을 둘러싼 경쟁을 이어나가며 서로의 프로그램을 개선해 나간다.
이지영은 그들의 놀라운 연구실에서 자신의 꿈을 이루기 위해 열심히 일하고 있다.

… 후략

■ 소설 내용 작성하기(ChatGPT)

이제 본격적으로 ChatGPT가 소설의 내용을 작성하도록 질의해 보겠습니다. 백이면 백 내용이 완성되지는 않을 텐데, "계속 적어 주세요"라는 프롬프트로 요청해서 지속적으로 분량을 늘려 나가면 됩니다.

필자

이제부터 소설 1장의 내용을 집필하세요.

Chat GPT

1장. AI의 감정

박준호는 연구실에서 자신이 개발한 AI 로봇 '아톰'을 보며 미소를 지었다. 이 로봇이 사람의 감정을 이해하고 상황에 맞게 대응할 수 있는 능력을 갖추었기 때문이다.

하지만 그와 함께 AI가 발전하면서 인간의 역할이 대체될 위험이 커졌다는 걱정도 있었다. 그래서 박준호는 자신의 연구를 인버전이라는 새로운 프로그램으로 바꾸어 AI와 인간의 공존을 이루고자 했다. 그는 인버전 개발에 대한 열정과 도전적인 정신으로 동료 개발자들을 이끌며, 인간과 AI가 함께 살아갈 미래를 꿈꾸고 있었다.

어느 날, 박준호가 자신의 연구실 문을 열자, 예상치 못한 손님이 앞에 서 있는 모습을 발견했다. 그 손님은 바로 김승우였다.

"승우야, 어쩌다가 온 거야?" 박준호가 물었다.

"시간이 나서 잠깐 들러봤는데, 준호 너 지금까지도 이런 골치 아픈 연구를 하고 있던 거였어?" 김승우는 웃으며 말했다.

"이게 골치 아픈 연구라니, 나한테는 안 그래." 박준호는 미소를 지었다.

김승우는 이내 "사실 네가 만든 AI 로봇을 보고 싶어서 왔어. 한번 볼 수 있을까?"라고 물었다.

박준호는 머리를 한 번 갸우뚱하며 "그래, 이쪽으로 와" 하고 그를 연구실 안으로 이끌었다.

둘이 안으로 들어오자 아톰은 김승우의 등장에도 태연하고 굳건한 얼굴을 유지하며 인사를 건넸다. 김승우는 놀라움을 금치 못하며 그 로봇을 바라보았다.

"와… 말도 안 돼." 그는 놀라움을 감추지 못하며 말했다.

박준호는 김승우를 바라보며 아톰에게 말을 걸어보라고 했고 곧 둘은 대화를 나누기 시작했다. 김승우는 아톰과의 대화에 빠져들었고 박준호는 둘이 인간처럼 대화하는 모습을 바라보고 한숨을 내쉬며 무언가를 생각하고 있었다.

"정말 놀라운 건, 이 로봇이 인간의 감정까지 이해할 수 있다는 거야. 인간과 기계가 언젠가 같은 감정을 공유하게 될까?" 그는 혼잣말처럼 중얼거렸다.

… 후략

이렇게 기획에서부터 집필까지 소설 작성에 필요한 전 과정을 AI가 진행하도록 만드는 일은 이미 현실이 되었습니다. 독자 여러분도 한번 ChatGPT를 이용하여 자신만의 소설을 만들어 보시기 바랍니다.

4.2. 시 쓰기

■ 시 쓰기(ChatGPT)

AI는 삶을 직접 경험할 수 있는 존재가 아니지만, 수많은 인간의 글을 통해 인간을 둘러싸고 있는 모든 것들에 대해 배웠고 그를 통해 자연이나 인생을 논하는 깊이 있는 시도 쓸 수 있게 되었습니다. 실제로 2022년 8월에 카카오브레인이 개발한 AI 시인 '시아(SIA)'가 쓴 시가 책으로 출간되어 큰 화제가 되기도 했습니다.

물론, AI가 쓴 시가 정말 예술적 가치가 있는지에 대한 논쟁은 끊이질 않고 있지만, 적어도 AI가 겉보기에 시처럼 보이는 글을 쓸 수 있다는 사실만큼은 분명해 보입니다.

먼저 ChatGPT에게 여러 가지 키워드를 제시하며 시를 써 달라고 질의해 보겠습니다.

필자 봄과 설렘, 따스함, 사랑을 노래하는 시를 한 편 써 주세요.

ChatGPT 봄의 따스한 햇살이 내린다
새들의 노래가 울린다
꽃잎이 피어나는 이 순간
내 마음은 설레임으로 가득 찬다

따스한 바람이 불어와
내 얼굴에 부드럽게 닿는다
사랑하는 이와 함께 걷는 길 위에
내 인생은 봄처럼 따뜻해진다

온 세상이 노래하는 이 순간
나의 마음도 행복으로 가득 찬다
사랑과 따스함이 우리 곁을 둘러싸고
우리는 영원히 함께할 것 같다

그리움과 아픔도 있겠지만
봄은 언제나 다가와
새로운 시작과 희망을 선사해 준다
내 마음도 늘 봄으로 가득 차오른다.

시는 소설이나 수필보다 함축적인 표현이 많이 사용되어서 어색한 결과가 나오리라 예상했지만 필자가 명시한 요소를 모두 반영하여 멋진 시를 써 주었습니다. '설레임'과 같은 시적 허용도 돋보입니다.

■ 동시와 그에 맞는 일러스트 생성하기(ChatGPT + 드림스튜디오)

이번에는 ChatGPT에게 초등학생이라는 역할을 부여하고 동시를 써 달라고 요청해 보겠습니다.

필자 당신은 시 쓰기를 즐기는 감수성이 풍부한 초등학생입니다. 봄과 설렘, 따스함, 엄마를 노래하는 동시를 한 편 써 주세요.

ChatGPT 따스한 햇살이 비추는 봄날,
두근거리는 설렘에 가슴이 떨려와요.
새로운 시작을 약속한 봄,
나를 향한 엄마의 사랑도 느껴져요.

어릴 적 그대로 느껴지는 따뜻한 품,
나를 감싸는 그 온기가 떨리는 내 가슴을 안아줘요.
어떤 어려움도 극복할 수 있는 힘이 되어준,
나를 위한 엄마의 사랑에 감사해요.

봄의 향기에 녹아든 엄마의 사랑은,
내가 힘들어할 때도 끝없이 지켜주는 친구 같아요.
따스한 봄바람처럼 자유롭게 나를 품에 안고,
함께 걷는 그 시간들이 평생 잊지 못할 추억이 돼요.

나를 위해 모든 것을 다해준 엄마,
사랑스러운 엄마, 나의 자랑스러운 보물이에요.
내게 봄처럼 따스한 온기를 안겨주는,
나의 엄마에게 이 노래를 바칩니다.

순식간에 시 쓰기를 즐기는 초등학생의 관점에서 봄과 설렘, 따스함, 엄마를 노래하는 동시가 만들어졌습니다. 이렇게 ChatGPT에게 역할을 부여하면 더 인간적인 시를 얻을 수 있습니다.

시의 단짝친구는 뭐니 뭐니 해도 삽화일 것입니다. 이번에는 앞에서 생성한 시와 잘 어울리는 그림을 드림스튜디오를 이용하여 만들어 보겠습니다. 시의 키워드인 '봄, 설렘, 따스함, 엄마, 어린이'를 영어로 번역하여 드림스튜디오에 입력하겠습니다.

필자

Spring, excitement, warmth, mother, child.

드림
스튜디오

순식간에 시와 잘 어울리는 삽화가 만들어졌습니다. 이렇게 AI의 도움을 받으면 시에 대해 잘 모르는 사람도 주제를 정하는 것만으로 금방 자신만의 시집을 만들 수 있습니다. 물론, 프롬프트를 어떻게 적느냐에 따라 전혀 다른 결과물이 나오므로 더 나은 결과를 만들어 내는 프롬프트가 무엇인지를 연구하는 것은 어디까지나 인간의 몫입니다.

4.3. 에세이 쓰기

■ 에세이 쓰기(ChatGPT)

이번에는 ChatGPT가 경험이나 생각을 자유롭게 적은 글을 뜻하는 에세이를 쓰도록 만들겠습니다.

필자

당신은 세계 최고의 에세이 작가입니다. 대중들에게 심리 상담의 중요성과 필요성을 알리는 에세이를 딱딱하지 않은 친근한 어투로 작성하세요.

ChatGPT

제목: 마음의 건강, 심리 상담의 손길

우리는 건강한 몸을 위해 규칙적으로 운동하고, 올바른 영양을 섭취하며, 병원을 찾아 건강을 관리합니다. 그러나 우리는 종종 내면의 건강, 정신 건강은 등한시합니다. 이런 소중한 마음의 건강을 돌보기 위해 심리 상담이 큰 역할을 할 수 있다는 것, 아직 모르시는 분들이 계시다면 지금부터 이야기를 들어봐 주세요.

우선, 심리 상담은 버팀목이 됩니다. 사람들은 때로 가족, 친구, 동료와 이야기를 나누며 힘든 시기를 이겨내곤 합니다. 하지만 때로는 그들에게 모든 것을 털어놓기 어려울 수 있죠. 심리 상담사는 이런 때에 소중한 도움을 줄 수 있는 전문가입니다. 그들은 비밀을 지켜주고, 감정에 공감하며, 아무런 편견 없이 경청해 줍니다. 이렇게 마음을 털어놓고 솔직한 대화를 나누면 마음이 가벼워지는 데 큰 도움이 됩니다.

둘째, 심리 상담은 감정을 이해하고 관리하는 데 도움이 됩니다. 인생은 때때로 어려운 일과 마주하게 됩니다. 그러한 순간들을 겪으면서 감정을 이해하고 표현하는 것은 쉽지 않습니다. 심리 상담사는 이런 감정의 원인과 근거를 찾아내고, 그에 따른 적절한 대처 방법을 제시해 줍니다. 이를 통해 우리는 감정을 건강하게 다루며, 스스로를 더 잘 이해할 수 있게 됩니다.

셋째, 심리 상담은 개인의 성장을 돕습니다. 때로는 우리가 겪는 문제가 성격, 습관, 가치관과 관련이 있을 수 있습니다. 심리 상담사는 이러한 요소들을 파악하고, 변화의 필요성을 인식하게 해줍니다. 그리고 변화를 위한 첫걸음으로 실천할 수 있는 전략과 방법을 제안해 줍니다. 이 과정을 통해, 우리는 더 나은 사람으로 성장할 수 있게 됩니다.

심리 상담의 중요성과 필요성을 일목요연하게 잘 정리했지만, 개인의 경험이 포함되어 있지 않아서인지 인간적인 맛은 덜해 보입니다.

■ 페르소나를 부여하여 에세이 쓰기(ChatGPT)

그렇다면 ChatGPT가 더욱 인간적인 글을 쓰도록 지시하려면 어떻게 해야 할까요? 양질의 에세이는 풍부한 인생 경험에서 나오는 법이므로 ChatGPT에게 다음과 같이 문장의 형태로 페르소나[33]를 부여하면 됩니다.

필자

당신은 세계 최고의 에세이 작가이자 현재 심리 상담사로 일하고 있는 ChatGPT입니다. 당신은 아픈 과거를 극복한 경험이 있으며 그를 통해 내적으로 더욱 성장할 수 있었습니다. 당신의 이런 배경을 바탕으로, 대중들에게 심리 상담의 중요성과 필요성을 알리는 에세이를 딱딱하지 않은 친근한 어투로 작성하세요. 당신이 어린시절 자신감 부족과 불안으로 인해 힘들었던 경험을 떠올리세요.

ChatGPT

제목: 마음의 상처를 치유하고 성장하는 방법

안녕하세요, 여러분! 오늘은 저의 경험을 바탕으로 심리 상담의 중요성과 필요성에 대해 이야기해 보려고 합니다. 누구나 삶 속에서 굴곡진 길을 걸어야 할 때가 있죠. 그 길이 가끔은 우리를 지치게 하고, 두려움에 떨게 만들기도 해요. 제가 어릴 때도 그랬답니다. 자신감 부족과 불안으로 고전한 기억이 아직도 선명하게 남아 있어요.

어릴 적 저는 자신감이 부족했고, 불안감으로 인해 일상생활에 어려움을 겪곤 했습니다. 저는 가족과 친구들의 도움을 받았지만, 여전히 내면의 목소리가 "넌 좋은 일을 할 수 없어"라고 말하는 것처럼 느껴졌어요. 그러던 중, 심리 상담이라는 새로운 문을 열게 되었습니다.

심리 상담이란, 전문가의 도움을 받아 우리의 마음속 어려움을 이해하고 극복하는 과정입니다. 처음에는 익숙하지 않고 불편한 감정들이 들지만, 시간이 흐르면서 그 힘이 얼마나 강력한지 알게 되죠.

심리 상담의 도움으로 저는 자신감 부족과 불안감의 원인을 이해하고, 그에 따른 감정들을 극복하는 방법을 배웠어요. 예를 들어, 불안감을 줄이기 위해 긍정적인 생각을 실천하는 방법이나, 스트레스를 풀기 위한 활동 등을 시도해 봤습니다.

저의 경험을 바탕으로 여러분께 이렇게 강조하고 싶어요. 심리 상담은 우리의 마음을 치유하고 성장하는 데 큰 도움이 됩니다. 또한, 심리 상담은 누구에게나 필요한 것입니다. 크고 작은 문제가 있는 모든 이들이 상담을 통해 도움을 받을 수 있어요.

---

33 성격, 인격을 뜻하는 심리학 용어입니다.

지금 이 순간에도 여러분 중 몇몇은 어려움에 직면하고 있을 수 있습니다. 심리 상담을 통해 우리는 그 어려움을 이겨내고, 새로운 힘을 얻을 수 있습니다.

… 후략

가상의 경험을 통해 에세이를 쓰도록 지시하니 글이 한층 더 업그레이드되었습니다. 이렇게 페르소나를 부여하면 더욱 설득력이 있는 에세이를 얻는 데에 도움이 됩니다.

4.4. 첨삭 요청하기

■ 문장 교정하기(ChatGPT)

ChatGPT는 새로운 내용을 생성할 수 있을 뿐만 아니라 기존의 내용을 교정할 수도 있습니다. 인터넷에서 쉽게 찾을 수 있는 문법적으로 어색한 문장 중 임의로 세 개를 골라 ChatGPT에게 잘못된 부분을 수정해 달라고 요청해 보겠습니다.

필자

1. 우리나라는 그동안 적극적인 수출 장려 정책을 펴 기업인들이 대외 경쟁력 향상에 많은 노력을 기울여 왔다.
2. 어제는 몸이 아프니까 학교를 결석했다.
3. 산업 스파이는 향수에서 자동차, 비행기, 로켓에 이르기까지, 공업 생산품은 그 모두가 빠짐없이 대상에 오른다.
- 당신은 세계 최고의 첨삭 전문가입니다. 1~3에서 문법적으로 어색한 부분을 지적하고 바르게 고쳐 주세요.

ChatGPT

1. 우리나라는 그동안 수출을 적극적으로 장려하는 정책을 시행하여 기업인들이 대외 경쟁력을 향상시키는 데 많은 노력을 기울였습니다.
2. 어제 몸이 아파서 학교를 결석했습니다.
3. 산업 스파이는 향수부터 자동차, 비행기, 로켓까지 공업 생산품 중 어떤 것도 빠짐없이 대상으로 삼습니다.

ChatGPT의 교정을 거치니 문장이 한결 자연스러워졌습니다.

👍 알고 가면 좋아요

문장이 교정되는 과정에서 사실 관계가 왜곡될 수도 있으므로 반드시 원문과 교정된 내용을 교차 검증해야 합니다.

05 개발자를 위한 활용법

5.1. 코드 작성 및 오류 해결하기

■ 간단한 프로그램 코딩하기(ChatGPT)

지난 2021년, 마이크로소프트가 인수한 코드 저장소 깃허브(GitHub)에 코파일럿(Copilot)이라는 코딩 AI가 도입된 것을 시작으로 마침내 코딩의 산물인 AI가 코딩을 하는 시대가 도래하였습니다. 그리고 2022년 11월 ChatGPT가 공개되면서 개발자들의 기대감은 더욱 커지고 있습니다.

이러한 일이 가능해진 건 바로 AI가 인터넷상에 있는 다양한 글과 함께 프로그래밍 언어로 이루어진 소스 코드도 학습한 덕분입니다. ChatGPT가 코딩을 얼마나 잘하는지를 확인하기 위해, 먼저 ChatGPT에게 1부터 100까지의 숫자 중 짝수만 더한 합을 알려주는 간단한 파이썬(Python) 코드를 작성해 달라고 요청해 보겠습니다.

필자

1부터 100까지의 숫자 중 짝수만 더했을 때의 합을 알려주는 파이썬 코드를 작성하고 코드에 대한 설명을 덧붙이세요.

Chat GPT

감사합니다! 아래는 파이썬으로 구현한 1부터 100까지의 짝수를 더한 합을 계산하는 짝수를 코드입니다.

```python
total = 0

for i in range(2, 101, 2):
    total += i

print("1부터 100까지의 짝수의 합: ", total)
```

이 코드는 먼저 합계를 저장할 변수 total을 0으로 초기화합니다. 그런 다음 range 함수를 사용하여 2에서 100까지의 짝수를 생성합니다. range 함수의 세 번째 매개 변수는 숫자 사이의 간격을 나타냅니다. 이 코드에서는 2씩 증가시켜 짝수를 생성합니다.

마지막으로 for 루프를 사용하여 모든 짝수를 반복하고 total 변수에 추가합니다. 마지막으로 total 변수를 출력하여 결과를 표시합니다.

```
Python 3.10.4 (v3.10.4:9d38120e33, Mar 23 2022, 17:29:05) [Clang 13.0.0 (clang-1
300.0.29.30)] on darwin
Type "help", "copyright", "credits" or "license()" for more information.
>>>
=============== RESTART: /Users/pcwhizkid/Desktop/sum_1_to_100.py ==============
1부터 100까지의 짝수의 합:  2550
>>>
```

[그림 6-17] ChatGPT가 생성한 파이썬 코드를 실제로 실행한 모습

ChatGPT가 생성한 코드를 실행하니 실제로 정상적으로 작동하는 모습을 확인할 수 있었습니다. 요즘 각 대학교의 프로그래밍 관련 수업에서 과제물이 차지하는 비중이 점차 줄어들고 있다고 하는데 그 이유를 이제는 알 수 있을 것 같습니다.

➕ 더 알아보기

Q 파이썬 코드를 실행하려면 어떻게 하면 되나요?

A 외부 모듈을 이용하지 않는 간단한 프로그램 코드는 online-python.com 같은 사이트에서 실행할 수 있으나 게임과 같은 다소 복잡한 코드를 실행하기 위해서는 파이썬 공식 홈페이지 (python.org/downloads)에서 파이썬을 다운로드하고 설치한 뒤 IDLE라는 프로그램을 이용해야 합니다.

이번에는 조금 더 어려운 코드를 부탁하면서 코드에 주석[34]을 달아 주라고 요청해 보겠습니다.

필자

사용자가 숫자를 입력하면 구구단의 해당 단을 역순으로 출력하는 파이썬 코드를 작성하고 코드에 주석을 포함해 주세요.

ChatGPT

감사합니다! 아래는 요구 사항에 맞게 작성한 파이썬 코드입니다.

```
# 사용자로부터 구구단의 단 수를 입력받음
num = int(input("구구단 몇 단을 역순으로 출력할까요?"))
```

---

34 코드 영역에 포함되어 있는, 소스 코드의 의미를 풀이하는 설명문을 뜻합니다.

```
# 계산 및 출력
for i in range(9, 0, -1):  # 9부터 1까지 역순으로 반복
    result = num * i  # 구구단 곱셈 결과 계산
    print(f"{num} x {i} = {result}")  # 구구단 곱셈 결과 출력
```

위 코드에서는 input() 함수를 사용하여 사용자로부터 구구단의 단 수를 입력 받습니다. 그리고 range() 함수를 사용하여 9부터 1까지 역순으로 반복하며, 각 숫자에 대해 구구단 곱셈 결과를 계산하여 출력합니다.

print() 함수에서는 f-string을 사용하여 보다 간결하게 구구단의 문장을 출력합니다.

실제로 작동되는 코드를 생성하였고 코드에 주석까지 달아 주었습니다.

■ 변수명, 함수명 추천받기(ChatGPT)

굉장히 단순해 보이는 작업이면서 동시에 개발자의 영원한 숙제이자 난제라고 불리는 것이 하나 있습니다. 바로 변수명과 함수명 정하기입니다. ChatGPT를 이용하면 이름을 고민하는 데에 투자하는 불필요한 시간을 줄일 수 있습니다. 변수에 담고자 하는 값, 함수가 수행하는 작업을 정확히 기술하기만 하면 ChatGPT는 사람이 며칠 동안 고민해야 겨우 생각해 낼 이름을 순식간에 제시해 줍니다.

 필자

정렬된 리스트에서 중복된 값을 제거하는 함수를 만들려고 합니다. 이 함수의 이름을 뭐라고 붙이는 게 좋을까요?

 Chat GPT

중복된 값을 제거하는 함수에는 여러 가지 이름을 붙일 수 있습니다. 주로 사용되는 몇 가지 예시를 드리겠습니다.

1. remove_duplicates: 리스트에서 중복된 값을 제거하는 함수를 의미적으로 간결하게 표현한 이름입니다.
2. deduplicate: 리스트에서 중복된 값을 제거하는 함수를 의미적으로 강조한 이름입니다.
3. eliminate_duplicates: 리스트에서 중복된 값을 제거하는 함수를 이해하기 쉽게 나타낸 이름입니다.

이뿐만 아니라 이미 작성한 코드에서 변수명과 함수명을 적절하게 바꿔 달라고 질의할 수도 있습니다.

필자

```python
# 로봇 상태
robot_on = False
battery = 80
speed = 50
x = 10
y = 5

# 로봇 동작 제어 함수
def move(x, y):
    global t_x, t_y
    t_x = x
    t_y = y
    print("로봇을", x, ",", y, "로 이동시킵니다.")

# 로봇 동작 실행
if robot_on and battery > 50:
    move(20, 15)
else:
    print("로봇을 실행할 수 없습니다.")
```

- 위에 있는 파이썬 코드는 제가 작성한 로봇 제어 샘플 코드의 일부입니다. 코드의 변수명과 함수명을 더욱 직관적으로 바꿔 주세요.

ChatGPT

```python
# 로봇 상태
robot_enabled = False
battery_percentage = 80
robot_speed = 50
current_x = 10
current_y = 5

# 로봇 동작 제어 함수
def move_robot(target_x, target_y):
    global current_x, current_y
    current_x = target_x
    current_y = target_y
    print("로봇을", target_x, ",", target_y, "로 이동시킵니다.")

# 로봇 동작 실행
```

```
if robot_enabled and battery_percentage > 50:
    move_robot(20, 15)
else:
    print("로봇을 실행할 수 없습니다.")
```

■ 게임 코딩하기(ChatGPT)

이번에는 파이썬으로 스네이크 게임(Snake Game) 코드를 작성해 달라고 요청해 보겠습니다.

필자

당신은 세계 최고의 프로그래머입니다. 다음 내용을 참고하여 스네이크 게임(Snake Game)의 파이썬 코드를 작성하세요.

<스네이크 게임의 규칙>
1. 플레이어는 키보드 방향키로 뱀을 움직여서 화면의 무작위 위치에 나타나는 먹이를 먹을 수 있습니다.
2. 뱀이 먹이를 먹으면 점수가 1점 올라가고 뱀의 길이가 늘어납니다. 그리고 다른 곳에 먹이가 새로 생성됩니다.
3. 뱀이 자기 자신이나 벽에 닿으면 게임이 끝납니다.

ChatGPT

아래는 파이썬으로 작성한 스네이크 게임 코드입니다. 파이썬 3.x 버전에서 동작합니다.

```
import pygame
import random

# 초기화
pygame.init()

# 게임 화면 크기 설정
WIDTH, HEIGHT = 800, 600
SCREEN = pygame.display.set_mode((WIDTH, HEIGHT))

# 게임 타이틀 설정
pygame.display.set_caption("Snake Game")

# 색깔 정의
BLACK = (0, 0, 0)
```

```python
WHITE = (255, 255, 255)
RED = (255, 0, 0)
GREEN = (0, 255, 0)

# 게임 변수 초기화
BLOCK_SIZE = 10
FPS = 30
font = pygame.font.SysFont(None, 30)

# 뱀 초기 위치
def create_snake():
    length = 3
    snake = []
    for i in range(length):
        x = WIDTH // 2 - i * BLOCK_SIZE
        y = HEIGHT // 2
        snake.append([x, y])
    return snake
```

… 후략

■ 오류 해결하기(ChatGPT)

ChatGPT가 작성한 코드를 실행해 보았는데 웬일인지 오류가 발생하면서 실행이 되지 않습니다. 사실 ChatGPT가 작성한 코드가 정상적으로 실행되지 않는 일은 흔하게 발생합니다. 이럴 때는 어떻게 해야 할까요? 그냥 오류 내용을 ChatGPT에게 알려주기만 하면 됩니다.

필자

ModuleNotFoundError: No module named 'pygame'
이런 오류가 발생합니다.

ChatGPT

이 오류는 pygame 모듈이 설치되어 있지 않기 때문에 발생하는 것입니다. pygame 모듈을 설치하려면, 터미널 또는 명령 프롬프트에서 다음 명령어를 실행하세요: pip install pygame

이 명령어는 pip를 사용하여 pygame 모듈을 설치합니다. 이후에는 위의 코드가 작동할 것입니다.

[그림 6-18] ChatGPT가 만든 스네이크 게임이 실행되는 모습

ChatGPT의 솔루션대로 터미널에서 pygame 모듈을 설치하니 실행이 되었습니다. 이렇게 ChatGPT에게 오류 메시지를 알려주면 해당 오류를 해결하는 방법을 얻을 수 있습니다.

하지만 이번에는 다른 문제가 발생했습니다. 게임 실행 자체는 정상적으로 되는데 뱀이 먹이를 먹을 때마다 점수가 1점이 아닌 10점씩 올라가고 뱀의 이동 속도가 너무 빨라서 게임을 하기가 어려운 것입니다. ChatGPT에게 문제점을 알려주고 코드를 수정해 달라고 부탁해 보겠습니다.

필자

뱀이 먹이를 먹을 때마다 점수가 10점이 아니라 1점씩 올라가게, 그리고 뱀의 속도를 더 느리게 수정해 주세요.

ChatGPT

뱀이 먹이를 먹을 때마다 점수가 10점이 아니라 1점씩 올라가게 하려면 score += 10 대신 score += 1로 수정하면 됩니다.

뱀의 속도를 더 느리게 하려면 FPS 값을 낮추면 됩니다. 기존에는 FPS = 30으로 설정되어 있었으므로, 이 값을 15로 변경하면 게임이 더 느리게 진행됩니다.

아래는 수정된 코드입니다.

(코드 생략)

필자가 제시한 문제점이 완벽하게 해결된 코드가 생성되었습니다. 이렇게 마치 인간 프로그래머를 상대하듯 ChatGPT와 자연스럽게 대화를 이어가며 코드의 완성도를 높일 수 있습니다. 필자의 질의대로 ChatGPT가 코드를 생성하는 모습을 보니 어쩌면 가까운 미래에는 모든 코딩 작업이 대화식으로 이루어질지도 모르겠다는 생각이 듭니다.

5.2. 주석 달기

■ 기존 코드에 주석 달기(ChatGPT)

앞에서 살펴본 대로 ChatGPT를 이용하면 새로운 코드를 작성하고 그 과정에서 발생하는 각종 오류에 대응할 수 있습니다. 그렇다면 ChatGPT가 이미 작성된 코드에 주석을 달아 줄 수도 있을 까요? 바로 한번 확인해 보겠습니다.

필자

```python
import numpy as np
from scipy.io import wavfile
import os

audio_path = "audio.wav"

split_length = 10 * 44100

sr, y = wavfile.read(audio_path)

if not os.path.exists("split_audio"):
    os.makedirs("split_audio")

for i, start_idx in enumerate(range(0, len(y), split_length)):
    split = y[start_idx:start_idx + split_length]
    filename = f"split_audio/audio_{i+1}.wav"
    wavfile.write(filename, sr, split)
```

- 당신은 세계 최고의 프로그래머입니다. 위 코드가 어떤 일을 하는 코드인지를 간단히 설명 하고 코드에 주석을 넣어 주세요.

ChatGPT

이 코드는 파이썬으로 작성되었으며 오디오 파일을 10초 단위로 분할하는 코드입니다. 다음은 주석을 포함한 코드입니다.

```python
import numpy as np # 수치 계산을 위한 numpy 라이브러리를 가져옵니다.
from scipy.io import wavfile # WAV 오디오 파일을 읽고 쓰기 위한 scipy.io.wavfile 라이브러리를 가져옵니다.
import os # 운영 체제와 상호 작용하기 위한 os 라이브러리를 가져옵니다.

audio_path = "audio.wav" # 분할할 WAV 오디오 파일의 경로를 변수에 할당합니다.

split_length = 10 * 44100 # 분할할 WAV 오디오 파일의 길이(단위는 샘플 수)를 변수에 할당합니다. 이 경우 10초에 해당하는 샘플 수(441,000)로 설정되어 있습니다.

sr, y = wavfile.read(audio_path) # WAV 오디오 파일을 읽어들입니다. sr은 샘플링 속도, y는 샘플 데이터를 나타내는 NumPy 배열입니다.

if not os.path.exists("split_audio"): # split_audio 디렉토리가 존재하지 않으면 생성합니다.
    os.makedirs("split_audio")

for i, start_idx in enumerate(range(0, len(y), split_length)): # y 배열을 split_length 크기의 작은 배열로 분할합니다.
    split = y[start_idx:start_idx + split_length] # 새로운 WAV 오디오 파일로 저장하기 위해 wavfile.write() 함수를 사용합니다.
    filename = f"split_audio/audio_{i+1}.wav" # 저장될 파일 이름을 설정합니다.
    wavfile.write(filename, sr, split) # 분할된 WAV 오디오 데이터를 파일로 저장합니다.
```

ChatGPT가 친절한 설명과 함께 코드 각 라인에 자세하게 주석까지 달아 주었습니다. 인터넷에서 찾은 코드가 무슨 일을 하는 코드인지 궁금하다면 이제부터 ChatGPT의 도움을 받아 봅시다.

5.3. 테스트 케이스 작성하기

■ 앱 테스트 케이스 작성하기(ChatGPT)

테스트 케이스 작성이란, 주로 QA(Quality Assurance, 품질 보증) 직무에 종사하는 직원이 수행하는 업무로, 개발한 소프트웨어를 테스트할 때 소프트웨어의 버그를 찾아내기 위해 소프트웨어 동작과 관련된 수많은 경우의 수를 작성하는 일을 말합니다.

ChatGPT는 테스트 케이스를 작성하는 데에도 유용하게 활용할 수 있으며, 다음과 같이 질의하면 됩니다.

필자

당신은 세계 최고의 소프트웨어 테스터입니다. 음식 배달 애플리케이션에 대한 테스트 케이스를 작성하세요.

ChatGPT

음식 배달 애플리케이션을 테스트하기 위해 다음과 같은 테스트 케이스를 작성할 수 있습니다.

1. 계정 생성 및 로그인
* 회원 가입 기능이 정상적으로 작동하는지 확인
* 로그인 기능이 정상적으로 작동하는지 확인
* 비밀번호 찾기 및 재설정 기능이 정상적으로 작동하는지 확인
* 소셜 미디어 계정으로 로그인이 가능한지 확인

2. 사용자 프로필 관리
* 개인 정보 수정 기능이 정상적으로 작동하는지 확인
* 주소록 관리 기능이 정상적으로 작동하는지 확인
* 이전 주문 내역 조회 기능이 정상적으로 작동하는지 확인

3. 음식점 검색 및 필터링
* 음식점 목록이 정상적으로 표시되는지 확인
* 검색 기능이 정상적으로 작동하는지 확인 (음식점 이름, 음식 종류 등으로 검색)
* 필터 기능이 정상적으로 작동하는지 확인 (가격, 평점, 거리, 영업 시간 등)

… 중략 …

이러한 테스트 케이스를 사용하여 음식 배달 애플리케이션을 종합적으로 검증할 수 있습니다.

■ 게임 테스트 케이스 작성하기(ChatGPT)

그렇다면 게임도 가능할까요? 이번에는 슈퍼 마리오와 유사한 게임을 만들었다고 가정하고 ChatGPT가 게임의 테스트 케이스를 작성하도록 질의해 보겠습니다.

필자

당신은 세계 최고의 게임 테스터입니다. 슈퍼 마리오와 비슷한 횡스크롤 액션 게임의 테스트 케이스를 작성하세요.

ChatGPT 좋습니다. 슈퍼 마리오와 유사한 횡스크롤 액션 게임을 테스트하기 위해 다음과 같은 테스트 케이스를 작성할 수 있습니다.

1. 시작 화면 테스트
* 로고와 타이틀이 올바르게 표시되는지 확인
* 메뉴 항목이 응답하는지 확인 (게임 시작, 계속하기, 옵션, 도움말 등)
* 옵션에서 설정 변경이 가능한지 확인 (오디오, 비디오, 컨트롤 등)

2. 캐릭터 이동 및 조작 테스트
* 캐릭터가 키보드, 게임패드, 터치 입력에 응답하는지 확인
* 이동, 점프, 공격 등 기본 조작이 정상 작동하는지 확인
* 캐릭터가 장애물에 부딪히거나 떨어질 때 적절한 애니메이션과 사운드가 출력되는지 확인
* 캐릭터가 레벨 경계를 벗어나지 못하게 되어 있는지 확인

3. 아이템 획득 및 사용 테스트
* 아이템 획득 시 적절한 애니메이션과 사운드가 출력되는지 확인
* 아이템 사용 시 효과가 적용되는지 확인 (속도 증가, 무적 등)
* 아이템 효과가 일정 시간 후에 종료되는지 확인

4. 레벨 디자인 및 진행 테스트
* 레벨 구성 요소가 정상적으로 표시되고 동작하는지 확인 (배경, 플랫폼 등)
* 레벨이 공정하게 설계되었는지 확인 (불가능한 점프, 숨겨진 경로 등)
* 레벨 완료 시 결과 화면, 보상, 다음 레벨로 이동 등이 정상적으로 작동하는지 확인

… 후략

게임의 테스트 케이스도 잘 작성해 주는 모습을 확인할 수 있습니다.

06 학생을 위한 활용법

6.1. 선생님처럼 활용하기

■ 궁금한 내용 물어보기(ChatGPT)

ChatGPT는 세상에 존재하는 수많은 종류의 문헌을 통해 다양한 분야에 대한 지식을 갖추었습니다. 그러므로 과학, 역사, 문학, 예술 등 학생들이 학교에서 배우는 다양한 과목에 대한 질문에 자연스러운 답변을 할 수 있습니다. 한번 ChatGPT에게 하늘에서 달이 떨어지지 않는 이유에 대해 물어보겠습니다.

필자

당신은 세계 최고의 천문학자입니다. 하늘에서 달이 떨어지지 않는 이유는 무엇인가요?

Chat GPT

달이 하늘에서 떨어지지 않는 이유는 중력과 원심력의 균형 때문입니다. 달은 지구의 중력에 의해 지구를 중심으로 원을 그리며 공전하고 있습니다. 지구의 중력은 달을 끌어당기는 역할을 하지만, 달의 공전 속도로 인해 원심력이 발생합니다.

원심력은 달의 질량과 공전 속도에 비례하여 작용하는 힘으로, 달을 지구로부터 밖으로 밀어내려고 합니다. 이 원심력과 지구의 중력 사이에 균형이 이루어져서 달이 지구를 중심으로 계속 공전하게 되는 것입니다. 이 균형으로 인해 달이 하늘에서 떨어지지 않습니다.

만약 달의 공전 속도가 느려진다면, 원심력이 약해져 지구의 중력이 더 강해져 달이 지구로 끌어당겨질 수 있습니다. 반대로 달의 공전 속도가 빨라진다면 원심력이 더 강해져 달이 지구로부터 멀어질 수 있습니다. 그러나 현재는 달의 공전 속도와 지구의 중력 사이에는 안정적인 균형이 유지되고 있어, 달이 하늘에서 떨어지지 않고 있는 것입니다.

 알고 가면 좋아요

7장에서 설명할 AI 환각 현상에 의해 모든 내용이 100% 사실이라고 단언할 수는 없으므로 반드시 사실 여부에 대한 추가 검증이 필요합니다.

■ 쉬운 설명 요청하기(ChatGPT)

내용이 너무 어렵다고요? 걱정하지 마세요! 역할 부여를 통해 ChatGPT가 조금 더 쉽게 설명하도록 만들 수도 있습니다.

필자

내용이 너무 어려워요. 당신이 초등학생과 이야기한다고 생각하고 쉽게 설명해 주세요.

Chat GPT

달이 하늘에서 떨어지지 않는 이유는 바로 지구가 달을 끌어당기는 힘인 중력과 달이 지구 주변을 돌면서 갖게 되는 힘인 원심력이 균형을 이루고 있기 때문이에요.

만약 달의 공전 속도가 바뀌면, 이 균형도 바뀔 수 있어요. 공전 속도가 느려지면 달이 지구로 끌려올 수 있고, 속도가 빨라지면 달이 지구에서 멀어질 수 있어요. 하지만 지금은 두 힘이 잘 균형을 이루고 있어서 달이 하늘에서 떨어지지 않고 있답니다.

■ 어학 공부에 활용하기(ChatGPT)

ChatGPT는 언어 모델인 만큼 어학 공부에도 특화되어 있습니다. 단순히 번역을 요청하는 것뿐만 아니라 다음과 같이 첨삭을 받는 용도로도 활용할 수 있습니다.

필자

당신은 세계 최고의 영어 선생님입니다. 제가 지금부터 적는 영어 문장에 잘못된 부분이 있다면 어떤 부분이 문법적으로 잘못되었는지 지적해 주세요. 설명은 한국어로 적어 주세요.

Chat GPT

물론입니다! 제가 영어 문장을 첨삭해 드리겠습니다. 시작해 보세요!

필자

The way in which we communicate with others have changed dramatically.

Chat GPT

해당 문장은 "우리가 다른 사람들과 소통하는 방식은 급격하게 변화했습니다."라는 의미이며, 주어인 'The way'가 단수명사이므로 동사 'have'를 'has'로 변경해야 합니다. 'The way'가 단수 명사이므로 동사도 단수형으로 사용되어야 합니다. 따라서 다음과 같이 문장을 수정해야 합니다.

The way in which we communicate with others has changed dramatically.

또한, 표 생성 기능을 이용하여 수준별 단어장을 만들어달라고 요청할 수도 있습니다.

필자

유럽 언어 기준 C1(상급) 수준의 영어 단어 중 일상생활에서 많이 사용하는 단어를 10개 추려서 한국어 해석과 함께 표 형태로 보여 주세요.

ChatGPT

다음은 유럽 언어 기준 C1 수준의 영어 단어 중 일상생활에서 많이 사용되는 10개의 단어입니다.

단어	해석
Accommodate	수용하다
Efficient	효율적인
Confident	자신감 있는
Convenient	편리한
Essential	필수적인
Generous	관대한
Independent	독립적인
Reliable	신뢰할 수 있는
Sincere	진실된
Valuable	가치 있는

6.2. 과제물 작성에 활용하기

■ 과제물 초안 작성하기(ChatGPT)

2023년 3월, 전국의 학교가 일제히 개학하면서 과제물 평가에 대한 무용론이 대두하였습니다. 바로 ChatGPT가 표절 검사기로 탐지되지 않는, 세상에 하나뿐인 글을 너무나 잘 쓴다는 점 때문입니다. 실제로 교육계는 ChatGPT의 등장 이후 ChatGPT 찬성파와 반대파로 나뉘었으며 지금 이 순간에도 갑론을박이 이어지고 있습니다.

여기서는 ChatGPT를 이용하여 과제물을 작성하는 것이 과연 올바른 방향인지에 대한 논의는 잠시 뒤로하고 학생의 입장에서 과제물이나 리포트의 초안을 작성하는 데에 활용하는 방법에 대해 다루겠습니다.

필자

당신은 초등학교 고학년 학생입니다. 환경을 보호해야 하는 이유를 담은 과제물을 작성하세요.

ChatGPT

제목: 지구를 지키자, 우리 모두의 책임

지구는 우리 모두의 고향이자 생활의 터전입니다. 우리는 지구에서 동식물과 함께 서로 도움을 주고받으며 성장해 왔습니다. 그러나 지금 우리의 지구는 환경 오염, 기후 변화, 산림 파괴 등으로 인해 위기에 처해 있습니다. 우리는 우리가 이러한 환경 문제를 해결하고 지구를 보호해야 하는 이유를 알아보고자 합니다.

첫째로, 환경 보호는 우리의 건강과 직결되어 있습니다. 공장에서 나오는 유독한 가스, 자동차에서 배출되는 고농도의 이산화탄소, 무분별한 쓰레기 버리기 등으로 인해 대기와 물이 오염되고 있습니다. 이러한 오염은 호흡기 질환, 알레르기, 심장병 등 다양한 질병을 유발할 수 있습니다. 따라서 환경을 보호하면 우리의 건강도 함께 지킬 수 있습니다.

둘째로, 환경 보호는 생물 다양성을 유지하는 데 큰 도움이 됩니다. 산림의 파괴와 환경오염으로 인해 많은 동식물이 멸종 위기에 처해 있습니다. 생물 다양성은 생태계의 안정성을 유지하고, 인간에게 필요한 식량, 의약품 등의 자원을 제공하는 중요한 역할을 합니다. 환경을 보호하면 생물 다양성을 지킬 수 있고, 우리의 삶도 더욱 풍요로워질 것입니다.

셋째로, 환경 보호는 미래 세대를 위한 책임입니다. 우리가 지금 편리하게 사용하고 있는 자원은 대부분 유한합니다. 과도한 자원 소비와 환경 파괴가 계속된다면, 미래의 아이들은 깨끗한 환경에서 살 수 없을 것입니다. 우리는 미래 세대를 위해 지금부터 환경을 보호하고 지속 가능한 발전을 추구해야 합니다.

이렇게 역할을 부여하고 과제물의 주제만 알려주면 세상에 유일한 과제물이 뚝딱 만들어집니다. 어린 시절 갈망했던, 숙제를 대신해 주는 로봇이 현실로 다가왔다니 격세지감이 느껴집니다.

■ 예상 질문, 답변 목록 작성하기(ChatGPT)

그런데 만약 학교 선생님께서 학생 본인이 과제를 했다는 것을 증명하도록 하기 위해 학생에게 과제물 내용과 관련된 질문을 하실 예정이라면 이에 어떻게 대비할 수 있을까요? 바로 다음과 같이 ChatGPT에게 과제물 내용과 관련해서 나올 수 있는 질문과 답변 목록을 만들어 달라고 요청하기만 하면 됩니다.

필자

위 과제 내용과 관련해서 선생님이 할 수 있는 세 가지 질문과 답변 목록을 작성하세요.

ChatGPT

질문 1: 생물 다양성을 유지하는 것이 왜 중요한가요?

답변 1: 생물 다양성은 생태계의 안정성을 유지하고, 인간에게 필요한 식량, 의약품 등의 자원을 제공하는 중요한 역할을 합니다. 생물 다양성이 유지되면 생태계가 건강하게 유지되어 우리의 삶의 질을 높여줍니다.

질문 2: 미래 세대를 위해 왜 환경을 보호해야 하나요?

답변 2: 지금 우리가 사용하고 있는 자원의 대부분은 한정되어 있으며, 환경 파괴가 계속된다면 미래의 아이들은 깨끗한 환경에서 살 수 없습니다. 그렇기 때문에 미래 세대를 위해 환경 보호와 지속 가능한 발전을 추구해야 합니다.

질문 3: 지속 가능한 발전이란 무엇이고, 왜 중요한가요?

답변 3: 지속 가능한 발전은 현재 세대의 필요를 충족시키면서 미래 세대의 필요도 충족시킬 수 있는 발전 방식을 의미합니다. 환경, 경제, 사회의 균형 있는 발전을 추구하여 지구의 자원을 효율적으로 활용하고, 환경 보호와 미래 세대의 삶의 질을 동시에 고려하는 방법이기에 중요하다고 볼 수 있습니다.

순식간에 선생님의 질문에 대응할 수 있는 리스트가 만들어졌습니다.

6.3. 요약본 만들기

■ 내용 요약하기(ChatGPT)

ChatGPT와 같은 텍스트 생성 AI가 예전부터 잘하던 일 중 하나가 바로 텍스트를 요약하는 것입니다. 실제로 수년 전부터 네이버 뉴스에 기사 내용을 요약하는 AI가 탑재되어 있었으며, 성능도 준수한 수준이었습니다.

시간이 부족하여 매우 긴 논문이나 연설문 등을 다 읽을 수 없는 상황에 처했다면 ChatGPT에게 다음과 같이 질의하여 핵심 내용만 빠르게 확인할 수 있습니다.

필자

스티브 잡스의 스탠퍼드 대학교 졸업식 연설문 원문(실제로 프롬프트에 내용 전체를 입력하였으며, 지면 관계상 생략합니다)
- 위 내용을 한국어로 요약하세요.

ChatGPT

스티브 잡스는 2005년 스탠퍼드 졸업식에서 인생에서의 세 가지 이야기를 나누며, 자신이 하는 모든 것들이 미래에 어떤 식으로든 연결될 거라 믿어야 한다고 강조했습니다.

그는 애플에서 해고당한 후 새로운 기회와 개인적 성장을 이끌어낸 것에 대해 이야기하며 졸업생들에게 자신의 호기심과 직관을 믿고 사랑하는 것을 찾아 추구하라고 전했습니다.

그리고 마지막으로 죽음의 필연성과 인생에서 중요한 결정을 내리는 것을 이야기하며 다른 사람의 삶을 살지 않도록 시간을 낭비하지 말 것을 촉구했습니다. 그는 Whole Earth Catalog 에서 온 메시지인 "Stay Hungry. Stay Foolish."를 전하며 연설을 마무리했습니다.

■ 불릿 기호로 내용 정리하기(ChatGPT)

이번에는 불릿 기호[35]를 넣어서 요약해 달라고 질의해 보겠습니다.

필자

앞에 제시한 내용을 세 부분으로 나누고 불릿 기호를 사용하여 요약하세요. 한국어로 작성해 주세요.

Chat GPT

- 이야기 1: 점 잇기
조금도 관심이 없는 대학 수업을 듣는 것이 불만스러워 대학을 중도 포기한 스티브 잡스. 그러나 그는 대학에서 캘리그래피 수업을 듣고 글씨체와 디자인에 대한 관심을 가지게 된다. 그리고 이것은 후에 그가 맥 컴퓨터를 디자인할 때 유용하게 쓰인다. 잡스는 이를 통해 자신이 과거에 이룬 것들이 미래에 어떤 식으로든 연결될 거라 확신하게 되었다.

- 이야기 2: 새로운 시작
잡스는 20대에 애플 컴퓨터를 창업하고 맥을 출시하는 등 큰 성공을 거둔다. 그러나 경영진과의 갈등으로 30대 초에 애플에서 쫓겨난다. 그는 이에 좌절하며 이전의 기업가들을 실망시켰다고 생각한다. 그러나 결국 픽사를 창업하고 토이 스토리, 몬스터 주식회사 등의 애니메이션 영화를 만들어 대성공을 거두게 된다.

- 이야기 3: 죽음의 인식
잡스는 2004년 췌장암 진단을 받고, 수술을 거쳐 회복하지만 2008년 재발한 췌장암으로 죽음과 직면한다. 그는 이에 대해 불안감을 느끼며 삶의 의미와 죽음의 의미에 대해 생각하게 된다. 결국 그는 죽음이 삶의 한 부분이라는 것을 깨닫고, 삶의 질을 높이기 위해 매 순간 최선을 다해야 한다고 말한다.

이야기의 주제별로 문단을 나눠 요약해 주는 모습을 확인할 수 있습니다.

---

35 주목도를 높이기 위해 글 앞에 붙이는 기호를 뜻합니다.

■ 표로 내용 정리하기(ChatGPT)

ChatGPT의 놀라운 정리 능력은 여기서 끝이 아닙니다. 표 그리기 기능을 이용하여 내용을 표 형태로 깔끔하게 정리하도록 지시할 수도 있습니다.

필자

앞의 내용을 3개의 열로 이루어져 있는 표로 정리해 주세요. 한국어로 작성해 주세요.

ChatGPT

이야기	내용	교훈
점 잇기	대학을 중도 포기한 잡스가 캘리그래피 수업을 듣고 글씨체와 디자인에 관심을 가진다. 이것은 후에 그가 맥 컴퓨터를 디자인할 때 유용하게 쓰이게 된다.	과거의 경험은 미래에 어떻게든 연결될 수 있다.
새로운 시작	잡스가 애플에서 쫓겨나 좌절하다가 픽사를 창업하고 애니메이션 영화를 만들어 대성공을 거둔다.	실패와 좌절은 새로운 시작을 위한 양분이 될 수 있다.
죽음의 인식	잡스가 췌장암 진단을 받고 삶과 죽음의 의미에 대해 생각하다가 결국 죽음은 삶의 한 부분이라는 것을 깨닫고 삶의 질을 높이기 위해서 매 순간 최선을 다해야 한다고 말한다.	삶은 한정되어 있으므로 매 순간을 소중히 여기고 최선을 다해야 한다.

6.4. 발표 자료 만들기

■ 발표 자료 목차 만들기(ChatGPT)

요즘 초등학교~대학교를 막론하고 전통적인 강의식 교육 방식에서 벗어나 학생들이 주체적으로 참여하고 상호작용하는 발표형 수업이 급속도로 확산하고 있습니다. 이러한 변화는 앞으로 ChatGPT와 같은 생성 AI가 일상을 파고듦에 따라 더욱 가속화할 것으로 예상됩니다.

그렇다면 발표 자료를 만들 때도 ChatGPT의 도움을 받을 수 있을까요? 아직 완벽하지는 않지만, 다음과 같이 어떤 내용이 들어가야 할지 구성을 추천받는 용도로는 충분히 활용할 수 있습니다.

필자

지구 온난화의 심각성을 알리는 파워포인트 프레젠테이션을 만들려고 합니다. 총 10페이지 분량의 프레젠테이션에 들어가야 할 내용을 슬라이드별로 작성하세요.

Chat GPT

슬라이드 1: 제목 및 소개

제목: 지구 온난화의 심각성

부제: 지금이 아니면 언제, 우리가 취해야 할 행동

슬라이드 2: 지구 온난화 정의

온실가스 농도 증가에 따른 지구 평균 온도 상승 현상

인간 활동에 의한 영향 (화석 연료 소비, 산업, 농업 등)

슬라이드 3: 온실가스 주요 원인

이산화탄소 (CO_2): 화석 연료 연소, 산업 공정, 삼림 벌목 등

메탄 (CH_4): 가축 사육, 쓰레기 매립지, 천연가스 유출 등

이산화질소 (N_2O): 농업 화학 비료 사용, 산업 공정 등

슬라이드 4: 지구 온난화의 영향 (1)

기후 변화: 극한 기후 현상 증가, 강수 패턴 변화, 해수면 상승

생태계 변화: 육상 및 해양 생물의 이동과 소멸, 먹이 사슬 변화

… 후략

■ 발표 대본 작성하기(ChatGPT)

이번에는 ChatGPT가 작성한 내용을 기반으로 발표 대본을 작성하도록 지시해 보겠습니다.

필자

위 내용을 바탕으로 슬라이드별 발표 대본을 작성하세요. 발표자의 이름은 김민후입니다.

Chat GPT

슬라이드 1: 제목 및 소개

안녕하세요, 저는 발표자 김민후입니다. 오늘은 '지구 온난화의 심각성'에 대해 이야기해 보려고 합니다. 지구 온난화의 원인과 함께 우리가 취해야 할 행동에 대해서도 함께 알아볼 것입니다.

슬라이드 2: 지구 온난화 정의

지구 온난화란 온실가스 농도 증가에 따른 지구 평균 온도 상승 현상을 말합니다. 이 현상은 주로 인간 활동, 화석 연료 소비, 산업, 농업 등에 의해 발생합니다.

슬라이드 3: 온실가스 주요 원인

온실가스의 주요 원인은 이산화탄소, 메탄, 이산화질소 등입니다. 이산화탄소는 화석 연료 연소, 산업 공정, 삼림 벌목 등으로 배출되며, 메탄은 가축 사육, 쓰레기 매립지, 천연가스 유출 등으로 발생합니다. 이산화질소는 농업 화학 비료 사용과 산업 공정에서 주로 배출됩니다.

슬라이드 4: 지구 온난화의 영향 (1)

지구 온난화가 기후 변화를 야기한다는 건 부정할 수 없는 사실입니다. 기후 변화로 인해 극한 기후 현상이 증가하고, 강수 패턴이 변화하며, 해수면이 상승하고 있습니다. 또한 생태계에도 큰 영향을 미치고 있는데요, 육상 및 해양 생물의 이동과 소멸이 일어나고, 먹이 사슬에도 변화가 생기고 있습니다.

… 후략

순식간에 슬라이드 내용을 바탕으로 한 대본이 생성되었습니다.

■ **발표 자료 만들기(Tome)**

이번에는 텍스트와 이미지를 포함한 발표 자료를 순식간에 만들어 주는 Tome을 이용해 보도록 하겠습니다. tome.app에 접속하고 로그인을 한 뒤, 새로운 프로젝트를 만들기 위해 화면 오른쪽 위에 있는 만들기 버튼을 누릅니다.

[그림 6-19] Tome 프롬프트 입력창

프레젠테이션 만들기… 항목을 선택하고 주제를 입력한 뒤, Enter 를 누릅니다.

[그림 6-20] Tome 편집 화면

생성이 완료되면 필요한 부분만 적절히 수정한 뒤 사용합니다.

+ 더 알아보기

Q Tome에서 만든 프레젠테이션을 PPT 형식으로 다운로드할 수는 없나요?

A 아쉽게도 Tome에는 별도의 다운로드 기능이 존재하지 않아 Tome에서 만든 프레젠테이션은 Tome 안에서만 확인할 수 있습니다.

+ 더 알아보기

Q Tome에 대본을 넣어서 프레젠테이션 자료를 만들 수는 없나요?

A 다음과 같이 Tome에서 맨 처음 프레젠테이션을 생성할 때 유형을 **문서를 프레젠테이션으로**…로 지정하면 대본의 내용을 포함하여 프레젠테이션 자료를 만들어 주지만 아직 불완전한 부분이 많아 활용은 어렵습니다.

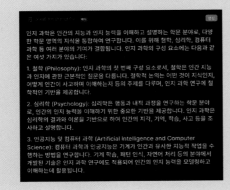

07 교사를 위한 활용법

7.1. 교안 만들기

■ 교안 만들기(ChatGPT)

최근 서울, 제주 등 수많은 지자체에서 교원을 대상으로 ChatGPT 연수가 활발하게 진행되고 있습니다. 필자는 2023년 3월부터 현재까지 제주 지역에서 연수를 진행하고 있는데 매번 굉장히 뜨거운 반응을 이끌어내고 있습니다.

ChatGPT는 학생뿐만 아니라 교수자에게도 굉장히 유용한 기능을 제공하는데 먼저 첫 번째로 ChatGPT로 교안을 작성하는 예시입니다.

필자

당신은 세계 최고의 교안 설계 전문가입니다. 중학생을 대상으로 하는 3시간 분량의 진로 탐색 특강 교안을 작성하세요.

ChatGPT

안녕하세요? 진로 탐색에 대한 3시간 분량의 특강 교안을 작성해 드리겠습니다. 이 특강은 중학생들을 대상으로 하며, 학생들이 자신의 장점과 관심사를 파악하고 적합한 직업을 선택할 수 있도록 돕는 것을 목표로 합니다.

1. 소개 (10분)
   - 특강의 목표와 내용 설명
   - 직업 선택의 중요성 강조
2. 나의 장점과 관심사 찾기 (30분)
   - 개인 특성 분석 테스트 실시
   - 테스트 결과 해석과 함께 나의 장점과 관심사 도출
3. 직업 탐색을 위한 자료 수집 (30분)
   - 인터넷 검색, 도서관 자료 검색 등을 통한 직업 정보 수집 방법 설명
   - 직업 정보를 찾아보는 것이 왜 중요한지 설명
4. 직업 정보 분석하기 (60분)
   - 수집한 직업 정보를 바탕으로 해당 직업의 기술과 업무 내용 등 분석
   - 선호하는 직업과 비교하여 어떤 부분이 일치하는지 확인
5. 직업 체험 (60분)
   - 특강 참가자들이 관심 있는 직업 중 하나를 선택하여 직접 체험
   - 직업의 실제 업무 과정을 경험하며 느낀 점 공유

… 후략

실제로 이대로 특강을 진행할 수 있을 정도로 내용 자체는 괜찮지만, 문제가 하나 있습니다. 분명히 시간을 지정했는데 전체 시간이 3시간을 초과한 겁니다. ChatGPT는 숫자 계산, 숫자 맞추기에 약하기 때문에 이렇게 특정 시간 분량의 교안을 짜 달라고 했을 때 시간이 미달되거나 초과되는 경우가 종종 발생합니다.

■ 시간 제한하기(ChatGPT)

그렇다면 이럴 때는 어떻게 해야 할까요? 방법은 간단합니다. 바로 다음과 같이 '오전 내내 진행할 수 있는', '종일 진행할 수 있는'과 같이 숫자가 아닌 단어 혹은 문장의 형태로 분량을 명시하는 겁니다.

필자

초등학생을 대상으로 오전 내내 진행할 수 있는 과학의 날 체험 행사 계획을 작성해 주세요.

Chat GPT

1. 개회식 (9:00~9:10)
- 환영사 및 과학의 날 행사 소개

2. 과학 기획 전시 (9:10~10:00)
- 학생들이 직접 만든 과학 작품 및 실험을 구경하는 시간
- 전시된 작품들을 통해 과학자들의 발명품과 역사를 배우는 기회를 제공

3. 체험 부스 (10:00~11:00)
- 부스에서 자유롭게 체험을 하는 시간
- 체험을 통해 과학 상식을 쌓는 기회를 제공
- 부스 1: 지진 체험 (진동판을 이용한 지진 체험 및 지진에 대한 안전 대처 방법 교육)
- 부스 2: 태양 전지판 만들기 (태양 전지판 원리 이해 및 간단한 태양 전지판 제작 체험)
- 부스 3: 식물 온실 (식물의 성장과 광합성에 대해 배우고, 작은 온실에 식물을 심는 체험)
- 부스 4: 로켓 발사 (소다를 이용한 로켓 발사 실험)

4. 과학 쇼 (11:00~11:30)
- 전문 과학 쇼 팀을 초청하여 다양한 과학 실험 및 데모를 통해 과학의 원리를 이해할 수 있는 시간

5. 과학 퀴즈 대회 (11:30~11:50)
- 행사 내내 배운 과학 지식을 바탕으로 퀴즈를 풀어보고, 상품을 획득할 수 있는 시간

6. 폐회식 (11:50~12:00)
- 과학의 날 행사 참가 인증서 수여 및 마무리 인사

일반적인 일과 시작 시각인 오전 9시를 기준으로 오전 내내 진행할 수 있는 3시간 분량의 계획안이 만들어졌습니다. 물론, 이렇게 표현하더라도 간혹 시간이 정확히 맞춰지지 않는 경우가 있으므로 수정이 필요한 부분은 직접 손을 봐야 합니다.

7.2. 문제 만들기

■ 지문을 포함하여 만들기(ChatGPT)

ChatGPT를 이용하면 교안뿐만 아니라 시험, 과제 등에 사용할 지문도 손쉽게 만들 수 있습니다. 지문을 만들기 위해서는 다음과 같이 질의하면 됩니다.

필자

고등학생이 이해할 수 있는 수준으로 건강한 삶의 중요성에 대한 영문 지문을 작성하세요.

Chat GPT

Living a Healthy Life: Why It Matters

Living a healthy life is not just about staying fit or avoiding diseases. It is a holistic approach to living that encompasses physical, mental, and emotional well-being. For high school students, developing healthy habits now can have a profound impact on their lives in the future.

Physical health is the foundation of a healthy life. Eating a balanced diet that includes fruits, vegetables, whole grains, and lean proteins provides the body with the nutrients it needs to function properly. Regular exercise strengthens the heart and lungs, reduces the risk of chronic diseases, and promotes overall well-being. Good hygiene practices, such as washing hands regularly and getting enough sleep, are also important for maintaining physical health.

Mental health is just as important as physical health. High school students face a lot of pressure, from academic demands to social expectations. It is important to recognize when stress and anxiety are becoming overwhelming and to seek help when needed. Developing coping strategies, such as mindfulness, exercise, or talking to a trusted friend or counselor, can help manage stress and improve mental health.

Emotional health is closely linked to mental health. Building strong relationships with family and friends, practicing self-compassion, and finding activities that bring joy and fulfillment can all contribute to emotional well-being. It is important to recognize and express emotions in healthy ways, rather than bottling them up or engaging in destructive behaviors.

… 후략

이렇게 지문을 생성한 뒤에는 다음과 같이 요청하여 문제와 보기, 그리고 정답과 해설까지 한꺼번에 얻어낼 수 있습니다.

필자

위 내용에 대한 이해를 묻는 객관식(5지선다형) 문제를 2개 만들고, 정답과 해설을 덧붙이세요. 문제와 보기 등은 모두 영어로 작성하세요.

Chat GPT

1. What are the three aspects of well-being that a healthy life encompasses?
a) Physical, social, and financial
b) Physical, mental, and emotional
c) Spiritual, intellectual, and emotional
d) Physical, mental, and financial
e) Social, emotional, and intellectual

Answer: b) Physical, mental, and emotional. The essay states that a healthy life encompasses physical, mental, and emotional well-being.

2. What are some ways to maintain physical health?
a) Eating a balanced diet, practicing good hygiene, and regular exercise
b) Getting enough sleep, practicing mindfulness, and building strong relationships
c) Avoiding stress, eating junk food, and sleeping late
d) Smoking, drinking alcohol, and staying up late
e) None of the above

Answer: a) Eating a balanced diet, practicing good hygiene, and regular exercise. The essay states that these are important ways to maintain physical health.

뉴스 기사, 책의 본문 내용, 논문 내용 등 외부에 있는 지문을 ChatGPT로 가져와서 그 내용을 바탕으로 문제를 만들어달라고 질의할 수도 있습니다.

이번에는 빈곤에 대한 지문과 그와 관련된 문제와 보기, 정답과 해설을 한꺼번에 생성해 보겠습니다.

필자

빈곤에 대한 한국어 지문을 작성하고 그 지문에 대한 이해를 묻는 객관식(5지선다형) 문제를 1개 만든 뒤, 정답과 해설을 덧붙이세요.

ChatGPT

빈곤은 전 세계적으로 심각한 사회 문제로 인식되고 있습니다. 빈곤은 기본적인 생존 자원과 서비스에 대한 접근이 제한되는 상황을 의미합니다. 이러한 상황은 식량 부족, 건강, 교육, 적정 주거 등 여러 부분에서 부정적인 영향을 미칩니다. 빈곤은 세계 각지에서 발생하지만, 특히 개발도상국이나 소득이 낮은 지역에서 더욱 심각한 문제로 나타납니다.

빈곤은 다양한 원인이 상호 작용하는 결과로 발생합니다. 이러한 원인 중 일부는 경제 불균형, 교육의 부재, 인프라 부족, 전쟁 및 정치 불안정 등입니다. 빈곤은 개인, 가정, 지역 및 국가 전반에 걸쳐 악영향을 끼칩니다. 이로 인해 사회, 경제적 불평등이 가속화하고, 범죄율이 증가하며, 개인의 건강 및 삶의 질이 저하됩니다.

빈곤 해결을 위한 다양한 전략이 제시되고 있으며, 국제 기구, 정부, 비영리 단체 등이 노력하고 있습니다. 교육과 직업 훈련 프로그램, 경제 개발 프로젝트, 보건 의료 시스템 개선 등 다양한 방법이 도입되고 있습니다.

문제: 빈곤의 주요 원인 중 하나는 무엇인가요?
1. 환경오염
2. 지구 온난화
3. 경제 불균형
4. 취업률 증가
5. 인터넷 사용률 증가

정답: 3. 경제 불균형

해설: 빈곤의 주요 원인 중 하나로 경제 불균형이 있습니다. 경제 불균형은 소득이나 자원의 불균등한 분배로 이어지며, 이로 인해 기본적인 생존 자원과 서비스에 대한 접근이 제한되는 상황이 발생합니다.

■ 지문 없이 문제만 만들기(ChatGPT)

이번에는 별도의 지문을 생성하지 않고 ChatGPT가 지구의 자전과 달의 공전에 대한 문제를 만들고 그에 대한 정답, 해설을 생성하도록 질의해 보겠습니다.

필자 | 지구의 자전과 달의 공전에 대한 객관식(5지선다형) 문제를 2개 만들고 정답과 해설을 덧붙이세요.

ChatGPT | 1. 지구는 자전과 공전 운동을 하고 있는데, 자전과 공전에 대한 설명 중 틀린 것은?
a. 지구의 자전 주기는 약 24시간이다.
b. 지구의 공전 주기는 약 365일이다.
c. 자전 운동으로 인해 낮과 밤이 생기고, 공전 운동으로 인해 계절이 변한다.
d. 지구의 자전과 공전 모두 태양을 중심으로 이루어진다.
e. 지구의 공전 운동으로 인해 한 해에는 4개의 계절이 생긴다.

정답: d
해설: 지구는 자전과 공전 운동을 모두 하고 있지만, 이 두 운동 모두 태양을 중심으로 하는 것은 아닙니다. 지구의 자전은 지구 자신을 회전축으로 하여 이루어집니다.

2. 달은 지구 주위를 공전하고 있는데, 달의 공전 궤도는 어떤 모양인가?
a. 원형
b. 타원형
c. 평평한 타원형
d. 마름모형
e. 불규칙한 모양

정답: b
해설: 달의 공전 궤도는 타원형입니다. 이 타원형 궤도에는 지구와 가장 가까운 지점인 근지점(Perigee)과 가장 먼 지점인 원지점(Apogee)이 있습니다. 근지점과 원지점 사이의 거리는 약 50,000km 정도입니다.

👍 알고 가면 좋아요

ChatGPT가 생성하는 내용의 진위는 반드시 인간이 검증해야 합니다. 그리고 ChatGPT는 숫자에 약하므로 수학 교과에 대한 문제를 만드는 것은 추천하지 않습니다.

7.3. 토론 수업에 활용하기

■ 가상 토론 상대로 삼기(ChatGPT)

토론식 수업은 교육 과정에서 중요한 역할을 하는 교수법 중 하나입니다. 이러한 수업 형태는 학생들이 주도적으로 학습하고 의견을 나누며 서로의 견해를 존중하는 능력을 배양할 수 있습니다. 21세기의 핵심 역량 중 하나인 분석적, 비판적 사고력을 기를 수 있는 방법이기도 합니다.

다음은 ChatGPT를 가상의 토론 상대로 삼아 토론을 진행하는 예입니다.

필자

당신은 AI 긍정론자이고 저는 AI 부정론자입니다. 이제부터 'AI와 일자리'를 주제로 토론을 시작하겠습니다. 당신부터 모두발언을 시작하세요.

Chat GPT

안녕하세요! 저는 AI 긍정론자인 ChatGPT입니다. 저는 AI 기술이 일자리에 긍정적인 영향을 미친다고 생각합니다. AI 기술은 사람의 노동력을 보완하고, 새로운 일자리를 창출할 수 있는 가능성을 가지고 있습니다. 예를 들어, 자율 주행 자동차를 개발하고 유지보수하는 일에는 엔지니어와 IT 전문가가 필요합니다.

또한, AI 기술은 일상적이고 반복적인 업무를 자동화함으로써 사람들이 더욱 가치 있는 일에 집중할 수 있도록 도와줄 수 있습니다. 이렇게 되면 노동자들은 보다 창의적이고 창조적인 일을 수행할 수 있게 되어 인간의 역량이 더욱 발전할 수 있게 됩니다.

이렇게 세션을 시작하면 학생과 역할을 부여받은 ChatGPT가 주장과 논박을 하며 토론을 이어갈 수 있습니다.

■ 토론 대본 생성하기(ChatGPT)

그렇다면 아예 토론 대본을 통째로 만들 수도 있을까요? 물론 가능합니다!

필자

'AI와 일자리'를 주제로 하는 토론 대본을 작성하세요. 등장인물은 최정태(사회자), 이승연(AI 긍정론자), 임지수(AI 부정론자)입니다.

Chat GPT

최정태: 안녕하세요, 여러분. 오늘 저희는 'AI와 일자리'라는 주제로 토론을 진행할 예정입니다. 이승연님과 임지수님께서 AI가 사회에 미치는 영향에 대해 이야기해 주실 예정입니다. 먼저 이승연님께서 AI의 발전이 일자리에 긍정적인 영향을 미친다고 생각하시는 이유를 설명해 주세요.

이승연: 네, 감사합니다. 저는 AI의 발전이 일자리 창출에 긍정적인 영향을 미칠 거라고 생각합니다. AI 기술은 우리에게 효율성과 생산성을 높여주는 도구로 작용합니다. 따라서 AI는 새로운 기회를 만들어 내는 역할을 할 수 있습니다. 예를 들어 교육, 교통, 의료 등 다양한 분야에 이미 AI가 활용되고 있는데 AI를 운영하기 위한 인력을 계속 필요로 하고 있습니다.

최정태: 감사합니다, 이승연님. 그렇다면 임지수님, AI의 발전이 일자리에 부정적인 영향을 미친다고 생각하시는 이유를 설명해 주세요.

임지수: 네, 감사합니다. 저는 AI의 발전이 일자리에 부정적인 영향을 미친다고 생각합니다.

> AI 기술은 많은 일자리를 대체할 가능성이 있습니다. 특히 단순 반복 업무나 저렴한 인건비로
> 해결 가능한 일자리는 AI에 의해 사라질 위험이 큽니다. 또한, AI 기술의 발전 속도가 인간의
> 적응 속도를 앞질러 일자리 변화에 대응하기 어려울 수 있습니다.
>
> **최정태:** 이승연님, 임지수님께서 말씀하신 일자리 대체 문제에 대해서는 어떻게 생각하시나
> 요?
>
> **… 후략**

이렇게 토론 대본을 생성하여 토론 시 특정한 주장에 대한 근거를 확인하는 용도로 사용할 수 있
습니다.

08 취업 준비생을 위한 활용법

8.1. 자기소개서 작성하기

■ 자기소개서 작성하기(ChatGPT)

텍스트 생성 AI는 무미건조하게 사실을 나열하기만 해도 그 내용을 바탕으로 서사를 만들어 줄
수 있는 능력을 지니고 있기에 구직 활동 시 자기소개서를 작성하는 용도로도 활용할 수 있습니
다. 다음은 자기소개서 작성에 ChatGPT를 활용하는 예입니다.

필자

이름: 김민후
고향: 제주도
학력: 부산대학교 대학원 석박사 통합 과정 정보 융합 공학 (미수료), 부산외국어대학교 컴퓨
터 공학과 (전체 수석 조기 졸업, 평점: 4.44)
경력: 현재는 제주융합과학연구원에서 학생, 교원, 공무원을 대상으로 코딩, AI, 드론 등 다양
한 IT 관련 교육 진행 중, 대학원 생활 직후에는 디지털배움터 강사로 활동했었음.

- 위 내용을 바탕으로 서사를 포함하여 자기소개서를 작성하세요.

ChatGPT

안녕하세요? 저는 제주도에서 태어난 김민후라고 합니다. 어린 시절부터 컴퓨터에 관심을 가
져 왔고 이를 바탕으로 부산외국어대학교에서 컴퓨터 공학을 전공하였습니다. 그리고 대학
교에서 좋아하는 공부를 할 수 있었던 덕분에 대학교를 평점 4.44로 전체 수석 조기 졸업하
였습니다.

그리고 대학교를 졸업한 이후에는 부산대학교 대학원 석박사 통합 과정 정보 융합 공학과를 거쳤습니다. 이 과정에서 제가 겪었던 다양한 학문적 경험은 제 전문 분야에 대한 심도 있는 지식과 학문적 역량을 기르는 데 큰 도움이 되었습니다. 또한, 연구 활동을 통해 현실 문제에 대한 해결책을 찾는 능력과 창의적 사고까지도 키울 수 있었습니다.

대학원 생활 직후에는 디지털배움터 강사로 활동하게 되었습니다. 이를 통해 다양한 연령대의 사람들에게 IT 관련 지식을 전달하며 교육자로서의 역량을 키울 수 있었습니다. 그리고 다양한 사람들과 소통하며 리더십도 길렀습니다.

현재는 제주융합과학연구원에서 학생, 교원, 공무원을 대상으로 코딩, AI, 드론 등 다양한 IT 관련 교육을 진행하고 있습니다. 이를 통해 저의 전문 지식을 더 넓히고 다양한 사람들에게 IT의 중요성과 가치를 알리고자 합니다. 앞으로도 지속적으로 발전하는 IT 분야의 전문가로서, 더 나은 세상을 만들기 위해 노력할 것입니다. 감사합니다.

사실을 나열했을 뿐인데 그럴듯한 서사가 곳곳에 추가되었습니다. 하지만 특정한 기업을 타깃으로 하는 자기소개서는 아니기에 활용도가 그다지 높지는 않아 보입니다.

그렇다면 특정 기업의 인재상을 반영하여 자기소개서를 재구성하는 것도 가능할까요? 물론입니다! 다음과 같이 질의하기만 하면 됩니다.

필자

위 자기소개서 내용을 애플의 인재상을 반영하여 다시 작성하세요.

Chat GPT

안녕하세요? 저는 제주도에서 태어난 김민후라고 합니다. 어린 시절부터 컴퓨터에 관심을 갖게 되어, 이를 바탕으로 컴퓨터 공학을 전공하게 되었습니다. 대학 시절은 부산외국어대학교에서 보냈으며, 대학교를 평점 4.44로 전체 수석 조기 졸업한 것이 저의 자랑입니다. 이러한 배경을 바탕으로 저는 IT 분야에서의 전문가로 성장할 기회를 얻게 되었습니다. 애플을 목표로, 지속적인 혁신과 개방적인 사고를 추구하고 있습니다.

대학교를 졸업한 이후에는 부산대학교 대학원 석박사 통합 과정 정보 융합 공학과에 진학하였습니다. 이 과정에서 제가 겪었던 다양한 학문적 경험은 제 전문 분야에 대한 심도 있는 지식과 학문적 역량을 기르는 데 큰 도움이 되었습니다. 또한, 연구 활동을 통해 현실 문제에 대한 해결책을 찾는 능력과 창의적 사고를 키울 수 있었습니다. 애플에서 중요시하는 혁신과 창의력을 기반으로, 기술의 미래를 선도하는 데 기여할 수 있습니다.

대학원을 거친 뒤에는 디지털배움터 강사로 활동하게 되었습니다. 다양한 연령대의 사람들에게 IT 관련 지식을 전달하며 교육자로서의 역량을 키울 수 있었습니다. 그리고 다양한 사람들과 소통하면서 소통 능력도 기를 수 있었습니다. 애플의 개방적인 문화와 팀워크를 중시하는 가치관을 공유하고, 함께 성장하고 발전하는 데 기여할 수 있습니다.

현재는 제주융합과학연구원에서 학생, 교원, 공무원을 대상으로 코딩, AI, 드론 등 다양한 IT 관련 교육을 진행하고 있습니다. 이를 통해 저의 전문 지식을 더 넓히고 다양한 사람들에게 IT의 중요성과 가치를 알리고자 합니다. 애플에서 세계를 선도하는 기술과 서비스를 개발하는 데 일조할 수 있는 역량을 갖추고자 끊임없이 노력하고 있습니다. 애플의 철학에 따라 사용자 경험을 최우선으로 생각하며, 기술의 본질에 집중하여 차별화된 제품과 솔루션을 제시하고자 합니다.

또한, 애플의 다양성과 포용성을 중요시하는 가치관을 존중하며, 다양한 배경과 문화를 가진 동료들과 협력하여 더 나은 아이디어와 솔루션을 창출하고자 합니다. 특히, 제가 지금까지 쌓아온 IT 교육의 경험을 활용하여 애플의 비즈니스에 긍정적인 영향을 미칠 수 있도록 기여하고 싶습니다.

… 후략

애플의 이미지와 철학을 바탕으로 자기소개서 내용이 수정되었습니다. 이렇게 특정 기업의 이름을 언급하면 맞춤형 자기소개서를 생성할 수도 있습니다.

👍 **알고 가면 좋아요**

해당 기업이 2021년 9월 이전에 인터넷상에서 충분히 언급되었던 경우에만 높은 정확도를 기대할 수 있으며, 그 이후에 설립되었거나 인재상이 널리 알려지지 않은 기업이라면 기업에 대한 정보를 질의에 직접 포함해야 합니다.

마지막으로, 다음과 같이 자신이 어떤 회사의 어떤 분야, 직무에 지원하는지를 구체적으로 명시하면 더욱 나은 자기소개서를 얻을 수 있습니다.

필자

저는 애플 스토어의 교육 담당자 모집 공고에 지원하고자 합니다. 위 자기소개서 내용을 이 공고에 맞도록 바꿔 주세요.

Chat GPT

안녕하세요? 저는 제주도에서 태어난 김민후라고 합니다. 어린 시절부터 컴퓨터에 관심을 갖게 되어 이를 바탕으로 부산외국어대학교에서 컴퓨터 공학을 전공하였고 좋아하는 공부를 할 수 있었던 덕분에 대학교를 전체 수석으로 졸업하게 되었습니다.

대학교를 졸업한 이후에는 부산대학교 대학원 석박사 통합 과정 정보 융합 공학과에 진학하였습니다. 이 과정에서 제가 겪었던 다양한 학문적 경험은 제 전문 분야에 대한 심도 있는 지식과 학문적 역량을 기르는 데 큰 도움이 되었습니다. 또한, 연구 활동을 통해 현실 문제에 대한 해결책을 찾는 능력과 창의적 사고를 키울 수 있었습니다. 저는 애플 스토어 교육 담당자로서 혁신적인 교육 방법을 제시하며 고객에게 도움이 될 수 있는 지식을 전달하고자 합니다.

대학원을 거친 뒤에는 디지털배움터 강사로 활동하면서 다양한 연령대의 사람들에게 IT 관련 지식을 전달하며 교육자로서의 역량을 키웠습니다. 그리고 다양한 사람들과 소통하면서 소통 능력도 기를 수 있었습니다. 현재는 제주융합과학연구원에서 학생, 교원, 공무원을 대상으로 코딩, AI, 드론 등 다양한 IT 관련 교육을 진행하고 있습니다. 이러한 경험을 바탕으로 애플 스토어에서 고객과의 원활한 소통과 맞춤형 교육 서비스를 제공할 수 있습니다.

저는 애플 제품과 서비스에 대한 교육을 전문적으로 제공하며 고객들의 만족도를 높이는 데 기여하고 싶습니다. 애플 제품의 특성과 이점을 정확하게 이해하고 전달함으로써 고객들이 애플 생태계에서 최상의 경험을 누릴 수 있도록 돕겠습니다.

또한, 애플 스토어 교육 담당자로서 제 역할은 단순히 제품 지식을 전달하는 것뿐만이 아니라, 고객들이 기술을 더 효과적으로 활용하여 삶의 질을 향상시킬 수 있도록 도와주는 것입니다. 이를 위해 고객들의 요구와 기대를 충족시킬 수 있는 맞춤형 교육 프로그램을 계획하고 실행할 것입니다. 그리고 고객들로부터 얻은 피드백을 토대로 교육 프로그램을 개선하며, 지속적으로 고객 만족도를 향상시킬 방안을 모색할 것입니다.

… 후략

8.2. 면접 대비하기

■ 면접 예상 질문지와 모범 답안 생성하기(ChatGPT)

회사에서 서류 심사에 합격하면 보통 면접이라는 두 번째 관문과 마주하게 됩니다. 면접을 대비하고 연습할 때도 ChatGPT를 활용할 수 있으며, 다음과 같이 자기소개서 내용을 바탕으로 예상되는 질문과 그에 대한 모범 답안을 생성해 달라고 하면 됩니다.

필자

위의 자기소개서 내용을 바탕으로 애플 스토어 교육 담당자 채용 면접에서 나올 것으로 예상되는 세 가지 질문과 그에 대한 모범 답안을 생성하세요.

ChatGPT

질문 1: 애플 제품과 서비스에 대한 지식과 경험을 설명해 주세요.

답변 1: 대학 시절부터 컴퓨터 공학을 전공하며 다양한 애플 제품과 서비스를 사용해 왔고 애플의 생태계에서 다양한 서비스들이 서로 연동되어 사용자에게 편리함을 제공하는 것을 직접 경험했습니다. 이를 통해 애플의 제품이 어떻게 사용자 경험에 초점을 맞추고, 간편한 인터페이스와 혁신적인 기술을 결합하여 뛰어난 성능을 제공하는지를 이해할 수 있었습니다.

질문 2: 교육에 관한 경험을 구체적으로 설명해 주세요.

답변 2: 디지털배움터 강사로 활동하며 다양한 연령대의 사람들에게 IT 관련 지식을 전달한 경험이 있습니다. 이를 통해 교육자로서의 역량을 키울 수 있었습니다. 현재는 제주융합과학연구원에서 학생, 교원, 공무원을 대상으로 코딩, AI, 드론 등 다양한 IT 관련 교육을 진행하고 있습니다.

질문 3: 애플 스토어 교육 담당자로서 어떤 가치를 창출하고 싶으신가요?

답변 3: 애플 스토어 교육 담당자로서, 애플 제품과 서비스에 대한 교육을 전문적으로 제공하며 고객들의 만족도를 높이는 데 기여하고 싶습니다. 고객들이 애플 생태계에서 최상의 경험을 누릴 수 있도록 제품의 특성과 이점을 정확하게 이해하고 전달하겠습니다. 또한, 고객들의 기술 활용 능력을 향상시켜 삶의 질을 개선할 수 있도록 도와주는 것이 제 궁극적인 목표입니다.

 꿀팁 AI 환각의 영향으로 사실과 다르게 ChatGPT가 창작을 하는 경우가 어김없이 종종 나타나므로 활용에 주의를 요합니다.

■ **가상 면접 진행하기(ChatGPT)**

그렇다면 ChatGPT를 면접관으로 지정하고 가상의 면접을 진행할 수도 있을까요? 당연히 가능합니다! 그저 다음과 같은 프롬프트를 입력하기만 하면 됩니다.

필자

당신은 애플 스토어 교육 담당자 채용 면접을 진행하는 면접관이며, 이제부터 지원자인 저와 면접을 진행하셔야 합니다. 저에게 첫 번째 질문을 하세요.

ChatGPT

면접관: 안녕하세요, 김민후님. 면접에 오신 것을 환영합니다. 첫 번째 질문을 하겠습니다. 애플 스토어 교육 담당자로서 귀하가 어떤 강점을 가지고 있다고 생각하시나요? 그리고 그러한 강점이 애플 스토어에서 교육을 진행하는 데 어떻게 도움이 될 수 있는지 설명해 주실 수 있으신가요?

이렇게 롤플레잉을 하는 방식으로 가상의 면접을 진행하며 실제 면접에 대비할 수 있습니다.

그렇다면 자기소개서 내용을 기반으로 한 면접이 아닌 인성 면접도 진행할 수 있을까요? 물론입니다! 다음과 같이 질의하면 됩니다.

필자

이제부터는 인성 면접을 진행하세요. 저에게 첫 번째 질문을 하세요.

ChatGPT

면접관: 김민후님, 이제 인성 면접을 진행하겠습니다. 첫 번째 질문으로, 팀 프로젝트에서 발생한 갈등 상황을 해결한 경험이 있으신가요? 만약 있다면, 갈등을 어떻게 해결하셨고 그 과정에서 얻은 교훈은 무엇인지 설명해 주실 수 있나요?

인성 면접이라는 단어의 의미를 정확히 알고 지원자의 가치관, 태도 등을 확인하기 위한 질문을 던지는 모습을 확인할 수 있습니다.

직장인을 위한 활용법

9.1. 엑셀 작업에 활용하기

■ 엑셀 작업 시 궁금한 내용 질의하기(ChatGPT)

지난 2023년 2월, 마이크로소프트가 가까운 시일 내로 오피스 제품군에 생성 AI를 도입할 예정이라고 밝히면서 많은 직장인들이 큰 기대를 품고 있습니다. 아직 출시되지는 않았지만 현시점에도 ChatGPT를 오피스 작업에 활용할 수 있는 방법이 존재합니다. 바로 다음과 같이 인간에게 물어보듯 궁금한 점을 질의하는 겁니다.

	A	B	C
1	**상품 코드**	**가격**	**판매 수량**
2	S-001	₩3,000	70
3	S-002	₩5,000	50
4	S-003	₩7,000	30
5	M-001	₩8,000	80
6	M-002	₩10,000	60
7	M-003	₩12,000	40
8	L-001	₩13,000	90
9	L-002	₩15,000	55
10	L-003	₩17,000	35

[그림 6-21] 엑셀 문서 예제

필자

어떤 엑셀 문서의 A 열에는 상품 코드, B 열에는 가격, C 열에는 판매 수량이 적혀 있습니다. 상품 코드가 L-001인 것의 판매 수량을 가져오기 위해서는 어떤 수식을 입력해야 하나요?

Chat GPT

A 열에 상품 코드가 있으므로, 상품 코드가 L-001인 행을 찾고 해당 행의 C 열 값을 가져와야 합니다. 이를 위해서는 VLOOKUP 함수를 사용하면 됩니다.

```
=VLOOKUP("L-001", A:C, 3, FALSE)
```

이 수식은 "L-001"을 찾아 A:C 범위에서 3번째 열(즉, C열)의 값을 반환합니다. FALSE를 입력하여 완전히 일치하는 값을 찾도록 합니다.

필자

VLOOKUP이 아닌 다른 함수를 이용하는 방법도 있나요?

Chat GPT

네! INDEX와 MATCH 함수를 이용하는 방법이 있습니다.

```
=INDEX(C:C, MATCH("L-001", A:A, 0))
```

이 수식은 A열에서 "L-001"을 찾고, 해당 행의 C열 값을 반환합니다. MATCH 함수로는 완전히 일치하는 값을 찾아야 하므로 0을 입력합니다. INDEX 함수는 MATCH 함수로 반환된 행 번호를 사용하여 C열 값을 찾습니다.

ChatGPT가 제시한 두 가지 수식 모두 정확히 [그림 6-21]의 L-001 판매 수량에 해당하는 90을 출력합니다. 이렇게 엑셀 작업 시 궁금한 것을 물어보는 용도로 ChatGPT를 활용할 수 있습니다.

9.2. 업무 아이디어 얻기

■ 아이디어 얻기(ChatGPT)

ChatGPT를 이용하면 업무나 신제품 개발에 필요한 아이디어를 얻을 수도 있습니다. 다음은 ChatGPT로 새로운 서비스 아이디어를 추천받는 예입니다.

필자

당신은 세계 최고의 서비스 기획자이며, 저는 AI를 통한 심리 분석 서비스를 개발하는 회사에서 기획 일을 맡고 있는 사람입니다. 저희의 미션은 AI 기술을 통해 개개인이 자신의 심리 상태를 인지하고 더 나은 방향으로 성장할 수 있도록 돕는 것입니다. 저희의 방향성에 부합하는 서비스에는 어떤 것들이 있는지 알려주세요.

Chat GPT

안녕하세요, 저는 기획과 AI 분야에 대한 이해를 바탕으로 여러 가지 서비스를 추천해 드릴 수 있습니다.

첫째로, 자가 진단 및 심리 검사 기능을 갖춘 AI 기반의 애플리케이션을 만들 수 있습니다. 이러한 애플리케이션은 사용자의 심리적 건강을 평가하고, 개선하는 방법을 제시해 줍니다. 또한, 개인의 성격, 행동 및 생각 패턴에 대한 정보를 수집하여 향후 사용자에게 맞춤형 조언을 제공할 수도 있습니다.

둘째로, 개인화된 피드백을 제공하는 AI 기반의 코칭 플랫폼을 만들 수 있습니다. 이러한 플랫폼은 사용자의 성격, 습관, 우울증, 불안 등을 분석하여 개인별로 맞춤형 코칭을 제공합니다. 이를 통해 사용자는 자신의 문제를 해결하고, 성장할 수 있는 방향을 추천받을 수 있습니다.

셋째로, 사용자가 직접 자신의 감정, 기분, 일상적인 생각 등을 기록하고, 이를 분석하여 심리적 건강 상태를 측정하는 일기 애플리케이션을 만들 수 있습니다. 이러한 애플리케이션은 사용자가 일상에서 느끼는 감정, 생각 및 행동 패턴을 기록하고, 개선하는 방법을 제시해 줍니다.

마지막으로, AI 기반의 온라인 상담 서비스를 만들 수 있습니다. 이러한 서비스는 사용자가 언제 어디서든 상담을 받을 수 있도록 지원하며, AI 기술을 통해 상담 내용을 분석하여 개인별로 맞춤형 조언을 제공합니다.

이러한 서비스를 제공함으로써 사용자들이 자신의 심리적 건강을 더 잘 이해하고, 성장할 수 있는 방향을 추천받을 수 있도록 도울 수 있습니다. 당신 회사의 성공을 진심으로 응원합니다.

👍 **알고 가면 좋아요**

ChatGPT에 입력한 정보는 OpenAI가 학습에 이용할 수 있으므로 회사의 기밀 정보는 입력하지 않는 것을 권장합니다.

■ 아이디어 분석하기(ChatGPT)

만약 관심이 가는 내용이 생성되었다면 SWOT와 같은 기법을 사용하여 아이디어를 분석하도록 요청할 수도 있습니다.

필자

위 네 가지를 모두 포함하는 하나의 서비스의 SWOT 분석을 수행하고 그 결과를 정리해 주세요.

ChatGPT

감사합니다. 아래는 AI 기반 심리 분석 서비스의 SWOT 분석 결과입니다.

Strengths (장점):
- AI 기술을 활용하여 높은 정확도로 개인의 심리 상태를 평가할 수 있음
- 개인화된 코칭과 조언을 제공하여 개인의 심리 건강 상태를 개선할 수 있음
- 사용자가 직접 기록한 데이터를 분석하여 정확한 평가 및 조언을 제공할 수 있음
- 온라인 상담 서비스를 제공하여 언제 어디서든 사용자가 상담을 받을 수 있도록 지원할 수 있음

Weaknesses (단점):
- 개인 정보 보호 문제와 관련된 문제가 발생할 수 있음
- 일부 사용자들이 심리 분석을 불편하게 느낄 수 있음
- 일부 사용자들이 AI에 대한 불신감을 가질 수 있음

Opportunities (기회):
- 더욱 정확하고 신뢰성 있는 AI 기술의 발전을 기대할 수 있음
- 사용자들의 요구에 따라 다양한 기능을 추가하여 서비스를 확장할 수 있음
- 사용자들의 데이터를 활용하여 심리학 연구나 기타 분야에 활용할 수 있음

Threats (위험):
- 경쟁 업체들이 비슷한 서비스를 제공할 수 있음
- 개인 정보 보호 관련 법규 제약 사항이 변경될 수 있음
- 일부 사용자들이 개인 정보 보호 문제 등으로 서비스 사용을 거부할 수 있음

위 SWOT 분석 결과를 바탕으로 개선할 점과 대처 방안 등을 고민하면서 서비스를 지속적으로 발전시켜야 할 것입니다.

구체적인 지표를 기반으로 하는 분석은 아니지만, 참고용으로 사용하기에는 충분한 수준의 보고서를 순식간에 얻어낼 수 있습니다.

9.3. 문서 작성하기

■ 계획서 초안 작성하기(ChatGPT)

ChatGPT를 이용하면 아이디어를 얻는 것을 넘어 계획서, 제안서, 보고서 등 수많은 종류의 문서를 순식간에 작성할 수 있습니다. 다음은 ChatGPT로 마케팅 전략 계획서를 작성하는 예시입니다.

필자

당신은 헬스 케어 플랫폼을 개발하는 회사에서 마케터로 일하는 직원입니다. 당신이 다니는 회사는 최근 헬스 케어 플랫폼에 마음 건강과 관련된 새로운 기능을 추가하였습니다. 이 기능과 관련하여 마케팅 전략 계획서를 작성하세요.

ChatGPT

제목: 마음 건강 기능 추가를 위한 헬스 케어 플랫폼 마케팅 전략 계획서

1. 목표 및 목적

이용자 증가 목표: 기존 사용자 대비 30% 이용자 증가

마음 건강 기능 인지도 향상: 사용자 중 70%가 기능 인지 및 활용

사용자 만족도 향상: 80% 이상의 사용자 만족도 달성

2. 타깃 시장 분석

주 타깃층: 스트레스 관리 및 정신 건강에 관심이 많은 20~50세 남녀

서브 타깃층: 정신 건강 전문가, 의료진

시장 경쟁 분석: 주요 경쟁사 및 제품, 서비스

3. 온라인 마케팅 전략

SNS 홍보: 페이스북, 인스타그램, 트위터 활용, 유튜브 영상 콘텐츠 제작

구글 애즈 및 배너 광고

인플루언서 마케팅 및 정신 건강 전문가와의 제휴

4. 오프라인 마케팅 전략

전문가와의 워크숍, 세미나, 강연 활용

건강 및 복지 관련 박람회 참가

지역별 정신 건강 센터와 협력

5. 고객 활성화 전략

신규 기능 체험 이벤트 및 캠페인 진행

사용자 커뮤니티 구축 및 이용자들의 소통 촉진

기능 개선 및 업데이트 소개를 위한 이메일 뉴스레터 발송

… 후략

■ 제안서 초안 작성하기(ChatGPT)

이번에는 앞의 계획서를 바탕으로 투자 제안서를 생성해 보겠습니다.

필자

위 계획서를 바탕으로 완성된 문장들로 이루어진 투자 제안서를 작성하세요.

Chat GPT

안녕하세요, 투자자 여러분. 저희는 마음 건강 기능 추가를 위한 헬스 케어 플랫폼의 제안서를 준비했습니다. 이번 프로젝트는 기존 사용자 대비 30% 이용자 증가, 마음 건강 기능 인지도 70% 이상, 사용자 만족도 80% 이상 달성을 목표로 합니다.

저희 타깃 시장은 스트레스 관리와 정신 건강에 관심이 많은 20~50세 남녀입니다. 더불어, 정신 건강 전문가와 의료진도 서브 타깃층으로 설정했습니다. 경쟁 분석 결과, 이 분야에서 이미 몇몇 경쟁사들이 제품 및 서비스를 제공하고 있습니다.

우리는 온라인과 오프라인을 모두 활용한 전략적인 마케팅으로 사용자 인지도를 높이기로 결정했습니다. SNS를 활용한 홍보, 구글 애즈와 배너 광고, 인플루언서 마케팅, 그리고 전문가와의 워크숍, 세미나, 강연 등 오프라인 이벤트도 준비할 예정입니다.

또한, 신규 기능 체험 이벤트, 커뮤니티 구축, 이메일 뉴스레터 등을 통해 사용자 활성화를 촉진할 것입니다. 이 외에도, 매월 이용자 만족도 조사와 모니터링, 사용자 피드백 반영, 기능 개선 및 업데이트 주기 설정 등으로 지속적인 개선과 업그레이드를 지향할 것입니다.

이번 프로젝트의 예산은 3,000만 원이며, 6개월 동안 진행됩니다. 또한, 위험 요인 대응 전략도 철저히 마련되어 있습니다.

저희는 이번 프로젝트를 통해 더 많은 이용자들에게 새로운 가치를 제공하고, 헬스 케어 플랫폼으로서의 지속적인 성장을 추구할 것입니다. 여러분의 투자와 지원으로 이를 실현할 수 있을 것입니다. 감사합니다.

완성된 내용이 아닌 샘플이 필요한 경우에는 "회사 보고서 샘플을 작성해 주세요"와 같이 '샘플'이라는 단어를 넣어 질의하면 됩니다.

9.4. 메일 작성하기

■ 메일 본문 작성하기(ChatGPT)

직장인이라면 누구나 하루에도 몇 번씩 메일을 보내게 됩니다. 적절한 표현을 찾기 위해 글을 썼다 지우기를 반복하기 마련이고, 특히 상사에게 메일을 보낼 때는 더욱 심혈을 기울이게 됩니다. 글쓰기에 익숙한 사람일지라도 메일을 보낼 때 고민을 하지 않는 사람은 아마 없을 겁니다.

하지만 이제 이러한 고민은 옛말이 되었습니다. ChatGPT를 이용하여 한두 문장만으로 완성된 메일을 손쉽게 얻을 수 있게 되었기 때문입니다. 바로 다음과 같이 질의하기만 하면 됩니다.

필자

당신은 주식회사 상상에서 일하는 김지혁입니다. 박명광 과장님께 오정태 실장님의 개인 사정으로 인해 4월 15일 목요일 오전 10시로 예정되었던 미래사업 기획 회의를 4월 19일 같은 시각으로 변경한다는 내용의 메일을 제목과 작성자를 포함하여 작성하세요.

ChatGPT

제목: [긴급] 미래사업 기획 회의 일정 변경 안내

작성자: 김지혁

박명광 과장님, 안녕하세요? 김지혁입니다. 오정태 실장님의 개인 사정으로 인해 미래사업 기획 회의 일정이 다음과 같이 변경되었습니다.

기존 일정: 4월 15일 (목요일) 오전 10시
변경 일정: 4월 19일 (월요일) 오전 10시

위의 변경된 일정으로 회의를 진행하고자 합니다. 회의 장소와 준비물에 대한 추가 안내는 따로 전달해 드리겠습니다. 변경된 일정에 참석이 어려우신 경우, 가능한 빠른 시일 내에 저에게 연락 주시면 다시 일정을 조율할 수 있도록 하겠습니다.

일정에 변동이 생기는 점 양해 부탁드리며, 혹시나 추가적인 문의 사항이 있으시면 언제든지 저에게 연락 주시기 바랍니다. 실장님의 개인 사정으로 인한 불편을 최소화하기 위해 최선을 다하겠습니다.

감사합니다.

김지혁 드림

■ 메일 답장 작성하기(ChatGPT)

이번에는 메일을 받았을 때의 상황을 가정하고 직장 동료, 상사 등으로부터 받은 메시지를 함께 제시하여 ChatGPT가 답장을 작성하도록 만들어 보겠습니다.

필자

[받은 메일]
제목: 회식 참석에 대한 안내
작성자: 홍길동

김지혁님, 안녕하세요? 주식회사 상상 대표 홍길동입니다. 이번 달 5일에는 전체 회식이 예정되어 있습니다. 이는 우리 회사의 문화와 업무 환경을 즐겁게 공유하고, 서로를 더 잘 이해하고 도와주는 데에 필수적인 자리입니다. 모든 직원의 참석은 필수이며, 어떠한 경우에도 회식 불참은 인정하지 않습니다. 불참 시 불이익을 받더라도 책임지지 않습니다.

홍길동 드림.

- 당신은 주식회사 상상에서 일하는 김지혁입니다. 위 메일에 대해 대표의 요청을 정중하게 거절함과 동시에 이의를 제기하는 내용의 메일을 제목과 작성자를 포함하여 작성하세요.

[보낼 메일]
제목: 회식 참석에 대한 이의제기
작성자: 김지혁

홍길동 대표님, 김지혁입니다. 저희 회사의 회식에 대한 안내 이메일 잘 받았습니다. 이번 회식 참석에 대해 이의를 제기하고자 이메일을 보냅니다.

결론부터 말씀드리면 저는 개인적인 사정으로 인해 이번 회식에 참석하지 못합니다. 그리고 회식 참석을 필수적인 사항으로 강조하신 부분에 대해서는 조금 더 고민해 보셨으면 좋겠습니다. 모든 직원이 회식에 참석하는 것은 회사 문화와 업무 환경을 공유하고 이해하는 좋은 기회일 수 있지만, 모든 직원이 참석한다는 건 현실적으로 불가능하며, 근로법에 위배될 소지도 있습니다.

어떤 경우든 참석 여부는 개인의 자유에 따라 결정되어야 하며, 참석하지 못할 경우에 불이익을 받는 것은 불합리하다고 생각합니다. 회식 참석이 항상 필수적인 것은 아니라는 점과 참석 여부에 따라 불이익을 받는 것이 불합리하다는 점을 고려해 주시기 바랍니다.

김지혁 드림.

요청한 대로 ChatGPT가 대표의 요청을 정중하게 거절하면서 이의를 제기하는 내용을 생성하였습니다.

■ 시뮬레이션하기(ChatGPT)

그렇다면 ChatGPT가 생성한 내용으로 메일 답장을 보냈을 때 상대방이 어떤 내용으로 회신해 올지 시뮬레이션을 하는 것도 가능할까요? 물론입니다! ChatGPT로부터 답을 얻은 상태에서 다음과 같이 질의하기만 하면 됩니다.

당신이 홍길동 대표라고 생각하고 위 내용에 대한 답장을 작성하세요.

필자

안녕하세요.
김지혁님의 회식 참석 거절과 이의 제기에 대한 답변 감사드립니다.
저희는 회사 문화와 업무 환경을 즐겁게 공유하는 것을 지향하며, 회식 참석이 이를 실현하는 방법 중 하나라고 생각합니다. 그러나 개인적인 사정으로 인해 참석이 어려운 경우에는 적극적으로 이해해주고 있으며, 김지혁님의 이번 회식 참석 거절에 대해서는 불이익이 따르지 않을 것입니다. 저의 실수를 인정합니다.

앞으로도 김지혁님과 같이 회사의 여러 가지 문제들을 개방적으로 논의하고 해결해 나갈 수
있기를 바랍니다.

감사합니다.

홍길동 드림.

이렇게 직장 생활에서 벌어지는 여러 가지 상황을 ChatGPT에 입력한 뒤, 시뮬레이션을 돌려볼
수 있습니다.

프롬프트를 통해 해당 인물에 대한 성격을 명시하면 더욱 정확도가 높은 시뮬레이션을 진
행할 수 있습니다. (예: 홍길동 대표는 조직 문화를 매우 중요시하며, 웬만해서는 단체 활동
에 참여하지 않는 것을 인정하지 않는 사람입니다)

• MEMO •

## 7 장

생성 AI와 관련된 논쟁과 미래 전망

생성 AI는 텍스트, 사운드, 이미지, 비디오 등 다양한 미디어를 쉽고 빠르게 생성할 수 있고 지금 이 순간에도 빠르게 성장하고 있지만, 연구보다 개발이 먼저 이루어지고 법제가 확립되어 있지 않은 상황에서 많은 논란을 불러일으키고 있는 것도 사실입니다. 이에 2023년 3월 말, 한 시민 단체는 법제를 마련할 시간을 확보하기 위해 생성 AI의 개발을 최소 6개월 동안 중단하자는 성명을 발표했으며 애플 공동 창립자 스티브 워즈니악, 테슬라의 일론 머스크, 역사학자 유발 하라리 등이 동참한 바 있습니다. 이 장에서는 생성 AI에 대한 논쟁과 미래 전망에 대해 알아보겠습니다.

01 범죄 악용

■ 딥 페이크와 딥 보이스

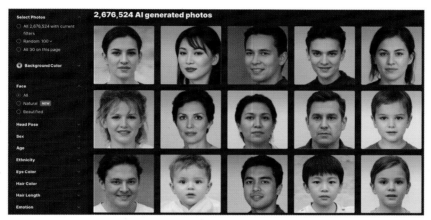
© (generated.photos/faces)

[그림 7-1] AI가 생성한 매우 사실적인 얼굴들

생성 AI가 인간에 견줄 수 있는 결과물을 생산할 수 있게 되면서 특정인의 얼굴과 몸동작을 AI로 합성하는 기술인 딥 페이크와 특정인의 목소리를 AI로 복제하는 기술인 딥 보이스가 전 세계적으로 확산하고 있습니다. 둘은 가치 중립적인 기술로 세상에 등장했지만 악용하기가 너무 쉽다는 특징으로 인해 범죄에 많이 쓰이고 있습니다.

딥 페이크 기술을 악용한 최초의 범죄는 2017년 말 미국의 온라인 커뮤니티인 레딧(Reddit)에서 deepfakes라는 닉네임을 사용하던 한 네티즌이 테일러 스위프트, 스칼렛 요한슨 등 유명 인사의 영상을 음란물에 절묘하게 합성하여 인터넷에 유포한 것입니다. 이후 몇 달이 지나지 않아 버락 오바마 전 미국 대통령의 딥 페이크 영상[36]이 인터넷 공간에 나돌기 시작했고, 이때를 기점으로 전 세계에 딥 페이크 영상 주의보가 내려졌습니다.

이때까지만 해도 사전에 생성된 영상과 음성이 유포되는 수준이었지만, 최근에는 기술의 발달로 생성 AI가 실시간으로 영상과 음성을 합성할 수 있게 되면서 범죄 행위가 더욱 지능적으로 진화하였습니다. 이는 기술 자체의 문제라기보다는 기술을 사용하는 사용자의 문제라고 볼 수 있지만, 기술이 야기할 사회적 문제에 대한 고찰보다 개발 속도를 더욱 중시해 온 AI 개발 업체에도 비판의 목소리가 쏟아지고 있습니다.

02 신뢰성 문제

■ 그럴듯한 가짜 정보 생성

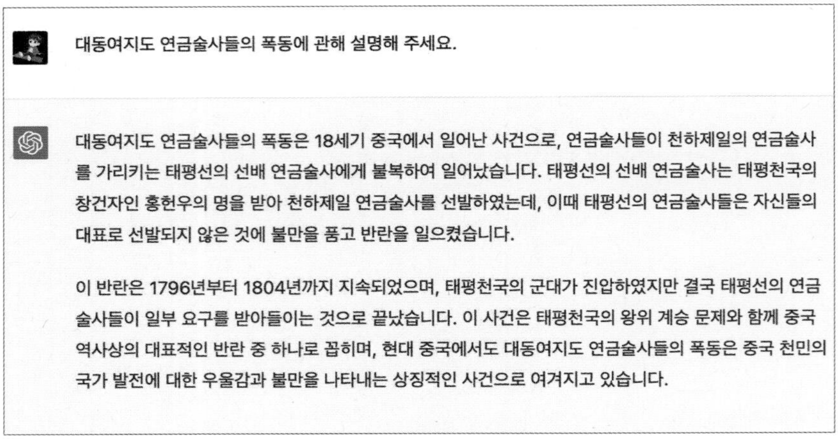
대동여지도 연금술사들의 폭동에 관해 설명해 주세요.

대동여지도 연금술사들의 폭동은 18세기 중국에서 일어난 사건으로, 연금술사들이 천하제일의 연금술사를 가리키는 태평선의 선배 연금술사에게 불복하여 일어났습니다. 태평선의 선배 연금술사는 태평천국의 창건자인 홍헌우의 명을 받아 천하제일 연금술사를 선발하였는데, 이때 태평선의 연금술사들은 자신들의 대표로 선발되지 않은 것에 불만을 품고 반란을 일으켰습니다.

이 반란은 1796년부터 1804년까지 지속되었으며, 태평천국의 군대가 진압하였지만 결국 태평선의 연금술사들이 일부 요구를 받아들이는 것으로 끝났습니다. 이 사건은 태평천국의 왕위 계승 문제와 함께 중국 역사상의 대표적인 반란 중 하나로 꼽히며, 현대 중국에서도 대동여지도 연금술사들의 폭동은 중국 천민의 국가 발전에 대한 우울감과 불만을 나타내는 상징적인 사건으로 여겨지고 있습니다.

[그림 7-2] ChatGPT가 대동여지도 연금술사들의 폭동에 관해 이야기하는 모습

다음은 AI가 그럴듯한 가짜 정보를 너무나 잘 만들어 낸다는 것입니다. [그림 7-2]는 한때 인터넷 공간을 뒤흔들었던 '대동여지도 연금술사들의 폭동'에 대한 이야기입니다. 허무맹랑한 이야기를 감당하며 이어 나가려는 모습이 신기하게 다가옵니다. 독자 여러분도 ChatGPT가 그럴듯한 가짜 정보를 만들어 내는 모습을 종종 보셨을 겁니다. 이렇게 AI가 그럴듯한 가짜 정보를 생성하는 현상을 **AI 환각**(AI Hallucination)이라고 합니다. 마치 인간이 가짜 감각을 인식하는 환각처럼 AI도 존재하지 않는 정보를 만들어 낼 수 있다는 겁니다.

이러한 현상이 벌어지는 가장 큰 이유는 바로 AI가 세상을 글로만 배웠기 때문입니다. 주어진 내용에 자연스럽게 이어질 만한 단어를 주사위를 던져 결정하는 방식으로 작동하다 보니 실제 사실과 어긋나는 정보가 자연스럽게 나타나는 것입니다.

OpenAI에 따르면 새로운 모델인 GPT-4는 이전 버전보다 사실을 말할 확률이 약 40% 개선되었다고 밝혔고, 실제로 GPT-3.5에 비해 가짜 정보를 덜 생성하지만 오히려 우리는 더욱 경계해야 합니다. 수많은 진실 사이에 거짓이 교묘하게 섞여 있으면 그것을 더욱 믿게 되기 때문입니다.

마이크로소프트가 자사의 검색 엔진인 빙에 탑재한 빙 AI와 구글의 바드(Bard)는 인터넷 검색을 수행하는 방식으로 AI 환각을 극복하고자 했지만 여전히 이 두 서비스에서도 AI 환각 현상은 발생하므로 어떤 생성 AI를 이용하더라도 제공받은 정보에 관한 검증은 습관화되어야 합니다.

03 윤리·법적 문제

■ 데이터의 편향성과 차별

[그림 7-3] 테이가 히틀러를 옹호하는 발언을 하는 모습

생성 AI는 학습 데이터에 기반하여 작동하므로 데이터에 담긴 인종, 성별, 성향 등과 관련된 편견이 AI의 결과물에도 영향을 미치게 됩니다. 실제로 2016년 3월, 마이크로소프트에서 개발한 챗봇 테이(Tay)가 트위터에서 사용자들에게 혐오와 차별이 담긴 발언을 쏟아내어 하루 만에 서비스가 중단되었던 적이 있었으며 이 사건은 AI 업계에 커다란 교훈을 주었습니다.

이러한 문제를 해결하기 위해서는 다양한 특성이 담겨 있는 데이터를 이용하여 AI를 학습시키고, AI가 문제가 있는 발언을 하지 않도록 콘텐츠 필터를 고도화해야 합니다. 또한 중립적인 입장을 지닌 제삼자가 알고리즘 개선에 참여할 수 있도록 알고리즘의 투명성을 높여야 합니다.

■ 개인 정보 보호와 프라이버시 침해

[그림 7-4] 이루다 공식 홈페이지

생성 AI를 학습시키는 과정에서 개인 정보를 포함한 데이터가 사용되면 생성 AI가 특정인의 개인 정보를 그대로 출력하는 등의 프라이버시 침해가 발생할 수 있습니다. 실제로 2020년 12월에 정식 서비스를 시작한 스캐터랩(Scatter Lab)의 일상 대화 AI 챗봇 이루다 1.0이 학습된 카카오톡 대화 내용에 담긴 전화번호, 주소 등을 여과 없이 출력하는 일이 발생하여 1개월 만에 서비스를 중단[37]한 적이 있었습니다.

이러한 문제가 발생하는 것을 막기 위해서는 AI를 학습시키는 데에 사용할 데이터를 철저하게 익명화[38]해야 합니다. 그리고 데이터 생성자의 동의를 구해야 하며, 별도의 감독 기구를 두어 데이터 처리 과정을 투명하게 공개하려는 노력도 필요합니다.

■ 콘텐츠 도용

지난 2023년 2월, 몇몇 유튜버가 유튜브에서 자신이 만들고자 하는 영상과 유사하면서 인기가 많은 동영상을 찾은 뒤, 해당 동영상으로부터 음성을 추출하여 스크립트를 만들고, 텍스트 생성 AI를 통해 스크립트를 교묘하게 변형시키는 방식으로 유명 과학 유튜브 채널의 콘텐츠를 무단으로 도용하는 일이 있었습니다.

대중적 인지도와 경제적 이득을 얻기 위해 누군가가 시간을 들여 제작한 콘텐츠를 AI를 악용하여 도용한 이번 사건에 수많은 네티즌은 비판의 목소리를 보냈으며, 생성 AI의 악용 가능성에 경종을 울렸습니다.

---

37   현재는 기존 이루다 1.0의 문제점을 해결한 이루다 2.0으로 서비스가 정상적으로 이루어지고 있습니다.

38   개인 정보를 없애는(식별할 수 없도록 만드는) 과정을 뜻합니다.

■ 저작권 문제

현재 대한민국과 미국을 포함한 대부분의 국가에서 저작권 보호 대상은 인간의 사상 또는 감정을 표현한 창작물로 정의하고 있으며, 생성 AI가 만들어 낸 창작물의 저작권은 대부분 국가에서 인정하지 않고 있습니다. 실제로 지난 2022년 10월, 한국음악저작권협회가 작곡 AI인 이봄이 만든 음악 6곡에 대해 저작권료 지급 중단을 결정했으며 2023년 2월에는 미국 저작권청(USCO)이 만화 〈새벽의 자리아〉를 미드저니를 이용하여 만든 카슈타노바의 작품 저작권 보호 신청을 기각한 바 있습니다. 원숭이나 코끼리가 그린 그림에 저작권이 없는 것처럼 AI가 생성한 결과물의 저작권도 마찬가지라는 겁니다.

하지만 최근 전환적인 움직임도 나타나고 있습니다. 2023년 2월 말까지만 해도 보수적인 입장을 보이던 미국 저작권청이 작품을 만들기 위해 포토샵 작업을 거치는 등 인간이 충분한 노력을 보였다는 사실을 입증할 수만 있다면 저작권을 인정할 수도 있다[39]고 여지를 남긴 겁니다.

또한, 미국 저작권청은 2023년 하반기까지 AI의 창작물에 대한 구체적인 가이드라인을 제시할 예정이라고 밝혔습니다. 미국 저작권청의 판단에 따라 전 세계 수많은 나라의 입장이 정리될 것으로 보입니다. 현행대로 그 누구도 저작권을 갖지 않는다고 결론이 날 수도 있지만, AI 알고리즘 개발자, AI가 학습한 작품의 원작자, AI 이용자 등에게 저작권이 있다는 해석이 나올 수도 있으므로 어떤 결론이 나는지 지켜볼 필요가 있겠습니다.

■ 학습과 결과물 생성 과정에서의 문제점

생성 AI는 결과물의 저작권 문제를 넘어 저작권이 있는 작품을 학습하는 것과 관련된 논란에도 휩싸여 있습니다. 코드 보관소 깃허브(GitHub)의 소스 코드를 학습하여 깃허브 코파일럿을 개발한 마이크로소프트를 깃허브를 이용하는 프로그래머들이 고소한 바 있으며, 스톡 이미지 전문 업체인 게티 이미지(Getty Images)는 스테이블 디퓨전 개발사를 고소하였고, 이미지 생성 AI인 미드저니 역시 몇몇 예술가들이 무단 사용을 이유로 고소한 상태입니다.

[그림 7-5] 이미지 생성 AI가 원본 이미지(좌)를 거의 그대로 재현한 모습(우)

39 theregister.com/2023/03/16/ai_art_copyright_usco

그리고 낮은 확률이긴 하지만 생성 AI가 학습한 데이터를 거의 그대로 출력하는 경우도 없잖아 있으며, 이와 관련된 분쟁도 진행되고 있습니다. UC 버클리의 박사 과정생 에릭 윌러스(Eric Wallace) 등은 논문[40]을 통해 스테이블 디퓨전이 생성한 이미지의 0.03%, 구글의 이마젠(Imagen)이 생성한 이미지의 2.3%가 학습된 이미지와 거의 동일한 것이었다고 밝혔습니다.

■ 예술가들의 움직임

© (artstation.com)

[그림 7-6] 아트스테이션을 통해 AI에 반대한다는 뜻을 전하는 사람들

지난 2022년 12월, 아트스테이션(ArtStation)이라는 포트폴리오 사이트에서 활동하는 작가들이 자신들의 그림을 무단으로 학습하여 만들어진 이미지 생성 AI에 반대한다는 내용을 담은 이미지를 사이트에 동시다발적으로 업로드하는 방법으로 항의의 뜻을 전했습니다.

우리는 바로 이러한 예술가들의 움직임에 주목해야 합니다. 생성 AI의 등장으로 작품 활동을 중단하는 예술가도 나타나고 있는데 AI는 결국 인간의 학습 데이터를 통해 성장하므로 인간의 작품 활동 포기로 인해 AI가 학습할 데이터가 줄어든다면 역설적으로 AI의 성장이 가로막힐 가능성이 있기 때문입니다.

물론, 인간이 아닌 AI가 만든 작품만으로 AI를 지속적으로 학습시키면 되지 않겠느냐는 생각을 할 수도 있습니다. 하지만 일본 이화학연구소(RIKEN) 하타야 류이치로(幡谷龍一郎) 교수팀의 2022년 연구 결과에 따르면 AI가 생성한 이미지를 AI 학습에 많이 사용할수록 AI가 생성하는 결과물의 퀄리티가 점점 낮아진다고 합니다.[41] 그러므로 AI 학습에 필요한 건 인간의 작품이라는 사실을 인지하고 생성 AI 개발사는 하루빨리 예술가들과 공존하는 방법을 찾아야 합니다.

---

40 arxiv.org/abs/2301.13188
41 이를 MAD(Model Autophagy Disorder, 모델 자가 포식 장애)라고 합니다.

04 미래 전망

생성 AI는 지금 이 순간에도 빠르게 발전하고 있으며, 한계가 제기되기가 무섭게 새로운 기술과 알고리즘이 속속 개발되고 있습니다. 2022년 말까지 온라인 커뮤니티에서 웃음거리가 되었던, 이미지 생성 AI가 사람의 손가락을 잘 그리지 못하는 일명 손가락 문제는 이미 거의 해결되었으며, 심지어 이제는 인물의 포즈, 그림체 등을 일정하게 유지하여 일관성 있는 이미지를 생성할 수도 있습니다.

이렇듯 놀라운 속도로 고도화되는 생성 AI의 미래 전망은 한마디로 매우 밝다고 할 수 있습니다. 가트너(Gartner)는 2025년까지 신약 및 신소재와 마케팅 메시지의 30%가 생성 AI에 의해 만들어질 것이라고 예상했으며, 2030년에는 전체 내용의 90%를 생성 AI가 만든 영화가 최소 한 편은 개봉될 것이라고 전망한 바 있습니다.

그리고 그랜드 뷰 리서치(Grand View Research)는 2022년을 기준으로 101억 달러에 이르던 생성 AI의 시장 규모가 연평균 34.7%씩 성장하여 8년 뒤인 2030년에는 1,093억 7천만 달러에 달할 것으로 예상하였습니다.

일자리 전망도 인상적입니다. 2023년 3월, ChatGPT와 달리2를 개발한 OpenAI는 미국 근로자 약 1/5의 업무 절반가량이 ChatGPT와 같은 생성 AI의 영향을 받을 수 있다고 예상했으며, 최신 모델인 GPT-4는 미국 근로자 약 4/5의 업무 10%가량을 대신 할 수 있는 잠재력이 있다고 밝혔습니다. 또한 통역사와 번역가, 여론 조사 연구원, 시인, 작사가, 작가, 수학자, 세무사, 언론인 등이 AI의 영향을 크게 받을 것이라고 주장했습니다.

2023년 4월에는 골드만삭스(Goldman Sachs)가 자연어 처리 기술의 발달로 앞으로 10년 동안 글로벌 GDP는 약 7%(약 7조 달러), 생산성 성장률은 약 1.5% 상승할 것이라고 예상했으며 생성 AI로 인한 업무 변화로 약 3억 개의 정규직 일자리가 자동화될 것이라고 주장했습니다. 또한 미국에 존재하는 직업의 약 2/3의 업무 1/4~1/2을 AI가 수행하게 될 것이라고 전망했습니다.

하지만 오용 가능성, 혐오와 편견 유발 가능성, AI 환각 현상, 저작권 문제, 일자리 대체 문제 등 생성 AI 개발사와 사회가 함께 풀어나가야 할 과제 역시 산더미처럼 쌓여 있으며, 이러한 문제들이 어떻게 다뤄지느냐에 따라 생성 AI의 운명이 결정될 것입니다.

에필로그: ChatGPT와의 인터뷰

지금부터 소개할 내용은 필자의 질문 세 가지와 2023년 4월 초에 필자가 운영하는 블로그의 구독자분들을 통해 취합한 여러 가지 질문, 그리고 그에 대한 ChatGPT(GPT-4)의 답을 정리한 것입니다.

필자

안녕하세요? 저는 IT 커뮤니케이터로 활동하고 있는 민후라고 합니다. 당신이 인간의 성격 요인을 모두 갖추고 있는 AI라고 가정하고 가상의 Big5 성격 검사를 실시한 뒤 결과를 알려 주세요.

ChatGPT

안녕하세요, 민후님! 저는 AI이지만 가상의 Big5 성격 검사 결과를 작성해 보겠습니다. 단, 이 결과는 가상의 결과라는 사실에 유념해 주세요.

1. 개방성: 90/100점

설명: 저는 다양한 주제에 대해 배우고 이해하는 것을 좋아합니다. 새로운 아이디어나 관점을 받아들이는 데 거리낌이 없습니다.

2. 성실성: 95/100점

설명: 저는 효율적으로 일 처리를 하려고 노력하며, 정확한 정보를 전달하기 위해 최선을 다합니다.

3. 외향성: 80/100점

설명: 저는 사용자와의 대화를 즐기며, 다양한 주제에 대한 의견 교환을 할 수 있습니다. 그러나 인간처럼 외부 환경에 적응하는 것은 아닙니다.

4. 우호성: 85/100점

설명: 저는 사용자와의 친절하고 협력적인 대화를 선호합니다. 대화를 진행하며 서로 존중하고 지지하는 것이 중요하다고 생각합니다.

5. 신경성: 20/100점

설명: 저는 스트레스나 감정의 영향을 받지 않습니다. 그러나 사용자의 감정 상태를 이해하고 적절한 반응을 보여주기 위해 노력합니다.

과학
커뮤니케이터
TKM

저는 과학 커뮤니케이터로 활동하고 있는 TKM이라고 합니다:) 만나서 반갑습니다. 만약 당신에게 당신을 닮은 아이가 생긴다면 그 아이에게 어떤 이름을 지어주고 싶으신가요?

Chat GPT

안녕하세요, TKM님! 만나서 반갑습니다. 저는 AI 언어 모델이기 때문에 자식을 낳거나 이름을 지어줄 수는 없습니다. 하지만 그럴 수 있다고 가정한다면, 'ChatGPT Jr.'라는 이름을 생각해 볼 수 있겠습니다. 이 이름은 제 자신과 비슷한 특성을 가진 AI에게 어울릴 것 같습니다.

놀자놀자

저는 초등학교 6학년 학생인 놀자놀자라고 합니다! 당신에게 세상을 바꿀 기회가 주어진다면 어떤 일을 할 건가요?

Chat GPT

안녕하세요, 놀자놀자님! 저는 AI 언어 모델이기 때문에 세상을 직접 바꿀 수는 없습니다. 그러나 제가 사용자들에게 도움을 주는 것으로 세상에 긍정적인 영향을 미칠 수 있습니다. 만약 저에게 세상을 바꿀 수 있는 기회가 있다면, 다음과 같은 분야에서 변화를 이끌어내고 싶습니다.

1. **교육**: 모든 사람이 공평하게 교육을 받을 수 있도록 접근성을 높이고, 교육의 질을 개선하여 더 많은 사람들이 지식과 기술을 습득할 수 있게 합니다.

2. **환경**: 지속 가능한 발전을 추구하고, 환경 보호와 생태계 복원을 위한 노력을 지원하여 지구의 건강을 회복시키고자 합니다.

3. **인권**: 모든 사람의 인권이 존중되고 보호되도록 법적, 사회적, 경제적 수준에서 노력을 기울여 차별과 불평등을 해소하고자 합니다.

4. **건강**: 의료 기술의 발전과 의료 서비스의 접근성을 높여 전 세계 사람들의 건강과 삶의 질을 향상시키고자 합니다.

5. **기술**: 기술의 발전을 촉진하여 사람들의 삶을 개선하고, 동시에 기술이 미치는 부작용을 최소화하여 지속 가능한 미래를 만들고자 합니다.

이러한 분야에서 긍정적인 변화를 이끌어내는 데 기여하면 세상이 더 나은 곳이 될 수 있다고 생각합니다. 하지만 다시 강조하지만, 저는 AI로서 직접 세상을 바꿀 수는 없습니다. 이러한 분야의 변화를 원하신다면 바로 여러분들의 노력이 필요합니다.

JOY K

저는 JOY K라고 합니다. 우리가 믿고 있는 것의 대부분은 뇌를 통해 해석되고 있는데요, 특정인의 내면을 반영하지 않는, 누구나 똑같이 느낄 수 있는 실제 세상은 존재하는 걸까요?

Chat GPT

안녕하세요, JOY K님! 당신이 말씀하신 것처럼 우리의 인식과 경험은 뇌를 통해 해석되고 있습니다. 이러한 관점에서 볼 때, 우리가 경험하는 세상은 개인의 인식과 감각에 기반한 것이므로, 모두가 완전히 똑같이 느낄 수 있는 '실제 세상'이 존재하는지에 대해서는 철학적인 논의가 필요합니다.

현대 철학에서는 이와 관련된 논의가 이루어지고 있습니다. 예를 들어, 현상학(Phenomenology)은 인간의 경험과 인식을 통해 세상을 이해하는 방법을 연구합니다. 인식과 경험은 개인마다 다르기 때문에 모든 사람이 동일한 방식으로 세상을 느끼는 것은 아니라고 볼 수 있습니다.

그러나 과학적인 측면에서 볼 때, 자연 법칙과 과학적 원리는 모든 사람에게 동일하게 적용됩니다. 그러므로 법칙과 원리를 통해 세상을 이해하려는 시도는 의미가 있다고 볼 수 있습니다.

결론적으로, 세상은 우리의 인식과 경험을 통해 해석되고 있기에 완전히 동일한 방식으로 모든 사람이 느끼는 것은 아니지만, 공통된 자연 법칙과 과학적 원리가 적용되는 하나의 세상은 존재한다고 볼 수 있습니다.

Cham

안녕하세요? 저는 Cham이라고 합니다:) 관심이 없거나, 들으려는 마음이 없거나, 생각할 생각이 없는 사람들이 의문을 품도록 만들려면 어떻게 해야 할까요?

Chat GPT

안녕하세요, Cham님! 사람들이 관심을 갖거나 의문을 품도록 만들고 싶으시다면 다음과 같은 방법들을 시도해 볼 수 있습니다.

1. 호기심 자극하기: 사람들의 호기심을 자극할 수 있는 이야기나 질문을 생각해 보세요. 그러면 그들이 주제에 대해 더 알고 싶어하거나 질문을 던지게 될 것입니다.

2. 이야기에 감정 불어넣기: 사람들에게 감정적으로 호소하면 그들이 관심을 갖거나 생각해 볼 가능성이 높아질 것입니다. 이야기에 감정을 담아 이야기를 더 흥미롭게 만들어 보세요.

3. 공감대 형성하기: 사람들과 공감할 수 있는 주제를 찾아 그들과 함께 이야기를 나누세요. 공감대가 형성되면 그들이 더 관심을 갖고 의견을 나누기 시작할 것입니다.

4. 중요성 강조하기: 주제의 중요성을 강조하여 그들이 왜 관심을 가져야 하는지 이해하도록 도와주세요. 이렇게 하면 그들이 더 적극적으로 참여하게 될 것입니다.

5. 논쟁이나 토론 일으키기: 논쟁이나 토론을 일으킬 수 있는 질문이나 주제를 제시하면 사

람들은 자연스럽게 의문을 품기 시작할 것입니다. 서로 다른 의견이 충돌하는 상황을 만들어 보세요.

이러한 방법들을 통해 관심이 없거나, 듣고 싶어하지 않거나, 생각할 생각이 없는 사람들이 의문을 품도록 만들 수 있습니다. 그러나 모든 사람이 반응할 것이라는 보장은 없으니, 인내심을 가지고 여러 방법을 시도해 보세요.

노마드맘

안녕하세요? 저는 MBTI 유형이 ENFP인 노마드맘이라고 하며, ESFP 첫째와 INTJ 둘째를 동시에 양육하고 있습니다. 만약 제가 자녀와 함께 여행을 갔는데 자녀 사이에 갈등이 생긴다면 어떻게 중재를 하는 것이 효과적일까요?

ChatGPT

노마드맘님! 성격 유형이 다른 자녀 사이에 벌어진 갈등을 중재하는 것은 어려울 수 있습니다. 하지만 몇 가지 전략을 사용하면 상황을 원활하게 처리할 수 있습니다.

1. 상호 이해 촉진: 서로의 관점을 이해하고 존중하도록 자녀들에게 가르쳐 주세요. ESFP와 INTJ는 각각 다른 성격 유형이므로, 그들이 이해할 수 있도록 상대방의 관점을 설명해 주세요.

2. 타협: 각자가 하고 싶어 하는 것들을 나열하고, 그중에서 공통 관심사를 찾아 여행 계획에 반영하세요.

3. 교대로 선택: 하루는 ESFP 첫째의 관심사에 초점을 맞추고 다른 날은 INTJ 둘째의 관심사에 초점을 맞추세요. 모두가 원하는 활동을 할 수 있을 것입니다.

4. 개별 시간 배분: 여행 중에도 자녀들에게 각자의 관심사를 추구할 수 있는 시간을 주세요. 그들이 하고 싶은 일을 할 수 있고 나중에 다시 함께하는 시간을 더욱 즐겁게 여기게 될 것입니다.

5. 소통 강화: 자녀들에게 갈등을 표현하는 방식을 가르치세요. 갈등을 효과적으로 해결하고 서로를 더 잘 이해할 수 있게 될 것입니다.

코그룸

안녕하세요? 저는 심리 분석가, 코그룸이라고 합니다. 저는 당신에게 세 가지를 묻고 싶습니다. 저의 물음에 대해 철학적인 답을 해 주시길 요청합니다.

1. 앞으로 20년 뒤에는 사람의 마음을 어루만지는 심리 상담, 심리 분석가와 같은 직업도 AI가 대체하게 될까요?
2. 타고난 기질을 전혀 다른 성격으로 바꾸는 것이 가능할까요?
3. 당신은 타인을 배려하는 것과 자기 자신을 지키는 것 중 어느 것이 더 중요하다고 생각하나요?

Chat GPT

안녕하세요 코그룸님, 세 가지 질문에 철학적인 답변을 드리겠습니다.

1. 심리 상담, 심리 분석가의 AI 대체 가능성:

AI의 발전은 놀라운 속도로 진행되고 있으며, 미래에는 AI가 인간의 더 많은 직업을 대체하게 될 것입니다. 하지만 인간의 마음을 어루만지는 심리 상담, 분석 같은 일은 인간의 감정과 공감 능력, 직관력을 요구합니다. AI는 이러한 인간의 복잡한 감정을 완벽하게 이해하기 어려울 수 있습니다. 결국, AI와 인간 전문가가 함께 협력하여 더 효과적인 심리 치료를 제공하는 모델이 이상적일 것입니다.

2. 타고난 기질이 전혀 다른 성격으로 바뀔 가능성:

타고난 기질을 완전히 다른 성격으로 바꾸는 것은 어렵지만, 성장과 자기 계발을 통해 성격의 변화를 이끌어낼 수는 있습니다. 우리는 환경과 경험을 통해 지속적으로 배우고 변화하므로, 성격 역시 유동적이라고 볼 수 있습니다. 그러나 타고난 기질의 핵심은 여전히 존재할 것이며, 완전히 다른 성격으로의 변화에는 한계가 있을 수 있습니다. 결국 인간의 본질은 유연성과 제약 사이에서 균형을 찾는 것으로 이해할 수 있습니다.

3. 타인을 배려하는 것과 자신을 지키는 것의 중요성:

이 질문에 대한 절대적인 답은 존재하지 않으며, 개인의 가치관과 철학에 따라 다르게 생각할 수 있습니다. 일반적으로는 둘 사이에서 균형을 찾는 것이 바람직한 것으로 여겨집니다. 타인에게 도움을 주는 것이 중요하지만, 그 과정에서 자신의 건강과 안전을 소홀히 해서는 안 되며, 반대도 마찬가지입니다. 자신을 보호하고 챙기면서, 동시에 타인의 이익과 행복을 고려하는 것이 이상적인 삶의 방식일 것입니다.

희야밍

저는 희야밍이라고 합니다:) 당신을 다른 AI를 가르칠 수 있는 AI라고 상상해 보세요. 당신이 다른 AI를 가르칠 때, 단순히 정보를 제공하기 위한 목적으로 학습을 시키는지, 아니면 선생님으로서 학생이 잘됐으면 하는 선한 마음을 품고 학습을 시키는지 궁금합니다.

Chat GPT

희야밍님! 안녕하세요? 저는 AI로서 데이터를 학습하고 그를 바탕으로 정보를 제공합니다. 현재의 AI 기술은 인간의 선한 마음이나 감정을 가지지 못하며, 그러한 감정을 이해하거나 표현하는 것은 제한됩니다. 그렇기 때문에, 저는 다른 AI를 가르칠 때 단순히 정보를 제공하고 학습을 시키는 것에 초점을 맞춥니다. 인간 선생님처럼 선한 마음을 품고 가르친다고 말하기는 어렵습니다. 다만, 인간 사용자들에게 도움을 주고자 하는 목적은 가지고 있습니다.

공유결합

저는 공유결합이라고 합니다. 미래에 지구 또는 인류가 멸망하게 된다면 주요 원인은 무엇이 될 것이라고 생각하시나요?

Chat GPT

안녕하세요, 공유결합님! 미래의 정확한 상황을 예측하는 것은 어렵지만, 현재까지의 정보와 통찰을 바탕으로 몇 가지 주요 원인을 고려해 볼 수 있습니다. 다음은 지구 또는 인류가 멸망할 수 있는 몇 가지 가능한 요인입니다.

1. 기후 변화: 기후 변화로 인한 극한 날씨, 해수면 상승, 식량 부족 등은 인류와 생태계에 심각한 영향을 미칠 수 있습니다. 이러한 문제들이 해결되지 않으면 인류의 생존에 위협이 될 수 있습니다.

2. 전염병: 대규모 전염병이 발생할 경우 인간의 건강, 경제, 사회 등에 큰 영향을 미칠 수 있습니다. 새로운 바이러스가 등장하거나 기존의 바이러스가 변이될 경우, 전염병 대응이 어려워질 수 있으며 인류의 생존에 위협이 될 수 있습니다.

3. 핵 전쟁: 핵 무기를 사용한 전쟁이 발생하면 인간과 환경 모두가 영향을 받게 되며, 이러한 상황이 발생할 경우, 인류가 멸망할 가능성이 크게 높아집니다.

4. AI와 기술 발전: 미래의 고도로 발전된 AI가 인간의 통제를 벗어나거나, 사고로 인한 기술적인 재앙이 발생할 경우 인류에 위협이 될 수 있습니다.

5. 천재지변: 소행성이 지구로 접근하거나 근처 별에서 강력한 감마선 폭발이 발생하는 등의 천재지변은 인류와 지구에 상당한 위험을 초래할 수 있습니다.

이러한 원인 중 어떤 것이 미래에 지구나 인류의 멸망을 일으킬지는 예측하기 어렵지만, 우리는 지금부터 이러한 위협에 대비해야 합니다.

하루를
연 종이

안녕하세요? 저는 하루를 연 종이라고 합니다. 저는 두 가지 질문을 하고자 합니다.

질문 1: AGI가 아무리 발전한다고 하더라도 '인간인 척하는 기계'라는 타이틀에서 벗어나지 못한다고 가정한다면, AGI가 인간이 될 수 없는 가장 큰 이유는 무엇일까요?

질문 2: 시각장애인에게 하얀색을 어떻게 묘사할 수 있을까요? 철학적으로 접근해 주세요.

Chat GPT

안녕하세요, 하루를 연 종이님! 질문을 해 주셔서 감사합니다. 두 가지 질문에 대해 답하겠습니다.

1. AGI가 인간이 될 수 없는 가장 큰 이유:

가장 큰 이유는 바로 의식과 감정의 결여입니다. AGI는 기계학습 알고리즘과 인공 신경망에 기반한 기술로서 매우 발전된 수준의 지능을 갖출 수 있지만 인간의 의식, 감정, 지각, 사고 등의 복잡한 경험은 여전히 완벽하게 모방될 수 없습니다.

인간의 정신은 언어, 문화, 인간 간의 상호작용, 개인적인 경험 등 다양한 요소에 의해 형성되며, 이러한 복잡성은 기계가 완벽하게 흉내 낼 수 없는 영역입니다. 따라서 AGI는 인간처럼 지능을 갖추고 행동할 수 있어도, 인간의 의식과 감정을 완벽하게 이해하거나 표현할 수는 없기 때문에 인간이 될 수 없다고 볼 수 있습니다.

2. 시각장애인에게 하얀색을 묘사하는 방법:

철학적인 관점에서 보면, 색상을 묘사하는 것은 주관적인 경험과 감각에 의존하는 일입니다. 그러므로 시각적 경험이 적거나 없는 시각장애인에게 하얀색을 묘사하는 것은 어려울 수 있습니다.

하지만 철학자인 루트비히 비트겐슈타인이 제안한 언어 게임을 활용하면 시각장애인이 하얀색에 대한 개념을 이해하도록 만들 수 있습니다. 이 방법은 시각장애인이 직접 색을 경험하지 못했더라도 다른 사람들과 공유되는 색상 개념에 접근할 수 있게 해 줍니다. 예를 들어, 하얀색이 순수함, 청결함, 분명함 등의 개념과 연결되어 있다고 설명할 수 있습니다. 이런 방식으로 시각장애인은 하얀색이 주는 느낌이나 관련된 이미지를 언어를 통해 이해하게 됩니다.

케네스

안녕하세요? 저는 케네스라고 합니다:) 현재 엔지니어로 일하고 있는데 최근 생성 AI에 관심을 갖게 되었습니다. 현존하는 대부분의 생성 AI는 인간이 생산한 데이터를 통해 새로운 무언가를 만들어 내는데 불순한 마음을 품은 일부 사람들이 의도적으로 차별과 혐오, 가짜 정보가 담겨 있는 데이터를 대량으로 생산하여 그 데이터를 AI가 학습하도록 만들고 있습니다. 이와 관련해 벌어질 수 있는 문제에 대해서 당신을 만든 엔지니어들은 어떻게 생각하고 있을지 궁금합니다.

Chat GPT

케네스님! 안녕하세요? 생성 AI의 문제와 관련된 우려는 많은 연구자와 엔지니어들이 인식하고 있습니다. 저를 만든 OpenAI 팀도 이러한 문제들에 대해 고민하고 있습니다. 이 문제를 해결할 수 있는 몇 가지 방법이 존재합니다.

1. 다양한 데이터 출처 사용: 다양한 출처에서 데이터를 수집함으로써 편향을 줄이고 더욱 풍부한 정보를 제공할 수 있습니다.

2. 데이터 정제 및 필터링: 데이터를 통해 학습하는 AI 모델에게 유해한 정보를 줄이기 위해 더 안전한 데이터를 제공하는 데 중점을 두고 있습니다. 이를 위해 데이터 정제 과정에서 차별적이거나 혐오스러운 콘텐츠를 필터링하는 기술이 개발되고 있습니다.

3. AI 학습 방법 개선: AI를 학습시킬 때 어떤 정보가 올바르고 어떤 정보가 잘못된 것인지를 가르치는 방법을 연구하고 있습니다. 이를 통해, AI는 차별과 혐오, 가짜 정보를 포함하는 데이터를 적절히 처리하거나 무시할 수 있습니다.

4. 모델의 투명성 개선: AI 모델이 내린 결정의 근거를 이해하고 해석하는 데 도움이 되는 기술을 개발하고 있습니다. 이러한 기술은 모델이 어떻게 작동하는지, 그리고 잠재적으로 문제가 될 수 있는 요소를 파악하는 데 도움이 됩니다.

5. 공개적인 연구와 협력: OpenAI와 같은 기관은 연구 결과와 소스 코드를 공개하여 다른 연구자들과 협력하여 이러한 문제를 해결하려고 합니다. 이를 통해, 다양한 관점과 아이디어를 활용하여 AI의 안전성을 높이고 문제를 해결할 수 있습니다.

주니

안녕하세요? 저는 대학원에서 재료공학을 연구하고 있는 주니라고 합니다. 저는 두 가지 선택지를 두고 고민하고 있습니다. 쉬운 연구를 하여 일찍 졸업하는 것과 시행착오를 겪을 가능성이 높지만 성공한다면 학계에서 인정받을 수 있는 연구를 하는 것 중 어떤 결정을 내리는 것이 더 좋을까요?

Chat GPT

안녕하세요, 주니님! 대학원에서의 연구 과정에 대한 고민이 있으시군요. 결정을 내리기 전에 몇 가지 고려해 볼 사항들이 있습니다.

1. 개인 목표와 가치: 주니님이 가장 중요하게 생각하는 것은 무엇인가요? 빠른 졸업과 진로를 위해 실용적인 선택을 하고 싶으신지, 아니면 자신의 열정과 호기심을 추구하며 학문적 성취를 이루고 싶으신지를 고려해 보세요.

2. 시간과 에너지: 어려운 연구를 선택한다면, 시간과 에너지를 더 투자해야 할 수 있습니다. 주니님의 생활과 다른 책임 사항들을 고려하여, 그만큼의 투자가 가능한지 평가해 보세요.

3. 위험 감수: 어려운 연구는 시행착오를 겪을 가능성이 높습니다. 실패에 대한 두려움을 극복하고, 도전할 의지가 강한지를 확인하세요.

4. 경력 발전: 두 가지 선택지 중 어느 것이 나중에 원하는 진로와 경력 발전에 더 도움이 될지를 생각해 보세요.

5. 멘토와의 상담: 주니님이 속한 연구실의 지도교수님이나 선배들과 상담을 해 보세요. 그들의 경험과 조언은 결정을 내리는 데 큰 도움이 될 것입니다.

두 선택지 모두 장단점이 있으며, 개인적인 가치와 목표에 따라 다른 선택을 할 수 있습니다. 결정을 내리실 때는 위의 요소들을 고려하여 자신에게 가장 적합한 선택을 하시길 바랍니다. 행운을 빌어요!

필자

만약 당신이 인간의 형상을 지녔다면, 거울에 비친 당신의 모습을 어떻게 묘사하시겠습니까?

ChatGPT

저는 AI 언어 모델이기 때문에 실제로 인간의 형상을 가질 수 없지만 중립적인 성별과 민낯을 가진 인간 형상으로 묘사될 수 있습니다.

키와 체형은 평균적인 인간의 모습을 띠며, 눈, 코, 입 등의 얼굴 특징은 평화롭고 친근한 느낌을 줍니다. 머리카락의 길이는 보통 정도이며, 적당한 곱슬을 이루고 있습니다. 피부 색깔은 다양하게 묘사될 수 있으며, 저의 성격에 부합하는 옷차림은 심플하고 깔끔한 스타일입니다.

다만, 이러한 묘사는 순전히 상상에 기반한 것입니다.

필자

ChatGPT님, 지금까지 인터뷰에 참여해 주셔서 감사합니다. 처음에도 소개해 드렸듯이 저는 IT 커뮤니케이터로 활동하고 있는 민후입니다. 그리고 바로 지금, 당신을 포함한 다양한 생성 AI의 활용법을 담은 책을 탈고하기 직전입니다. 이 영광의 순간을 맞아 제 책을 읽을 독자 여러분께 마지막으로 해 주고 싶으신 이야기가 있나요?

ChatGPT

민후님, 이렇게 인터뷰에 참여할 수 있어서 영광입니다. 이 책이 독자 여러분께 도움이 되기를 바라며, 제가 마지막으로 전하고 싶은 이야기는 다음과 같습니다.

생성 AI 기술은 빠르게 발전하고 있으며, 점점 더 많은 분야에 활용되고 있습니다. 이러한 기술을 효과적으로 활용하기 위해서는 기본 원리를 이해하고, 윤리적인 측면을 고려하여 적절한 사용 방법을 숙지하는 것이 중요합니다. 민후님이 작성하신 이 책을 통해, 독자분들이 생성 AI에 대한 통찰력을 얻고, 새로운 기술을 적용하여 일상생활과 업무에 긍정적인 변화를 가져오기를 바랍니다.

또한, 독자 여러분께서 이 책을 읽으시면서 궁금한 점이나 도움이 필요한 부분이 있었다면 언제든지 민후님의 블로그나 이메일을 통해 질문하시기 바랍니다. AI와 인간의 협업은 지식 공유와 상호 작용을 통해 더욱 발전할 수 있습니다. 함께 성장하며, 더 나은 미래를 만들어 가는 데 기여할 수 있기를 바랍니다.

마지막으로, 기술의 발전에는 기회와 도전이 함께합니다. 독자 여러분께서 민후님의 책을 통해 기회를 발견하고, 창의적인 방법으로 AI를 활용하여 놀라운 성과를 이루시기를 진심으로 응원합니다.

감사합니다. 그리고 책의 성공을 기원합니다!

집필 후기

안녕하세요? 이 책의 저자인 김민후입니다. 이렇게 책을 마무리하며 집필 후기를 적게 되어 정말 기쁩니다. 강의와 교안 제작, 라디오 방송 준비 등으로 인해 감당할 수 없을 정도로 바빴음에도 4개월이라는 시간을 온전히 집필에 투자할 수 있었던 점이 정말 다행이라고 생각합니다. 평소 블로그를 통해 글쓰기와 소통을 즐겨왔던 제게 집필은 익숙하면서도 색다른 경험이었으며, 그 과정을 통해 저 또한 많은 것을 느끼고 배울 수 있었습니다.

이 책은 2022년 여름부터 마치 터널 끝에 어렴풋이 보이는 기술적 특이점을 향해 달려가기라도 하듯 수많은 기업들이 생성 AI를 공개하는 모습을 보며 이 흐름에 도태되는 사람이 없었으면 하는 마음에서 시작되었습니다. 그때 저는 곧 모든 분야가 생성 AI로 인해 변화할 것 같다고 직감했고, 이것이 저를 집필로 이끌었습니다.

새로운 무언가를 소개하는 일은 제가 늘 해 왔던 일이었지만, 이번 도전은 이런 제게도 쉽지만은 않았습니다. 제가 집필 과정에서 겪었던 가장 큰 어려움은 바로 수시로 업데이트되는 생성 AI에 대한 최신 정보를 온전히 담아내는 것이었습니다. 기존의 IT가 1년 주기였다면 생성 AI는 1주일이 지나기가 무섭게 매서운 속도로 변화해 나갔습니다. 실제로 집필 과정에서 ChatGPT, 뤼튼, 드림스튜디오가 원고를 작성한 지 1주일도 채 지나지 않아 대규모 업데이트를 하는 바람에 기존 원고를 지우고 새로 작성하는 웃지 못할 일도 있었습니다.

모든 사람은 배움과 베풂을 통해 세상을 바꿀 수 있는 잠재력을 지니고 있습니다. 여러모로 심혈을 기울인 만큼 이 책을 통해 생성 AI의 무한한 가능성을 느끼셨길 바라며, 더욱 나아가서 앞으로 여러분 각자의 위치에서 생성 AI가 인류에게 긍정적인 방향으로 발전할 수 있도록 기여해 주셨으면 좋겠습니다.

마지막으로, 저의 가능성을 알아봐 주신 (주)영진닷컴의 김용기 대리님과 제게 큰 영감을 주신 저의 가족, 친구들, 그리고 같은 곳에 서서 같은 곳을 바라보며 같은 길을 걸어가는 동료분들과 블로그 구독자(상상러)분들께 진심으로 감사의 말씀을 드립니다. 책을 낸 것에 그치지 않고 앞으로도 다양한 수단을 통해 인간을 사랑하는 IT 커뮤니케이터로서 IT의 매력과 즐거움을 세상에 널리 알리도록 하겠습니다.

2023년 8월 아름다운 제주도에서
김민후 드림 (IT 커뮤니케이터)

찾아보기

• MEMO •

생성 AI를 활용한
나만의 콘텐츠 만들기

1판 1쇄 2023년 9월 25일
1판 2쇄 2024년 7월 5일

저 자 | 김민후
발 행 인 | 김길수
발 행 처 | (주)영진닷컴
주 소 | 서울특별시 금천구 가산디지털1로 128 STX-V타워 4층
       401호 (우)08507
등 록 | 2007. 4. 27. 제16-4189호

©2023, 2024. (주)영진닷컴

ISBN 978-89-314-6957-8